一次讀懂經濟學經典50

ECONOMICS CLASSICS

湯姆・巴特勒—鮑登
TOM BUTLER-BOWDON

理解關於資本主義、
金融以及全球經濟的最重要觀念捷徑

張嘉文—譯

時報出版

目次 *Content*

引言 …… 006

01 利亞卡特・艾哈邁德《金融之王》(2009) …… 023

02 威廉・鮑莫爾《創新力微觀經濟理論》(2010) …… 033

03 蓋瑞・貝克《人力資本》(1964) …… 045

04 約翰・柏格《約翰柏格投資常識》(2007) …… 055

05 艾瑞克・布林優夫森&安德魯・麥克費《第二次機器時代》(2014) …… 065

06 張夏準《資本主義沒告訴你的23件事》(2011) …… 075

07 羅納德・寇斯《廠商、市場與法律》(1988) …… 087

08 黛安・柯爾《GDP的多情簡史》(2014) …… 097

09 彼得・杜拉克《創新與創業精神》(1985) …… 107

10 尼爾・弗格森《貨幣崛起》(2008) …… 117

11 米爾頓・傅利曼《資本主義與自由》(1962) …… 127

12 約翰・高伯瑞 《1929年大崩盤》（1955） 137
13 亨利・喬治 《進步與貧困》（1879） 147
14 羅伯・J・戈登 《美國成長的興衰》（2016） 157
15 班傑明・葛拉漢 《智慧型股票投資人》（1949） 169
16 弗雷德里希・海耶克 《知識在社會中的運用》（1945） 177
17 阿爾伯特・赫緒曼 《叛離、抗議與忠誠》（1970） 187
18 珍・雅各 《與珍雅各邊走邊聊城市經濟學》（1968） 197
19 約翰・梅納德・凱因斯 《就業、利息與貨幣的一般理論》（1936） 207
20 娜歐蜜・克萊恩 《震撼主義》（2007） 219
21 保羅・克魯曼 《下一個榮景：政治如何搭救經濟》（2007） 229
22 史帝文・李維特&史帝芬・杜伯納 《蘋果橘子經濟學》（2005） 239
23 麥可・路易士 《大賣空》（2010） 249
24 迪爾德麗・麥克洛斯基 《布爾喬亞的平等》（2016） 261
25 托馬斯・馬爾薩斯 《人口論》（1798） 269

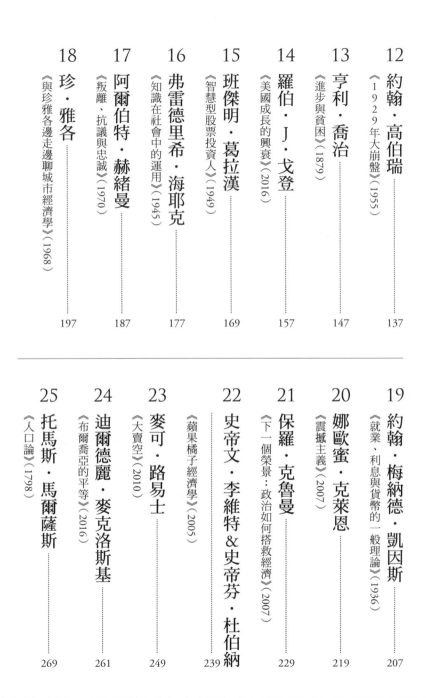

26 阿爾弗雷德・馬歇爾 279
《經濟學原理》（1890）
27 卡爾・馬克思 291
《資本論》（1867）
28 海曼・明斯基 301
《穩定不穩定的經濟》（1986）
29 路德維希・馮・米塞斯 311
《人的行為》（1949）
30 丹比薩・莫約 321
《死亡援助》（2010）
31 伊莉諾・歐斯壯 333
《治理共有財》（1990）
32 托瑪・皮凱提 343
《二十一世紀資本論》（2014）
33 卡爾・波蘭尼 357
《大轉型》（1944）
34 麥可・波特 367
《國家競爭優勢》（1990）
35 艾茵・蘭德 379
《資本主義：未知的理想》（1966）
36 大衛・李嘉圖 387
《政治經濟學及賦稅原理》（1817）
37 丹尼・羅德里克 399
《全球化矛盾》（2011）
38 保羅・薩繆森&威廉・諾德豪斯 411
《經濟學》（1948）
39 E・F・修馬克 421
《小即是美》（1973）

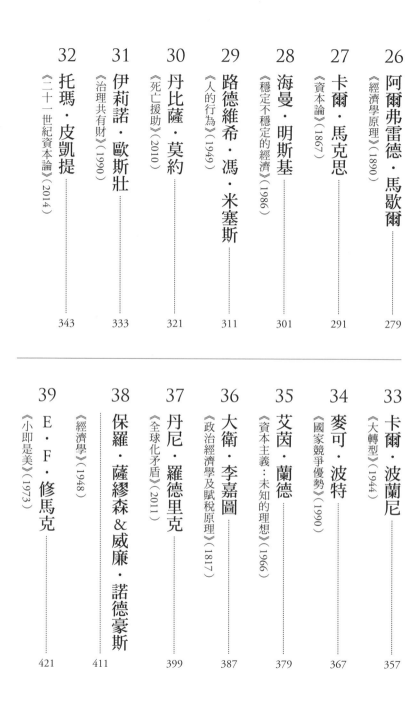

40 約瑟夫・熊彼得 ⋯⋯ 431
《資本主義、社會主義與民主》(1942)

41 湯瑪斯・謝林 ⋯⋯ 441
《微觀動機與宏觀行為》(1978)

42 阿馬蒂亞・森 ⋯⋯ 451
《貧困與饑荒》(1981)

43 羅伯・席勒 ⋯⋯ 461
《非理性繁榮》(2000)

44 朱利安・西蒙 ⋯⋯ 471
《終極資源2》(1996)

45 亞當・史密斯 ⋯⋯ 481
《國富論》(1776)

46 赫南多・德・索托 ⋯⋯ 493
《資本的祕密》(2000)

47 約瑟夫・史迪格里茲 ⋯⋯ 503
《失控的歐元》(2016)

48 理查・塞勒 ⋯⋯ 515
《不當行為：行為經濟學之父教你更聰明地思考、理財、看世界》(2015)

49 托斯丹・范伯倫 ⋯⋯ 527
《有閒階級論》(1899)

50 馬克斯・韋伯 ⋯⋯ 537
《新教倫理與資本主義精神》(1904)

謝辭 ⋯⋯ 545

再加五十本經濟學經典 ⋯⋯ 552

按照出版年代排序的書單 ⋯⋯ 554

英文參考書目 ⋯⋯ 557

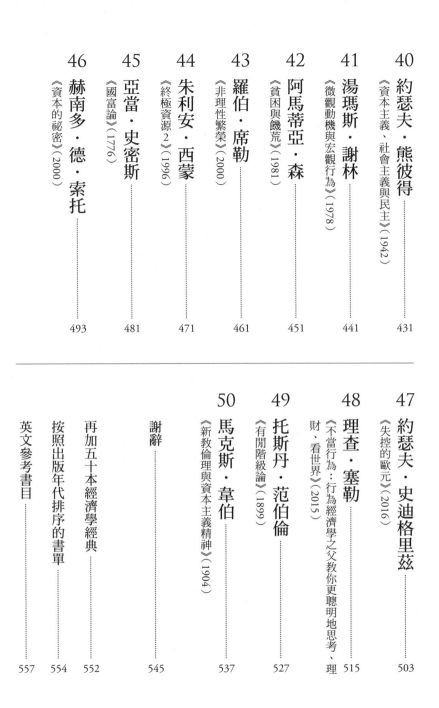

引言

「騎士時代已遠，隨之而來的是智者、經濟學家和計算機天才的世界。」

——埃德蒙．伯克

經濟學或許可以推動現代世界並形塑我們的生活，但我們大多數人缺乏對該學科中主要概念、思想家及著作的了解。《一次讀懂經濟學經典》涵蓋了五十本關鍵書籍和數百個想法，時間上橫跨了兩個世紀，是一本對資本主義、金融與全球經濟具深刻洞見的個人指南，帶您踏上一條從工業革命初期，到網路與人工智慧所帶來的「第二次機器時代」旅程。這本書既不是歷史也不是經濟百科全書，卻指引我們深入一些偉大的讀物和開創性的想法——不論新舊——從亞當．史密斯的《國富論》到托瑪．皮凱提的《二十一世紀資本論》，它們使這門學科顯得生氣勃勃。

埃德蒙．伯克認為經濟、金錢與金融是現代文明核心，就如同榮譽、騎士和宗教在中世紀所扮演的角色一般，這樣的看法肯定是正確的。如果曾經，一個人的命運在很大程度上取決於他們出生的社會環境，那麼如今我們每個人都非常近似一個經濟體，如果我們要生存和發展，就必須生產具有市場價值的東西。「你的一生，」保羅．薩繆森說，「從搖籃到墳墓且甚至在那之後——你將會遇見經濟學上的種種殘酷事實。」

人類的根本動力之一就是追求繁榮。如果我們有金錢與資產，我們便可獲得提供更多個人自由與權力的商品和服務。政治投票在理論上賦予了我們自由與權力，但實際上，如果我們甚至無法維持自己和家人的生活，那就一點意義也沒有。如果許多政治問題，從不斷加劇的不平等到基礎設施和教育不足，從通貨膨脹或通貨緊縮到負債，實際上都是經濟問題，那麼對於個人、企業和國家來說，破解通往經濟成就的密碼至關重要。本書將在某種程度上提供幫助您達成此目標的知識。

除了實現個人或國家安全，經濟學最終的目的是什麼？作為這門藝術的愛好者及支持者的約翰．梅納德．凱因斯認為，因為我們終將得以享受生活中的美好事物。這種情況只有在經濟穩定成長的情況下才有可能使由繁榮和蕭條所構成的破壞性循環得以消融。凱因斯說，經濟學家是「受託人，並非屬於文明，而是屬於文明的可能性」。

經濟學作為一門科學

離完美還差很遠

我們很容易忘記，當亞當．史密斯在一七七六年寫下《國富論》時，人們還尚未使用「經濟學」

一詞。然而，當時「政治經濟學」卻是哲學的一個分支，關注政府如何收集和花費金錢。亞當．史密斯的聰明才智就在於衝破這道藩籬，顯示私營經濟和個人企業——而非國營企業——是如何創造國家的財富。如此一來，他創造了一門更專業的學科，也就是我們今天所知道的經濟學。

然而，我們的生活確實也受到法律、政治機構和社會規範的監管，如同我們受制於市場一般。我們可說是「公民第一，消費第二」。但事實上，我們不是生活在「經濟體」內，而是生存在某種政治經濟學的變體之中，無論它是具福利制度的資本主義，或是具市場要素的社會或專制政體。因為我們無法單獨將經濟活動抽離國家、社會與政府加以分析，本書的重點是政治經濟學，而不是最狹隘定義的經濟學。

對於一個所謂的經驗科學，經濟學一直受到意識型態上的分歧、一時的狂熱與流行所困擾。正如羅納德．寇斯所說，經濟學中最大的問題在於，理論和模型已然建構於這行執業人員從未費心去檢查及認可的假設之上。他創造了「黑板經濟學」這個詞，其中的一切事物在理論上完美地運作，但在現實中並非如此。有些經濟學上最大的錯誤來自於本末倒置，它們包括：

- 自我平衡市場：其中供給和需求、就業和價格，一切全都運行得宛若一支優雅的舞蹈，消除了政府參與經濟的需要。它雖然是一個強而有力的典範，但只需要一個大蕭條這樣的重大事件，就能暴露出它的缺陷。它是在金本位制度下闡明的例子，這是一種金融緊身衣，將通貨置於就業和人民之前，時至今日則以推動全面的金融全球化、放鬆管制和私有化來加以表現，不論國家優先事項為何。

- 中央計畫經濟：認為國家有可能蒐集所有相關數據以做出決策和分配資源造福所有人。然而，在擺脫正常市場的同時，價格所提供的信息丟失了，且除去個人獲利的機會意味著創新的停止及經濟發展緩慢向後。最重要的是，有人認為這種系統需要殘酷地強迫他們把所有的各部分綁在一起。

總而言之，當經濟學家應該根據新浮現的事實去改變或修正模型，抑或是應該接受許多零碎資料所拼湊而出更加精確的現實圖像時，他們一直以來總是太願意相信「一個大架構」。

對經濟學的另一項嚴重指控是指其忽略了歷史的教訓。大學經濟系學生很少閱讀超過三十年的書籍或文章，卻任由教科書帶給他們當今正統的說法。然而，如果二〇〇七年至二〇〇八年的金融危機有帶給我們任何教訓，那就是經濟和金融歷史至關重要。每個世代總認為諸如狂躁、恐慌和崩盤等經濟體中根本性的變動已然發生，不會再次出現——然而它們卻一再地出現。緊接在金融危機後的一場於倫敦政經學院所舉行的活動中，女王伊莉莎白二世問在場的經濟學家：「為什麼沒有任何人預見這場危機的來臨？」實際上，僅有十幾位經濟學家確實預見危機的來臨（這是根據澳洲經濟學家史提夫．基恩〔Steve Keen〕的說法，他還真的去數了）。這件事情告訴我們，經濟學絕不是一門如同——舉例而言，像氣象學那樣，能夠做出可信預測的客觀學科。這樣的情形有部分的原因是因為今日的經濟學是由極為複雜的系統組成，不僅包含生產的機制和需求的滿足，更含括心理因素諸如對未來的信心與預期。由於意識型態的偏誤，預測也被根植於錯誤假設的模型所干擾。舉美國銀行業和抵押借款的鬆綁為例，透過可取得資金的增加，原先預期將迎向一個「所有權社會」。相反地，這樣的做法卻鼓勵了一種牛仔經濟式的產業，其中不負責任的放款導致房地產泡沫、金融騙局以及數百萬人陷入經濟困境的崩盤狀態。

經濟學家海曼．明斯基警告，除非對資本主義嚴加看管，否則其自然會走向極端並且發生不穩定的情形。當有銀行或公司遊說政府進行「改革」，你務必確認誰將得利。明斯基甚至這麼說道：「只有批評資本主義的經濟學，才能成為成功政策的指引。」直到經濟政策不再成為某團體為利益而爭奪或使用的工具之前，資本主義很難實現其增進全民福祉的潛能。

「政治經濟學或經濟學是研究人類生活中的普通事務……因此這在一方面是關於財富的研究；而在另一方面，更重要的一面，是關於人的研究。」

——阿爾弗雷德．馬歇爾

經濟學中，「人的研究」此一面向長久以來扮演次要的角色。不過，在過去的三十年間，行為經濟學已然開始質疑那幅人類作為理性人而總是為自己最佳利益行動的標準圖像。我們對「自我極大化」本性的認同，創造出市場經濟效率及資源完美配置的錯誤想法。事實上，我們通常不知道什麼對我們最好，而做出一些不理性的事情讓自己不快樂，並且讓認知偏誤引導我們做出錯誤的結論。如果整個經濟學是根植於理性選擇的理論，你最終得到的結論將與人類沒什麼相干，而是與擁有一整組偏好的消費者有關。英國的經濟學家馬歇爾將社會視為眾多單獨個體尋求其最高效用之處，而為了購買他們所想要的財貨與勞務，他們忍受工作的「負效用」。同時，公司以一種完全競爭的狀態滿足這些渴望。這樣一個工整運行的世界（羅伯特・海爾布〔Robert Heilbroner〕稱之為「有禮貌的動物園」）很明顯對戰爭、革命或是宗教信仰的力量無法置喙。因為這些領域無法符合模型，或是被貶為僅是「政治」，因此經濟學將它們摒除在外。

凱因斯指出，因為經濟學有太多心理和預期的涉入，結果對生活產生深遠且持續的影響，因此經濟學是一門道德科學。人們的決定無法被簡化成數學方程式，即便這麼一來會方便許多。法國政治經濟學家托瑪・皮凱提批評這門學科試圖凌駕於其他社會科學之上。他在《二十一世紀資本論》中寫道，迷戀數學是一個讓經濟學獲得科學表象的簡單方法，而不必回答我們存在的世界所提出的更為複雜的問題。

劍橋大學經濟學家張夏準甚至於這麼說：「好的經濟政策不需要好的經濟學家。」他指出，東亞經濟奇蹟，包含其祖國南韓的崛起，大部分都是由律師、政治人物和工程師加以實現。

且將這些批評置於一旁，現今仍有數以千計的經濟學家對他們所屬的學科能夠成就什麼，抱持健康的懷疑主義，他們不是意識型態主義者，也沒有迷失在經濟模型之中，他們研究非經濟動機以及社會合作行為。然而，哈佛大學的丹尼．羅德里克說，經濟學家們通常也自成一夥，並且對不是「他們其中一員」的人有所保留。

這樣的結果就是團體盲思，並且無法看見浮現的緊張狀態，以及隨之而來爆發的危機和大事。這相當重要，因為經濟學家是資本家文化的鼓吹者，而政治人物和大眾以差不多的距離跟隨其後。他們預測和簡化的錯誤不僅會影響當今的經濟，而且會影響整個世代。

然而，當經濟學家做對了，透過強調簡單的想法諸如市場的好處和以防禦性自給自足的方式進行交易，他們的想法能夠提升數百萬人的福祉。

事情變得很好

區分經濟事實與虛幻

「這也是經濟史學家在過去幾十年中發現的最後一個令人驚訝的事實。那就是：在一八〇〇年之後的兩個世紀中，瑞典或臺灣普通人可以獲得經過貿易測試的商品和服務增加了三十倍或一百倍。就理解上來說，不是百分之百——僅僅是加倍——而是最高的估計值是一百倍，近一〇、〇〇〇%，或至少三十倍，約二、九〇〇%。過去兩個世紀的大富裕使先前和當代的任何富足都相形見絀。」

——迪爾德麗・麥克洛斯基

正如同安格斯・麥迪森（Angus Maddison）和其他經濟史學家所說的那樣，這個世界的經濟在工業革命之前的兩千年裡幾乎沒有成長。然後，它開始快速地成長。在過去的兩個世紀裡，生活水準以驚人的速率攀升，如何解釋這種「大富裕」，迪爾德麗・麥克洛斯基公正地說道：「這是經濟學和經濟史上的核心科學任務。」

如果你回顧過去兩百年來經濟思想家的著作，你會讀到一連串關於未來的黑暗警告，從人口過剩到經濟不平等再到環境災難。這些事情從來沒有發生過，或者說並沒有如同想像的那樣糟糕，但卻被遺忘了，在此同時，好消息卻被忽略了。

確實，仍有十億人生活在貧困之中，但由於農業產出的進步，即使世界人口增加，饑荒也變得不那麼普遍了。正如在戰爭或自然災害中死亡的風險已經減少，生活水準也在不斷提高。根據目前的預測，所有國家和大多數人類將在一個世紀內享受今天的西方生活標準，然而，經濟學家朱利安・西蒙指出：「許多人將持續**覺得**並且**說**生活條件正在**惡化**。」如果你對此有所懷疑，請閱讀西蒙、麥克洛斯基、黛安・柯爾和羅伯・J・戈登的章節，這些章節為此斷言提供了經驗基礎。

但是，怎麼可能世界繼續成長，更多的人消耗更多的東西，然而世界的資源卻不會枯竭？往往會發生的是，當任何一種資源開始耗盡時，人類的聰明才智就會介入。原油開採的發現取代了對鯨油的需求，而風能和太陽能等可持續技術將及時減少對原油的需求。關鍵在於資源不是固定的，而是如同歷史暗示我們的那樣，是解決大部分關鍵問題的**心智**所生成的產物。長期而言，移動的方向是明確的：即使我們的人數已然變得更多，但這個世界從每一項衡量標準而言，都變得更富裕且更好。

做有效的事

創造超越意識型態的學科

經濟學這門學科該對此「大富裕」負責嗎？

路德維希．馮．米塞斯認為，像亞當．史密斯這樣的古典經濟學家在為現代財富創造條件方面至關重要，因為他們攻擊了「古老的法律、習俗和對技術進步的偏見，釋放了改革者的聰明才智，並且讓創新者從行會的束縛、政府的監管和各種社會壓力中解放」。馮．米塞斯說，正是經濟學家「減少了征服者和剝奪者的威信，並證明了商業活動帶來的社會效益」。換言之，經濟法則為當權者的自負提供了一種平衡。沒有自由放任的經濟，工業革命就不會發生。

相對而言，卡爾．波蘭尼指出沒有政府和國家的背書，市場根本就不存在。市場及其創造財富的特質之所以得以擴大和發展，實際上是在政治自由的支持下，讓無特權的人能夠透過出售他們所能提供的一些勞務或財貨來發揮他們的潛力。

誰是對的，波蘭尼或是馮．米塞斯？究竟我們需要政府和其所提供的政治權利而得以繁榮，或其實政府正擋在人民和市場的中間？理想的政治經濟到底是一個受到嚴格監管的、有計畫的政治經濟體，將社會正義置於利潤之前，還是一個極其簡單的國家，只提供法律和秩序、合約的抗辯和執行，但在其他方面卻給予人們完全的自由去追求自己的目的？

這些問題的正確答案是「介於兩者之間」。經濟學關注的是平等與效率之間的權衡。作為公民，我們完全有權尋求某些社會成果，增加正義、縮小貧富差距，或為所有人提供基本的醫療保健和教育。然而，追隨這些目標走得太遠，卻使得國家財政破產，而個人自由受到侵害，因為來之不易的財富被重新分配。

事實是，在過去的半個世紀裡，人們已經為福利國家投下了大量資金，儘管其成本很高，而且從食品標準到銀行業，再到最低工資和國家公園的建立，一切都受到監管。二〇〇九年，也就是保羅．薩繆森去世的那一年，他為其著名教科書《經濟學》第十九版卷首寫下了一個標題，標題是「中間派宣言」。他說，中間派的做法是歡慶「一個將市場嚴格紀律與政府公平監督相結合的經濟」。中間派的方法只關注證據，而過去二十年的事件——包括二〇〇七年至二〇〇八年的危機——清楚地表明，無論是不受管制的資本主義，還是中央計畫經濟，都不是繁榮的可行途徑。

一九九四年，著名經濟學家約翰．高伯瑞在接受採訪時被問及，他站在政治光譜的哪一處。他回答：

「我務實地回應。只要市場運作有效的地方，我就在那裡支持。如果政府是必要的，那麼我就在那裡支持。我非常懷疑那些說『我贊成私有化』的人，或者說『我非常支持公有制』的人。我贊成在特定情況下能夠有效運作的任何方式。」

作為一門社會科學，經濟學必須只關心「什麼有效」以超越意識型態。也就是說，如果我們必須要在社會主義制度或資本主義制度生活之間做出選擇，那麼證據清楚地告訴我們，後者在提供我們作為個人和社會重視的事物方面要好得多。

如果這是真的，那麼了解一點資本主義是有意義的，這畢竟是現在世界上大多數人口生活的系統。《一次讀懂經濟學經典》中有很大一部分投注心力於此。

關於名單

其實人們可以爭論說，真正推動經濟學向前發展的是學術期刊文章和知名部落格，為什麼要專注於書籍呢？嗯，一本書是對一個想法有效性的最佳測試之一，因為它的長度要求作者提供證據和案例來支持這個理論。作者有一些重要的事要說，而且重要到沒有其他格式能夠滿足需求。我名單上的許多書都花費了數年的時間來寫作，並且是作者們一生研究的巔峰（例如戈登的《美國成長的興衰》），或者是關於這個主題的定義性工作（麥可．波特的《國家競爭優勢》）。然而，選擇這五十本著作不僅因為它們很重要，而且因為它們之中大多數原本就很好看。畢竟，如果在難以理解的學術語言中失去了重要的洞見，那麼其對更廣闊世界的影響可能會受到限制。但如果作者努力以簡單的語言表達，他的想法將廣為人知。經濟問題不應該——如財務類型問題可能更偏愛的那樣——等同一些祕而不宣的煉金術，只有少數人能夠真正欣賞。

經濟學家之於經濟學，沒比哲學家之於哲學擁有更多的壟斷權。因此，除了學術性經濟學家，該名單還包括了一系列的人，諸如歷史學家、投資者、記者、社會學家和商業教授，他們自己受到經濟學以外的知識領域所影響，包括心理學、哲學，甚至文學。選擇這些著作要不是因為它們無可否認的重要，必須包含在任何此類列表中，就是因為它們相當引人入勝，在某種程度上讓經濟學活了過來。後面的這個標準，使得某些選擇具有特殊性，但是在一個領域中，沒有任何關鍵著作的列表可能是「科學的」，再者，隨著時間的推移，重要性的認定也隨之變化。

有相當多的選擇是出於「異端的」（即非正統的）經濟學家，但我不會為此道歉。無論在任何時候被認為是正確的，後來也經常被視為是基於錯誤假設的範例。今日的邊緣經濟學可能是明日的主流，反之亦然，因為特定理論的證據（或缺乏證據）逐漸浮現。

希望您將《一次讀懂經濟學經典》作為這個領域的入門，激勵您讀完這些特色書籍並進行更深入的閱讀和研究。為了達到這樣的目的，在本書後面你會找到一個「再加五十本經典」的列表，每本都有簡短的描述，以及正文中討論到作品的時間順序列表。

《一次讀懂經濟學經典》按字母順序排列，但為了幫助您了解貫穿本書的主要想法，下面是按主旨安排的標題。

每一章的開始，我都引用所討論書籍中的一小段文字，所以選出這些段落，是因為我認為它們捕捉了作品的本質，傳達了一些重要的想法，或者說明了作者的寫作風格。您可能也會覺得「總結一句」的一句話和「同場加映」的書籍這兩個單元很有幫助。

資本主義的精神

我們大多數人生活其中的系統之哲學

米爾頓．傅利曼《資本主義與自由》
弗雷德里希．海耶克《知識在社會中的運用》
迪爾德麗．麥克洛斯基《布爾喬亞的平等》

卡爾・馬克思《資本論》
路德維希・馮・米塞斯《人的行為》
卡爾・波蘭尼《大轉型》
艾茵・蘭德《資本主義：未知的理想》
約瑟夫・熊彼得《資本主義、社會主義與民主》
朱利安・西蒙《終極資源2》
亞當・史密斯《國富論》
托斯丹・范伯倫《有閒階級論》
馬克斯・韋伯《新教倫理與資本主義精神》

成長與發展

為更繁榮的世界調製配方

威廉・鮑莫爾《創新力微觀經濟理論》
蓋瑞・貝克《人力資本》
張夏準《資本主義沒告訴你的23件事》

彼得・杜拉克《創新與創業精神》
羅伯・J・戈登《美國成長的興衰》
珍・雅各《與珍雅各邊走邊聊城市經濟學》
托馬斯・馬爾薩斯《人口論》
丹比薩・莫約《死亡援助》
麥可・波特《國家競爭優勢》
大衛・李嘉圖《政治經濟學及賦稅原理》
E・F・修馬克《小即是美》
赫南多・德・索托《資本的祕密》

在金錢和財務中冒險

繁榮、蕭條與緩慢致富

利亞卡特・艾哈邁德《金融之王》
約翰・柏格《約翰柏格投資常識》
尼爾・弗格森《貨幣崛起》

約翰・高伯瑞《1929年大崩盤》

班傑明・葛拉漢《智慧型股票投資人》

麥可・路易士《大賣空》

海曼・明斯基《穩定不穩定的經濟》

羅伯・席勒《非理性繁榮》

約瑟夫・史迪格里茲《失控的歐元》

政府、市場與經濟

公民，而不僅僅是消費者和生產者

艾瑞克・布林優夫森&安德魯・麥克費《第二次機器時代》

羅納德・寇斯《廠商、市場與法律》

黛安・柯爾《GDP的多情簡史》

亨利・喬治《進步與貧困》

約翰・梅納德・凱因斯《就業、利息與貨幣的一般理論》

娜歐蜜・克萊恩《震撼主義》

保羅・克魯曼《下一個榮景：政治如何搭救經濟》
阿爾弗雷德・馬歇爾《經濟學原理》
托瑪・皮凱提《二十一世紀資本論》
丹尼・羅德里克《全球化矛盾》
保羅・薩繆森&威廉・諾德豪斯《經濟學》
阿馬蒂亞・森《貧困與饑荒》

行為經濟學

現實世界的經濟學

阿爾伯特・赫緒曼《叛離、抗議與忠誠》
史帝文・李維特&史帝芬・杜伯納《蘋果橘子經濟學》
伊莉諾・歐斯壯《治理共有財》
湯瑪斯・謝林《微觀動機與宏觀行為》
理查・塞勒《不當行為：行為經濟學之父教你更聰明地思考、理財、看世界》

2009

金融之王

Lords of Finance

「比其他事物更為重要，甚至比自由貿易或低稅收及小政府的意識型態更為重要，金本位是這個時代的經濟圖騰。黃金是金融體系的命脈。它是大多數通貨定錨的基準，為銀行運作提供了基礎，在戰爭或恐慌時期，作為安全儲備。對於世界上數量不斷成長且提供了這麼大量存款的中產階級而言，金本位不僅僅是一個用於規範通貨問題的巧妙系統。它有助於強化所有維多利亞時代關乎經濟及謹慎的價值觀……在銀行家中，無論是在倫敦或紐約、巴黎還是柏林，金本位受到了近乎宗教的熱情崇拜，被視為天神的禮物，超越時間和空間的行為準則。」

總結一句

在經濟學中，固定的想法可能帶來災難性的後果。即使金本位不再是創造穩定及成長的手段，這世界仍舊堅持不放手。

同場加映

約翰・高伯瑞《1929年大崩盤》(12章)
約翰・梅納德・凱因斯《就業、利息與貨幣的一般理論》(19章)
麥可・路易士《大賣空》(23章)
海曼・明斯基《穩定不穩定的經濟》(28章)
約瑟夫・史迪格里茲《失控的歐元》(47章)

01

利亞卡特・艾哈邁德

Liaquat Ahamed

二〇一〇年，金融危機調查委員會詢問美國聯邦儲備銀行主席班・柏南奇（Ben Bernanke）會推薦人們看什麼書來了解此危機。他只提了一本——《金融之王》，這是經濟史上的一部新作品，即將在同一年獲得普立茲獎。

本書的作者——投資經理利亞卡特・艾哈邁德——最初會有寫作這樣一本書的想法，是由於他在一九九九年讀到一篇《時代雜誌》的報導〈拯救世界的委員會〉。這篇報導提及隨後成為聯準會主席的艾倫・葛林斯潘（Alan Greenspan）、當時擔任柯林頓總統財政部長的羅伯特・魯賓（Robert Rubin），以及魯賓的副手勞倫斯・薩默斯（Lawrence Summers），他們承諾投入數十億美元公共資金，成功地阻止了可能拖垮全球經濟的亞洲金融危機。

他意識到可以講述一九二〇年代世界四大中央銀行負責人的類似故事：英格蘭銀行的蒙塔古・諾曼（Montagu Norman）、紐約聯邦儲備銀行的本傑明・史壯（Benjamin Strong）、德意志帝國銀行的亞爾馬・沙赫特（Hjalmar Schacht），以及法蘭西銀行的埃米勒・莫羅（Émile Moreau）。有點像是在一九九〇年代和二〇〇〇年代的葛林斯潘，這些人被認為是聖人，人們等待著他們金口一開的每字每句。然而，這些在第一次世界大戰後被賦予重建金融世界任務的「金融之王」，最終卻導致了全球經濟承平時期最大的崩盤——大蕭條。當葛林斯潘極寬鬆的貨幣政策被許多人指責該為二〇〇八年至二〇一〇年間的大蕭條負起責任時，艾哈邁德的書突然顯得密切相關。

艾哈邁德對兩次世界大戰期間這齣經濟劇作中的主要演員深入地研究刻畫，並描繪其缺陷，讓人深深迷戀其中，否則這將會是一段平鋪直敘的經濟史。它也顯示了對個別銀行家太過有信心，以及他們對過時想法的堅持（在此案例中，是對金本位的「金融緊縮」），如何帶來了巨大的風險。

是金鵝還是蠻荒遺俗？

諾曼是戰爭中最著名的中央銀行家，他對金本位有著「嚴格的、近乎神學的信念」，認為這是全球秩序和繁榮的基礎。如果一個國家遵守金本位制度，其政府便只能發行國家金庫中相應黃金數量的貨幣，而且理論上所有紙幣都可以用實際黃金兌換。金本位是金融史上的一個積極發展，因為它為政府們帶來了紀律；他們不能只是印鈔票來支付他們的債務。

當第一次世界大戰前世界經濟全面發展時，金本位制度似乎運作良好，促進了貿易和成長。戰爭改變了一切。除了人類的悲劇，諸戰敗國還欠下了二千億美元的債務，這驚人的數字是其國內生產毛額的五〇%。巴黎和平會議迫使德國付出嚴厲的賠償，賠償金數字約為其戰前國內產出的一〇〇%，而德國維持流動性的唯一選擇似乎就是印鈔票。這產生了一個災難性的結果。到了一九二三年，德國帝國馬克已經變得毫無價值，市場上勞務和財貨的價格每兩、三天就翻一番。中產階級發現他們積攢了一輩子的儲蓄已經消失；在推翻普魯士帝國的政治革命之後，社會秩序現在崩潰了。

嚇壞了的中央銀行家們一致認為，為了重新獲得第一次世界大戰前時代的安定和財務穩健，世界必須儘快恢復金本位制。然而，施行金本位制所直接面臨的情況，卻是各國中央銀行在戰爭期間所發行的大量紙幣。基本上只有兩種方法可以恢復黃金儲備價值與貨幣供給總量之間的平衡：通貨緊縮（透過減少流通貨幣的數量），或貶值（正式降低相對於黃金的當地貨幣價值）。

在英國，財政大臣邱吉爾明知不可為卻仍選擇了通貨緊縮的方法，將英鎊以戰前的同樣價格釘住黃金。然而，由於缺乏足夠大量的黃金儲備，並且由於其通貨價格太高致使無法與其他國家進行國際競爭，英國經濟在一九二〇年代的大部分時間裡都陷入困境，伴隨著高利率及失業。另一方面，法國選擇貶值並將法郎設定為與黃金相對較低的匯率，其經濟持續成長，黃金儲備和國際出口也隨之增加。同時，美國借給歐洲大國資助戰爭的大筆資金意味著還款和黃金開始流入其國庫。

因為所有國家都是通過金本位制度連繫在一起，一個國家（如法國，其貶值實際上意味著將失業問題輸出到英國和德國）的成功可能會嚴重影響另一個國家。回歸金本位制沒有為所有人逐漸帶來繁榮，反而創造了一場零和遊戲，在此遊戲中，一個國家以犧牲他國利益為代價而得以創造繁榮，如此反而增加了彼此的敵意。然而，當時只有少數人願意攻擊金本位制度，最著名的當然是約翰・梅納德・凱因斯。凱因斯將金本位制描述為「蠻荒遺俗」及在戰爭期間扼殺世界經濟的「盲目崇拜」。但他未能說服英國當局，複雜的現代經濟可以在沒有黃金支持的情況下創造信貸。

艾哈邁德認為，事實證明這種明顯的「穩定性保護傘」是一件「緊身衣」。得要一系列貨幣危機和大蕭條，最終才能造成既成典範的改變。

奔向災難

到了一九二六年底，四位中央銀行家開始擔心美國股市過熱、德國國外借貸過多、英國經濟衰退，以及金本位制度日益失調。為了緩解問題，史壯主持下的紐約聯邦準備銀行將利率下調〇・五%至三・五%。在利率削減之後，黃金開始回流歐洲。但是從一九二八年二月起，史壯意識到這可能是一個錯誤，美國聯準會於是將其利率提高到五%。美國再次開始吸引世界黃金，而英國不得不提高自己的利率以阻止黃金大量流出。這一加息抑制了需求，造成更多失業。已經陷入衰退的德國不得不將其利率提高到七・五%，其他歐洲國家緊隨其後。

同時，在一九二八年和一九二九年的十五個月期間，美國的股票市場幾乎翻了一倍，遠遠超過了其組成公司的潛在價值。當大崩盤發生在一九二九年的秋天時，幾近美國股票市場價值的一半人間蒸發，而且如果沒有美國聯準會大幅降息以及由它和銀行團投注的流動性，情況可能更糟。但聯準會太快解除其干預措施，因此實體經濟開始出現第二次下滑，而非如原先一些人期望得以免受市場崩潰的影響。此時，歐洲市場也出現下跌，但因為一般大眾沒有像美國人那樣買進股票，因此下跌的幅度沒有那麼大。

艾哈邁德寫道，保持金本位制具有負面影響，因為國際資本流動逐漸地朝向那些已經擁有大量黃金的國家（美國和法國），而較少流向那些擁有較少黃金的國家（英國和德國）。對於一個試圖擺脫蕭條的世界來說，這種贏者通吃的局面並不健康，特別是因為歐洲國家不得不用黃金來償還他們的美元債務，而非使用貨幣還債。

沉入泥淖

一九三一年，隨著黃金儲備日益枯竭，英國最終被迫退出金本位制。雖然英格蘭銀行的聲譽有所下降，但實際結果卻是英鎊在幾個月內下跌了三〇％，這讓英國在貿易上再次有了競爭的希望。許多其他國家，包括加拿大、印度和一些斯堪的納維亞的國家緊隨其後。

艾哈邁德說，正是一九三一年這一年，世界各地的嚴重衰退轉變成為大蕭條。試圖堅持金本位制所造成的貨幣問題，導致歐洲和美國的銀行發生擠兌，並且造成消費和投資時通貨緊縮心理所產生的惡性循環。次年，美國投資減半，工業產出少了四分之一，價格下降一〇％，失業率來到二〇％。一九三二年股市低檔徘徊的四十一點，比一九二九年的峰值足足低了九〇％。當記者詢問凱因斯歷史上是否有類似像這樣的事情時，他回答說：「有的。它被稱之為黑暗時代，它持續了四百年。」

當富蘭克林．羅斯福（Franklin D. Roosevelt）於一九三三年初取代赫伯特．胡佛（Herbert Hoover）擔任美國總統時，《紐約時報》報導說，華盛頓就像「一個戰爭時陷入困境的首都」。當時二十八個州已關閉其銀行系統，而四分之一的銀行在過去三年中已經倒閉。隨著房價急劇下跌，所有抵押貸款人中有一半違約。沒停產的鋼鐵廠其產能只有一二％。汽車廠從每天生產二萬輛汽車變成了二千輛。「在世界上最富裕的國家，」艾哈邁德寫道，「一．二億總人口中，有三千四百萬男女老少沒有明顯的收入來源。」馬克思曾預言資本主義會在日益激烈的繁榮和蕭條週期中崩潰，他似乎說對了。

拋棄正統，擁抱繁榮

羅斯福的首波行動之一，是宣布全美銀行歇業五天，並且暫停所有黃金出口。他的《緊急銀行法》允許具有償付能力的銀行逐步重新開放，並透過聯準會為財政部提供保證，為這些銀行中的存款擔保。法律也使得美元與黃金脫鉤；美元現在可以兌換成各種資產。

羅斯福的一籃子措施一夜之間增強了信心。人們將藏在床墊下的現金拿出來，並將其放回銀行，股市隨之反彈。羅斯福開始實施凱因斯主義刺激方案，這使得一些美國人得以重新開始工作。根據經濟學家和銀行家的建議，羅斯福認為復甦的關鍵是讓價格上漲。為此，他接受了《農業調整法》的修正案，為「暫時」退出金本位制提供法源基礎，讓美國能夠在沒有黃金支持的情況下發行三十億美元債務，並且讓美元兌換黃金貶值的幅度得以高達五〇％。

「不再下金本位制這手死棋，是經濟復甦的關鍵。」艾哈邁德寫道。所有這樣做的國家——一九三一年的英國、一九三三年的美國、一九三五年的法國，以及最終的德國，儘管仍然受到惡性通貨膨脹的困擾——他們的經濟得以重新走上正軌。盟軍實際上放棄了從德國獲得賠償的想法；取得的賠償最終總計只有四十億美元，而不是最初尋求的三百二十億美元，而且德國的經濟還取得領先（非常感謝軍備重整）。

然而，如果金本位制度不好，有什麼可以取而代之的呢？第二次世界大戰結束後，凱因斯致力於建立一個根據強有力而不僵化的規則所運行的系統，這些規則將允許各國透過「（與美元）掛鉤但可調整」的匯率來塑造自己的國內經濟。艾哈邁德說，其目的是「避免一九二〇和一九三〇年代那種綁手綁腳的政策，當時德國和英國被迫提高利率而造成大規模失業以保護其貨幣價值，但此貨幣價值在任何情況下都無法持續」。新系統旨在讓各國再次對自己的命運有一定的控制權，同時仍然能促進國際貿易。

總評

雖然現在很難相信，但當時沒有人真正質疑金本位制。胡佛、邱吉爾、列寧和墨索里尼都相信它，而且在一九二〇年代和一九三〇年代，它似乎是在世界經濟體系中，唯一將各國連繫起來的東西。然而，讓各國為之傾倒的是深受古典經濟學家喜愛的自我調節的市場（其中金本位制是最有力的象徵），而非迎向繁榮與和平的應許之地，因而引來從極端自由主義到其對立面——西斯主義——的可怕轉變。艾哈邁德的一個主題涉及強制執行大規模主權債務償還的負面影響，正如同盟軍在第一次世界大戰後試圖對德國做的那樣。希特勒的崛起證明了這樣一個事實，那就是即使經濟上看來謹慎，卻可能在政治上非常愚蠢。

而什麼是如今的「金本位制」，也就是說，在表面上看起來不錯，實際上卻造成了無盡的苦難？在《失控的歐元》一書中，約瑟夫·史迪格里茲認為，歐洲貨幣一直是金融束縛，使整個歐洲諸國處於經濟失敗的困境中。與金本位制一樣，加入歐元變成一個聲望的標記，而離開它則成為一場災難。史迪格里茲認為，歷史將對那些堅持保持貨幣獨立性的國家更加友善。

利亞卡特・艾哈邁德

一九五二年，艾哈邁德出生於肯亞，隨後被送往國外接受教育：英國的私立學校，接著是劍橋大學的經濟學學位，然後是哈佛大學。

一九八〇年代，他在世界銀行擔任經濟學家，之後在紐約百利達資產管理（Fischer, Francis, Trees & Watts, FFTW）展開投資銀行職涯，晉升至執行長。他目前為對沖基金提供諮詢，是一家保險公司的董事，並且是智庫布魯金斯學會（Brookings Institution）的受託人。

《金融之王》榮獲「金融時報／高盛年度最佳商業書籍獎」和「二〇一〇年普立茲歷史獎」。艾哈邁德的另一本書是《金錢與嚴厲的愛：ＩＭＦ紀行》（*Money and Tough Love: Inside the IMF*，二〇一四）。

2010

創新力微觀經濟理論

The Microtheory of Innovative Entrepreneurship

「即使從未實現，對榮耀、財富和名望的期望具有真正的價值。事實上，它們是讓夢想成真的東西。對於企業家來說，在腦海中對想像的成功進行冥想，僅是精神獎勵的一部分。在閱讀偉大發明家的傳記時，跟隨著他們工作的過程，人們會被那種近乎迷戀的專注、成功的瞬間，甚至是解決謎團和做實驗的樂趣所震撼——儘管一路上備受挫折和疲憊所打擊。」

總結一句

經濟成長有賴於新思想的發展和實施，因此經濟學忽視企業家精神的程度令人吃驚。

同場加映

蓋瑞・貝克《人力資本》（03章）
彼得・杜拉克《創新與創業精神》（09章）
羅伯・J・戈登《美國成長的興衰》（14章）
迪爾德麗・麥克洛斯基《布爾喬亞的平等》（24章）
約瑟夫・熊彼得《資本主義、社會主義與民主》（40章）

02

威廉・鮑莫爾

William J. Baumol

「有件事情法國人做錯了，」喬治・布希對英國首相東尼・布萊爾說，「那就是他們沒創造一個專門的詞彙，來表達『創業家』（entrepreneur）的意涵。」

那麼現在所使用的這個詞是怎麼出現的？早期的英文經濟著作使用「冒險者」或「承擔者」這兩個詞，來描述冒險將某些產品或服務推向市場的人。在翻譯它們時，法國經濟思想家理察・坎蒂隆（Richard Cantillon）大量使用「創業家」（entrepreneur，字面意思是「承擔的人」）。讓－巴蒂斯特・賽伊（Jean-Baptiste Say）將這個詞包含在一系列的「生產者」之中：發現原料和發明東西的科學家、將這些知識轉化為有益用途的創業家、最後是製造最終產品的勞工。賽伊說，每個成功的國家都需要這三者，而且因為創新的好處影響整個社會，超過了任何成本，他建議政府資助研究。在英國，約翰・斯圖亞特・彌爾（John Stuart Mill）和阿爾弗雷德・馬歇爾也發表諸多關於創業家的看法，但並不足以構成創業家精神這樣的理論。在二十世紀，約瑟夫・熊彼得成為最著名的創業精神理論家，認為它是資本主義的驅動力。

即使有了熊彼得的見解，美國經濟學家威廉．鮑莫爾覺得，關於創業家這個題目，仍有諸多未曾探討之處。在一九六八年一篇開創性的文章（〈經濟理論中的創業家精神〉，《美國經濟評論》）中抱怨主流經濟學，尤其是企業理論中，取巧地輕輕帶過此一類別。如果不考慮創業家的角色，就無法解釋不同時間和地點之間經濟表現上的巨大差異。中國擁有出色的發明家，但其激勵機制促使最聰明的人投身公職，而非工商業。美國取得巨大成功的部分原因在於它對發明者和創新者的頌揚，以及通過創業家精神將其成就轉化為廣泛用途的熱情。當然，如今中國已經蓬勃發展，儘管它最近沒有像紙張或火藥那樣的進展，但它給予了創業精神應有的榮譽，作為成長的動力。

鮑莫爾《創新力微觀經濟理論》將他幾十年來創業經濟學研究的各個方面結合在一起。他也因為「鮑莫爾成本病」和可競爭市場理論而聞名（見下文）。

與眾不同的創業家

鮑莫爾區分了創業家和經理人的不同。經理人的角色是使現有流程更有效率，並使企業發揮其生產潛力。這通常涉及大量的經驗、分析和判斷，但卻極少帶來新的變化。這是個漸進的工作。

他的第二項區分，是去辨別兩種不同的創業家。創業家通常被定義為任何創業的人，即使其企業正在做許多其他人已經在做的事情。鮑莫爾稱這種類型為「複製型創業家」，而他對熊彼得稱頌的那種「創新型創業家」更感興趣。無論正式地位如何，這種人必須是領導者——只有這種類型的創業家才能負起經濟體中「革命性成長」的重責大任。鮑莫爾說，另一種看待創新型創業家的方式是將之視為發明物的供應商。發明家專注於發明，但通常不知道如何讓他們的想法或產品被廣泛地使用。看到機會並將其推向市場得花一些時間。這有個很好的例子：麥當勞兄弟發明了一個完美的系統（小菜單、服務迅速和極度清潔的高利潤漢堡餐廳），但得要雷．克洛克（Ray Kroc）才知道如何讓這個系統在美國各地不斷複製。

傳統的公司理論想像了一個枯燥的決策過程，其中涉及一群追求「自動最大化」的人，他們的目標是將產出和利潤最大化。鮑莫爾寫道，完全被排除在生產方程式之外的是「聰明的計謀、巧妙的計畫、卓越的創新以及魅力，或任何其他構成優秀創業家的東西」。

在經濟理論中，創業家精神是土地、勞力和資本之外的第四個「生產要素」。然而，由於創業家的活動難以量化和衡量，它於是就這樣被排除在經濟學這門學科之外。為什麼呢？土地、勞力和資本在很大程度上取決於其他人和外部因素。你必須購買或租用土地，僱用合適的勞工，並且支付利息以借錢。相比之下，創新型企業家精神是由個人**心智**產生的，因此無法以任何正常方式進行衡量。

還有另一個原因可以解釋為什麼主流經濟學掩蓋了創業家：它傾向於支持最小化或消除變革可能性的均衡模型，而創業家的**存在理由**是透過在現有行業中找到漏洞並利用它們，或者產生可以創造新產業的產品，進而**破壞**均衡。

由於不斷變化是創業家的通性，且他們的行動往往**先於**公司的創建，因此公司理論變得毫無意義。

創業家精神、創新和國家的財富

傳統經濟學關注的是阻礙經濟成長的「市場失靈」，包含壟斷、負外部性（私人行為的公共成本，例如汙染或全球暖化）和糟糕的公共基礎設施等等。但是，許多研究表明，這些低效率事項對經濟成長只有輕微的影響，如果我們得以除去它們而創造一個完全競爭的狀態，那麼國內生產毛額的增幅最多可能僅為一％。鮑莫爾認為，效率提升和市場失靈的修復絕對無法解釋一九〇〇年至二〇〇〇年間收入的大幅成長（美國為五八三％，日本為一六五三％，德國為五二六％）。正是這種創業家釋放出極具生產力的創新能力，大幅度地提高了生活中各方面的福利（最低限度而言，預期壽命翻了一倍且戰勝饑荒和貧困），才能確實說明這種大幅成長的絕大部分。

熊彼得認為，創新的獨立創業家的好日子不多了，因為大企業正在接管創新的功能，並使其成為例行工作的一部分。鮑莫爾不同意這樣的看法，他指出大公司在創新的早期階段並不擅長此道。在這樣的時期裡，狂野的創造力、信念的飛躍以及非理性地花費大量時間在表面上沒有希望的想法上，是稀鬆平常的事。

鮑莫爾說，「對我們的經濟具有重大意義的發明」，例如飛機、FM收音機、個人電腦、直升機和心律調節器，都是小規模創新者的產物。美國小型企業管理局在二〇〇三年的一項研究中得出結論：「與大企業的專利相比，小型企業的專利更有可能成為創造商業差異創新中的前一％。」現實的情況是，小型公司推出了推動社會發展的大多數創新，但它們通常沒有資源在社會中推廣。大公司買下它們或是取得其構想的授權，然後得以適當地開發為公共使用和分配的創新事物。

鮑莫爾說，政府在創新方面扮演至關重要的角色。在消極面，產權、合約的可執行性、專利保護、以及不妨礙新公司成立的法律全都不可或缺。在積極面，必須為基礎研究提供資金；如果讓私部門來做，這件事則可能不會發生。

生產性的和非生產性的創業家精神

熊彼得告訴我們，創業遠遠超出了技術創新，並且可能涉及：

- 引入新商品或新品質
- 生產現有商品的新方法
- 開拓新市場
- 確保原料或半成品的全新供給

● 透過創造壟斷或打破現有行業壟斷來撼動行業組織

在〈創業家精神：生產性的、非生產性的、破壞性的類型〉（《政治經濟學雜誌》，一九九〇）中，鮑莫爾問道：「是什麼促使創業家把注意力集中在這些活動的特定組合上，或者是其中最有希望的一個？」

他指出，創業家精神總是存在於社會中。更有趣的問題是它以什麼樣的形式呈現：它是建設性的還是創新的，或甚至它是否會破壞經濟。這又取決於「遊戲規則」：社會為潛在創業家所提供的獎勵、激勵和報酬系統。鮑莫爾這麼說道，如果創業家只是「巧妙而富有創造力地尋找能夠增加自己的財富、權力和聲望的人」，那麼並非所有創業家所從事的事情都將對社會有所助益。他們可能從事「非生產性創業」行為，例如有創意地抓住機會，搶在其他人之前收取租金，或建立有組織的犯罪網絡。這種資源分配將是為他們自己服務，而不是為其他任何人。

鮑莫爾想像一種通常會為創業家和社會帶來良好回報的活動（'A'），但由於立法和／或社會的汙名化而備受阻撓。為了挽救他們的社會聲譽並遵守法律，創業家自然會將他們的精力引導至另一項可能對社會沒那麼有利的活動（'B'）。因為資源導向B方案，社會因此蒙受損失。此外，不僅同一個創業家會改變他的活動，而且一整代的潛在創業家也可能會這麼做，或者就乾脆不當創業家了。

這種「遊戲規則」在時間和地點之間變化很大，而產生的結果卻截然不同。鮑莫爾提到了一個羅馬人的故事，他將自己發明的不碎玻璃獻給了提貝里烏斯（Tiberius）皇帝。在展示後，該男子被下令處斬，理由是該創作將「將黃金的價值降低到等同泥漿」。如果創新的傳播取決於統治者的心血來潮，那麼即使社會的利益可能很大，創新的動力仍然很小。在中世紀的中國，由國家考試制度進入學者－管理者階級意味著最優秀和最聰明的人成為腐敗官員，他們從所管理的人那裡獲得租金。因此，社會的報酬是流向那些身處高位者，而不是商業和工業的創新者。到了一二八〇年，中國發明了紙張、水車、精緻的水鐘和火藥。但私營企業或創業家的空間很小，因為與國家相比，個人沒有真正的合法權利。他們無法阻止官員隨意攫取財富或發明，對於這些官員來說，任何類型的私部門的新貴都是詛咒。企業不僅不受歡迎，而且如果它對現有的尋租活動構成威脅，或者他們試圖將創新事物全國化以獲取國家收益，那麼官員就會對此進行壓制。

在中世紀早期，巴黎在塞納河周圍有六十八家水磨坊，經營著各種各樣的工業任務，從研磨麥芽漿以釀製啤酒到為鎧甲拋光。然後，在十四世紀時，成長趨緩。為什麼呢？氣溫下降，有瘟疫，百年戰爭開始，但也包括教會壓制任何新穎的想法和科學思想。就像歷史上發生過的許多次，此刻產生了阻礙創新生產的因素。報償再次被導向戰爭中的榮耀。

只有當工業革命與自由市場和開放思想的信念到來，商業人士和工業家才得以積累財富。鮑莫爾說，這種對創業家精神的全新尊重與巨大的經濟成長同時發生的事實，充分證明「創業家精神的存在確實對經濟的活力和創新至關重要」。創新和創業家精神很容易被扼殺，遊戲規則可以為了權力的利益迅速改變，而不是獨創性。鮑莫爾認為，歷史上最大幅度的成長在自由市場經濟中湧現並非偶然。這包括現代中國，儘管是一黨制國家，當談到創新和利潤動機時，它已然汲取了教訓。

鮑莫爾的「可競爭市場」理論試圖解釋，為什麼自由市場經濟體的成長總是比其他類型的政治經濟體大得多：即使市場不是完全競爭的狀態（例如，如果有寡占情況發生，市場受制於少數公司），如果進入和退出障礙不是太高而且潛在的進入者可以獲得最新的技術，那麼就可以在提高生產率和降低消費者價格方面取得良好的成果。這是因為，正如鮑莫爾在接受採訪時所說：「寡頭壟斷的主要武器不是價格，而是發明，這對它們來說是生死攸關的。這樣的競爭促使他們每個人都試圖阻止其他人在創新方面領先。」

總評

部分由於鮑莫爾的工作成果，創業家精神現在是「新成長理論」的重要一塊，這表明經濟體透過思想的力量推向新的高度。然而，經濟成長會產生更多的消費，從而連帶對環境產生影響，這也是個事實。傳統經濟學將焦點放在這類的失靈上，而鮑莫爾則對可能超越其上的創新更感興趣。他認為，正如原油取代鯨油的使用成為全球能源，由於工程創新的普及，世界可能會因為這些尋求從新能源科技中獲利的創業家的緣故，逐漸變得更加清潔。

本書的開頭引用了歷史學家艾瑞克·霍布斯邦（Eric Hobsbawm）的話：「人們常常認為私營企業的經濟體自然而然地偏向於創新，但事實並非如此。它只偏向利潤而去。」一切的創新最終都成為公共財，所有人都能以適當的成本取得或免費享受，但首先，至關重要的是，創業家可以經由其思想的力量而致富。

威廉·鮑莫爾

出生於一九二二年，鮑莫爾在紐約南布朗克斯（South Bronx, New York）長大。他曾就讀於紐約市立學院，畢業後在農業部工作。投入美軍於法國服役一段時間後，一九四七年，鮑莫爾開始在倫敦政經學院攻讀博士學位。一九四九年，他獲得普林斯頓大學的教職，隨後的四十三年裡，他在那裡教授經濟學。他的博士生包括經濟學家蓋瑞·貝克和財經作家波頓·麥基爾（Burton Malkiel）。他目前是紐約大學創業學的教授，並指導史登商學院（Stern School of Business）的柏克萊創業與創新中心（Berkley Center for Entrepreneurship and Innovation）。

其他著作包括《資本主義的成長奇蹟：自由市場創新機器》（*The Free Market Innovation Machine:*

Analyzing the Growth Miracle of Capitalism，二〇〇二）、《紅皇后精神：突破經濟停滯的祕密》（*Good Capitalism, Bad Capitalism, and the Economics of Growth and Prosperity*，與羅伯特・利坦〔Robert E. Litan〕和卡爾・施拉姆〔Carl J. Schramm〕共同著作，二〇〇七）和《成本病：為什麼電腦變得更便宜而醫療照護則否》（*The Cost Disease: Why Computers Get Cheaper and Health Care Doesn't*，二〇一二）。「鮑莫爾的成本病」強調了這麼樣的一個事實，即製造業等一些經濟部門隨著時間的推移能夠大大提高生產率，因為他們可以利用節省勞力的設備，而其他部門，如醫院護理、教育和藝術則幾乎沒有變化，因為他們是以人力為主——也因此持續變得更加昂貴。

與艾倫・布蘭德（Alan Blinder）合作撰寫三本關於宏觀經濟學和微觀經濟學的流行教科書。浙江工商大學鮑莫爾創業研究中心以他的名字命名。

1964

人力資本

Human Capital

「顯然，所有收入持續成長的國家，其對勞動力的教育和培訓也大幅增加。首先，小學教育普及，接著中學教育迅速地開展，最後是中等收入和貧困家庭的孩子開始上大學。懷疑論者可能會回應說，隨著國家變得更富裕，教育普及意味著教育導致成長的重要性，並沒有比富裕國家中大量的洗碗機意味著洗碗機是成長的動力來得高多少。然而，即使是經濟學家也知道相關性和因果關係之間的差異，並且已經開發出相當直接的方法來確定收入的成長有多大的幅度來自於人力資本的發展。」

總結一句

雖然會帶來一些不確定性，但我們對自己的投資會帶來最大的收益。

同場加映

艾瑞克·布林優夫森＆安德魯·麥克費《第二次機器時代》（05章）
史帝文·李維特＆史帝芬·杜伯納《蘋果橘子經濟學》（22章）
托斯丹·范伯倫《有閒階級論》（49章）

03

蓋瑞・貝克

Gary Becker

由於願意將經濟分析應用於生活的各個方面，蓋瑞・貝克享有盛名：我將從婚姻中得到什麼？如果我只聘請白人員工，我的公司會舉步維艱嗎？我應該非法停車並甘冒罰款的風險嗎？如果我在孩子身上花了很多時間和金錢，他們會在我老了的時候照顧我嗎？這些尷尬的問題引發了他對歧視、婚姻、犯罪和家庭經濟學的研究。他的見解使他獲得諾貝爾獎並極大地影響其他社會科學，也激勵了《蘋果橘子經濟學》的作者和流行社會學家麥爾坎・葛拉威爾（Malcolm Gladwell）。

但教育是最讓貝克困擾於心的問題。如果你可以對上大學的收益進行成本效益分析，那麼與不去上大學的金錢和時間相比，是否值得？

在一九五〇年代和一九六〇年代，教育經濟學——先驅者包括芝加哥大學經濟學家西奧多・舒爾茨（Theodore Schultz）、雅各・閔沙（Jacob Mincer）和米爾頓・傅利曼（Milton Friedman）等——變得流行，甚至時髦。到了一九九三年的總統競選活動中，柯林頓和布希都使用「投資人力資本」這樣的說法，並對大學教育和在職培訓高談闊論。剛開始是個極富爭議的概念，但人力資本早已進入公共辭典，並且似乎為經濟成長的謎團提供了答案。貝克指出，以第二次世界大戰後諸如日本和韓國等亞洲經濟體的成功而言，他們缺乏自然資源，不得不進口原物料和能源，但他們在培訓、教育和技術方面投入巨資，並且經歷了極大的繁榮。在「知識工作者」的時代，人力資本真正發揮作用，因為公司的大部分投資將在其員工而非物質資本中。

舒爾茨創造了「人力資本」這個詞，但將之推廣的，卻是貝克在其職業生涯中相對早期出現的著作。

什麼是人力資本？

本書首先引用阿爾弗雷德·馬歇爾的《經濟學原理》：「所有資本中最有價值的是對於人的投資。」然而，貝克指出，「人力資本」的概念對一些人而言是難以下嚥的，因為它似乎會將人簡化成為其教育和技能的經濟價值，就彷彿他們是奴隸或機器。在一九五〇年代和一九六〇年代，他在他的諾貝爾獎演說中這麼說：「將學校教育作為一種投資而不是文化體驗，被認為是無情的，而且非常狹隘。」此外，如果我擁有比你更多的人力資本（更多的教育、培訓、社交技能等），這是否意味著我將以類似於企業主如何剝削工人的方式利用你？而人力資本是否會在那些擁有許多和擁有不多的人之間造成新的階級衝突？

令貝克感到寬慰的是，大多數人都可以理解「人力資本」一詞僅僅意味著投資於人。它可以包括學校教育、電腦培訓課程、醫療支出及參加自我發展講座——基本上，任何可以提高收入、改善健康或讓我們能更加珍惜生活的事物。人力資本不同於銀行中的錢、IBM的一百股或是鋼鐵工廠，因為它永遠屬於這個人，不能與他或她分開，而且幸運的是，它會在一生中自然地增長。

這是值得的：上大學的好處

當貝克撰寫第一版《人力資本》時，經濟學專業人士承認物質資本的增加並未真正解釋收入的成長。也就是說，收入的成長速率比投資於機械和土地的成長速率來得快。最能說明這種差異的原因是教育，畢竟教育應該讓人們以不同的方式看待問題並更好地利用資源——認真地說，創造新的資源。

貝克查看人口普查報告，以了解個人收入與教育之間的連繫。他發現白人男性大學教育的財務報酬率（扣除學費後）在一一%至一三%之間。然而，白人男性比黑人男性更有利，因為他們在就業市場上擁有更多的機會。儘管如此，黑人男性上大學的好處還是很明顯，從一九五〇年代開始，該群體的大學入學人數大幅增加，並且隨著更多的機會開放，有更多的人進入大學就讀。受過教育的黑人不再局限於神職人員或法律；他們可以進入主流就業市場。一九四〇年以後，由於更多經費投注在研究與發展（R&D）、軍事科技和服務，儘管畢業生比以前更多，但對受過教育的各種人才的需求急遽增加。隨著社會習慣的變遷，女性自我投資於教育也變得更加「值得」，因為醫科、法律和商業等職業，不再是由男性主導。

貝克指出，當收益明確時，更多的人會上大學，而當收益不明確時，上大學的人就會比較少。大學教育的蓬勃發展顯示，離校生本能地知道，透過延遲出社會工作並且去上大學，他們將能更有效地取得領先地位。不過究竟為什麼大學畢業生對於雇主來說更有價值呢？貝克認為，教育不僅提供知識和技能，而且還提供「分析問題的方法」。這是一種具有價值的可銷售商品，並且與教育價值僅僅在於憑證以及教育價值僅僅在於節省雇主選擇最佳人選的時間的想法相互矛盾。根據這種觀點，畢業生賺更多「不是因為大學教育提高了生產力，而是因為更有生產力的學生繼續上大學」。特別是在技術先進的經濟體中，有可能情況真的先是更有生產力的學生去上大學，而大學只是進一步提高他們的生產力，諸如知識、技能和判斷力——所有一切雇主想要的東西。

時間推移下人力資本的價值

貝克的其中一種觀察是，與其他類型的資本不同，人力資本投資的回報往往會隨著時間的推移而增加。例如，大學教育的收益期可能很長，使初始投資變得便宜。壽命延長意味著教育的積極影響可以在更長的時間裡呈現出來。

然而，貝克也詢問教育投資是否優於或劣於其他投資的問題。由於對大學教育的投資涉及相當程度的風險（經濟和我們的健康可能發生任何事情，而我們的技能和知識可能已經過時），並且非常缺乏流動性（我們無法將自己的教育單獨分離而出售），將其與類似形式的風險和非流動性投資進行比較應該是正確的。他引用喬治・斯蒂格勒（George Stigler）的研究，該研究發現，隨著時間的推移，對製造業資本投資的平均回報率約為七％，大大低於貝克對大學教育進行研究所獲得的一一％至一三％。他指出，大多數遺產都不足以用於購買房屋或工廠或其他形式的資本，因此人們將之用於人力資本（教育和培訓）。人們傾向於先投資人力資本，直覺認為它比其他資產能得到更高的回報。大學學位帶來的好工作將提供數十年的薪水和福利，還包括心理方面的好處，並且提供人們收入去購買自己的房子、股票、規畫養老金等。

但是，投資於一個人的教育或培訓的實際金錢成本，只是總投資的一部分。大多數是投入這樣做的**時間**機會成本。當一個人的時間價值隨著所受教育的增加而上升，從市場的角度而言，獲得更進一步教育的成本可能沒有意義。人力資本決策的主要因素不是金錢，而是砸下去的時間是否值得。完成高中學業和獲得學士學位可能對獲得一份好工作至關重要，但是花費五年時間獲得博士學位是否抵得過你可能從工作同樣時間所獲得的收入？貝克指出，額外教育的邊際價值和收益，隨著每一額外教育單位而減少，特別是因為你必須考慮到完成所有這些教育後所剩下的較短的職業生涯。他說，人們常常在進行這些計算，而且通常會做出正確的決定。

貝克小心翼翼地說，大學教育是個強而有力的案例，但這只是因為個人收入數據和GDP數據顯示其正面的影響。當不再有明確的回報，因為大學學費上升到荒謬的程度，或者在職訓練相對於大學學位變得更有價值，那麼人們應該合理地重新分配他們對人力資本的投資。在談到這一點時，他預示了目前有關美國和其他地方大學教育成本飆升的辯論。

人力資本和不平等

亞當．史密斯在《國富論》中寫道：「最不相像的人物之間的差異，以哲學家和普通的街頭搬運工之間為例，他們的差距似乎並非來自於本性，而是來自於習慣、習俗和教育的不同。」貝克對此表示贊同，認為每個人都有相同的潛力從人力資本投資中獲益。他並沒有試圖掩蓋這樣一個事實，亦即有些人會比其他人更會利用同樣的教育程度，並因此獲得更多的收入。然而，他也承認，剛開始時環境的差異對於能否獲得教育影響很大，而這是可以改變的事情。研究不平等的評論家正確地將關切的焦點投注於機會的不平等而不是收入的不平等。

在一個學校教育品質不均的地方（他用的是美國南部的例子，那裡的教育曾經按種族劃分），你最終會得到非常不均的收入分配，因為來自於教育的回報隨著時間而增加。相比之下，在幾乎每個人都同樣去公立學校的地方（瑞士就是一個很好的例子），你會得到收入較為平等的結果。

總評

在一九七〇年代，當具有大學教育的人其收入出現下滑時，有很多關於「過度教育的美國人」的言論，但到了一九八〇年代，受過大學教育的美國人他們的收入創下新高。今天，讀大學的溢價報酬甚至更高，證明了貝克的觀點。二〇一四年，華盛頓經濟政策研究所對美國勞工部的數據進行的分析表明，擁有四年制大學學位的美國人每小時收入比沒有學位的人多**九八%**。在一九八〇年代早期，大學畢業生的每小時工資溢價報酬僅高出六四%。看來，最棒的投資就是投資在你自己身上。

蓋瑞・貝克

一九三〇年，貝克出生於賓夕法尼亞州，在紐約布魯克林長大。他在普林斯頓大學獲得了經濟學學士學位。他的博士學位來自芝加哥大學，他的論文是關於種族歧視方面的經濟學。他的導師包括米爾頓・傅利曼和喬治・斯蒂格勒。在哥倫比亞大學任教十年後，他回到了芝加哥，並於一九六七年獲得約翰・貝茨・克拉克（John Bates Clark）獎章四十歲以下最重要的經濟學家的肯定。

從一九八五年到二〇〇四年，貝克為《商業周刊》撰寫專欄，並且直到二〇一四年去世前，他與法官理理察・波斯納（Richard Posner）共同經營一個深受歡迎的部落格。他與丹尼爾・康納曼（Daniel Kahneman）和史帝文・李維特是經濟顧問公司TGG集團的創始合夥人。貝克於一九九二年獲得諾貝爾經濟學獎，並於二〇〇七年獲得總統自由勳章。

重要文章包括〈時間分配理論〉（A theory of the allocation of time，一九六五）、〈犯罪與懲罰：經濟觀點〉（Crime and punishment: an economic approach，一九六八）、〈婚姻理論〉第一部和第二部（A theory of marriage, parts I and II，一九七三、一九七四），以及〈人力資本、努力和性別分工〉（Human capital, effort, and the sexual division of labor，一九八五）。著作包括《歧視經濟學》（*The Economics of Discrimination*，一九五七）、《家庭論》（*Treatise on the Family*，一九八一），以及與歷史學家妻子吉蒂・娜夏特（Guity Nashat）合著的《生活的經濟學》（*The Economics of Life*，一九九五）。

2007

約翰柏格投資常識

The Little Book of Common Sense Investing

「成功的投資完全是常識……簡單的算術表明，且歷史證實，獲勝策略是以非常低的成本擁有所有的國有控股企業。透過這麼做，您可以保證獲得幾乎所有以股息和盈餘成長形式產生的回報。」

「股票市場是一個極讓人分神的消遣，導致投資者關注短暫和不穩定的投資期望，而不是真正重要的事情——逐步累積公司業務所帶來的利潤。」

總結一句

如果你投資股票市場，把你的錢存入一個自動擁有所列每家公司一小部分的基金。隨著時間拉長，這是累積財富的一種保證獲利且幾乎不必擔心的方式。

同場加映

班傑明．葛拉漢《智慧型股票投資人》（15章）

羅伯．席勒《非理性繁榮》（43章）

保羅．薩繆森＆威廉．諾德豪斯《經濟學》（38章）

04

約翰・柏格

John C. Bogle

約翰・柏格算是個財金界特立獨行的人。一九七六年，他創立了第一個股票市場指數型基金「先鋒五百」（Vanguard 500）而聞名，並使先鋒集團（Vanguard）成長為全球第二大基金供應商，管理超過三兆美元。一九九九年，《財星》雜誌將他評為投資領域的四大「二十世紀巨人」之一。二〇〇四年，《時代》雜誌將他列入「世界一百位最有權力及影響力人物」的「時代百大人物」名單中。

所以，什麼是指數型基金？基本上是指納入某個市場上的所有主要股票的基金，通常追蹤一個既定的指數，例如由最大五百家美國公司所組成的「標準普爾五百指數」（S&P 500，建立於一九二六年），或是納入近五千支股票的道瓊威爾希爾指數（Dow Jones Wilshire index）。

傳統的指數型基金並不像一般基金的管理那樣從事「交易」——買入和賣出股票，而通常只買一次並一直持有。這會使得指數型基金看起來很無趣。然而，缺乏買賣所產生的興奮，卻很容易透過其非常好的長期紀錄來彌補。柏格聲稱，投資實際上是常識，而支持指數型基金投資的基本算數其魅力沛然難抗。他說，這些指數型基金使得明顯複雜的財務世界變得簡單，它們的案例「令人信服且無可爭辯」。因為我們都希望在投資股票和證券時儘可能地有把握，因此柏格的書讀來讓人著迷。

你讓誰致富？

柏格說，對於普通的下注者而言，股市是一個「輸家遊戲」（a loser's game）。為什麼這麼說呢？首先，我們對於金融專家的信心不太合理，總體而言，他們做的不僅沒有比我們自己做的更好，而且往往更糟糕；第二，我們沒有意識到我們資金管理費用的巨大侵蝕效應，以及他們經營方式下的稅務效率低下。那些**總能**贏得勝利的是「金融荷官」──經紀人、投資銀行家、資金經理等──他們每年的收入超過**四千億**美元。如同柏格所說，在賭場裡「莊家永遠是贏家」。

股票市場本身的投資報酬差異很大，遠遠超過經濟體本身的產出，而投資**成本**頑固地存在。即便您的基金經理人經歷了情況糟糕的一年──或者是十年──您也不會支付給他較低的費用。我們自然而然地想到我們持有股票價值的複利成長，但我們通常不了解投資成本的複利計算（基金參與費和運營費用、交易徵收的稅收等）。共同基金費用從資產的〇．九%提升到三%不等，平均為二．一%。雖然起初這些數字看起來並不高（例如十萬美元的一．五%，似乎並不昂貴），但隨著時間的推移，這些成本會侵蝕可能的獲利。

然而，一般基金與指數型基金的實際表現的比較究竟如何？在一九九五年至二〇〇五年這段期間，指數型基金的複利報酬率為一九四％，而管理型共同基金的回報率僅為一五四％。又一次，兩者呈現巨大的差異。

穩定持有與獲利

你可能認為你的共同基金經常專業地轉換股票以充分利用你的資金，但這樣做的同時也是在花掉這筆錢，因為每筆交易都有稅收和管理方面的成本。你可以肯定某些人因為這樣的買入和賣出而得到了很多報酬。為了證明他們的收費是合理的，基金經理人必須看起來有在做事，但正如華倫．巴菲特所觀察到的現象一樣，「對整體投資者來說，**投資報酬隨著交易動作的增加而減少**。」

由於指數型基金自動投資於整個市場，因此它們不需要一層又一層的分析師或基金經理人。由於它們不「交易」而只是買入和持有，因此避免了頻繁交易所產生的所有經常性成本。你持有的時間越長，風險就越小，因為你已將投機（包括所有隨之而生的成本和財富波動）拋諸腦後。

資本投資不是賭博

股票市場投資者很容易忘記他們正投資於**公司**的獨創性、創新和生產力，在過去的一百年裡，美國公司的資本回報率為九．五%。當這種回報率多年複利下來，你會得到驚人的結果。十多年下來，投資一美元變成了二．四八美元，二十年為六．一四美元，三十年為一五．二二美元，四十年為三七．七二美元，而五十多年下來一美元變成了九三．四八美元。當然，你必須根據通貨膨脹進行調整，因此這會在幾十年內明顯降低你的資金購買力，但是在三十年的投資期內，舉例來說，透過指數型基金投資美國公司十萬美元，仍然會變成目前的實際（消費能力）價值超過美金六十六萬元。

柏格指出，隨著時間的推移，股市的漲幅幾乎完全符合美國企業自身的收益。股票的平均回報率為九．六%，而直接投資於企業的資本回報率平均為九．五%。他觀察到：「從長遠來看，股票的投資報酬幾乎完全取決於我國公司所獲得投資回報的實際情況。」股票市場可能會高估某些公司長達十年之久，然後下一個十年可能會低估它們的價值。但正如班傑明．葛拉漢所指出，「回歸均值」總是存在，而股票背後的公司潛在價值等待著人們將其揭示出來。

柏格斷言，股票市場是一個「極讓人分神的消遣」，如同莎士比亞的諺語所說：「這個故事，由傻子講述，語氣激昂憤怒，卻毫無意義。」股市短期內由情緒驅動，由於這種不理性，沒有人能夠確定它將朝哪個方向轉折，因此試圖猜測其走向是蠢蛋才會去玩的遊戲。然而，我們**可以**確信企業的長期生產力，並且透過避免「挑選贏家」的遊戲和單純地投資整個股票市場，得知我們將能獲得企業成長的果實。

根據數字下注，而不是人

柏格的疑問是，為什麼人們會為一種收益**更差**的投資方式支付**更多**的錢？

不幸的是，我們大多數的人都弄不清楚。正如波頓．麥基爾在《漫步華爾街》（*Random Random Down Street*）中所指出的那樣，出色的投資報酬往往純粹是運氣。我們愚蠢到足以根據過去的表現進行投資，這不僅不能保證未來的表現，而且幾乎可以預測未來的糟糕表現。

基金經理人也是人，並且會對市場似乎將前進的方向感到興奮。像任何人一樣，他們傾向於在高峰期購買股票，而不是在股票價格代表最佳價值時買入。擁有指數型基金股份則不伴隨這種風險，因為指數型基金自動追蹤整個市場。長期看來，股票市場的所有收益和損失是平衡的，所以如果你投資於**整個**遊戲，你就會獲勝。柏格這麼說道：「別試圖在乾草堆裡找藏起來的一根針，而是要買下整個草堆。」（Don’t look for the needle—buy the haystack.）

總評

柏格將這種資金流向指數型基金之中的移轉稱為「一場革命」，而許多年以來，他的策略使他成為一位孤獨的行者。那樣的情狀是在其他指數型基金開始複製先鋒集團（Vanguard）模型好多年之前，而如今僅在美國就有數百個指數型基金。具有諷刺意味的是，市場上有些「管理型指數基金」，這意味著它們只選擇某些行業別的股票，而這些行業支付更多股息或者可能更快地增長，因此試圖擊敗市場。柏格對它們的看法不表樂觀，因為與傳統的指數型基金相比，它們顯著增加了成本和風險。他還預測，未來幾年股票的投資報酬將會受到抑制，這是堅持傳統指數型基金的另一個原因，因為無論基金表現的好壞，管理型基金都將繼續收取相同的成本。

《約翰柏格投資常識》共有十八章，超過兩百頁，並不是像常識般那麼地輕薄，而且似乎一再複述——但是以一種一再確認的方式，而不是惱人的絮絮叨叨。閱讀它就像是與一位投資大師進行爐邊聊天，只是當你聽完他強而有力的論述後，你可能再也無法入睡。他指出，他的批評者說，他唯一能做的就是展現陳述顯而易見的概念的能力，但在崇尚宣傳和欺騙的金融世界裡，也許讓我們信任指數投資的「無情算術」是最聰明的事情。

一些金融學者擔心，非選擇性追蹤或指數基金的影響越來越大，意味著股市失去了聰慧地配置資本的主要功能；錢只是單純地流向現存的公司，不再過問。這可能是真的，但區分好公司、壞公司並不是普通小投資人的工作。柏格所提之避免複雜而「從簡單的魔力中獲利」的建議，仍然擲地有聲。

約翰．柏格

一九二九年，柏格出生於紐澤西州。他畢業於布萊爾學院（Blair Academy），隨後進入普林斯頓大學（Princeton University），並於一九五一年獲得經濟學學位。畢業後，他開始在賓夕法尼亞州（Pennsylvania）的惠靈頓管理公司（Wellington Management Company）工作。他成為該公司的董事長，並於一九七四年離開，創立先鋒集團。

其他著作包括《共同基金必勝法則》（*Common Sense on Mutual Funds*，一九九九）、《約翰．柏格談投資》（*John Bogle on Investing*，二〇〇〇），以及《邁向資本主義的精髓》（*The Battle for the Soul of Capitalism*，二〇〇五）——書中提出了更高的美國金融道德標準、《夠了：回到理財初衷，跳出金錢困局》（*Enough: True Measures of Money, Business, and Life*，二〇一〇）、《文化衝突：投資，還是投機？》

（*The Clash of Cultures: Investment vs. Speculation*，二〇一二）。另請參閱羅伯・史雷特（Robert Slater）撰寫的《約翰・柏格和先鋒集團的試驗：一位企圖顛覆共同基金市場的男人》（*John Bogle and the Vanguard Experiment: One Man's Quest to Transform the Mutual Fund Industry*，一九九六），以及泰勒・拉里莫（Taylor Larimore）、梅爾・林多爾（Mel Lindauer）和麥可・勒巴夫（Michael LeBoeuf）撰寫的《柏格頭投資指南》（*The Bogleheads' Guide To Investing*，二〇〇六）。《約翰柏格投資常識》獻給經濟學家保羅・薩繆森（Paul Samuelson）和柏格於普林斯頓的導師。

2014

第二次機器時代

The Second Machine Age

「電腦和其他數位技術的進步正在為智力所做出的貢獻——能夠運用我們的大腦來理解和塑造我們的環境——就如同蒸汽機及其後衍生而出的發明為體力勞動所做出的貢獻一樣。」

「不僅新技術呈現指數化、數位化和組合化，而且大部分收益仍然領先於我們。在接下來的二十四個月裡，地球所增加的電腦能力（computer power），將比從古至今整個歷史上加起來還要多。在接下來的二十四年裡，此一增長可能會超過一千倍。」

總結一句

隨著人們儲備的知識量增加，我們創造新財富的能力也在增長，但我們不能讓人們被排除在技術和創新的好處之外。

同場加映

蓋瑞．貝克《人力資本》（03章）
彼得．杜拉克《創新與創業精神》（09章）
羅伯．J．戈登《美國成長的興衰》（14章）
托瑪．皮凱提《二十一世紀資本論》（32章）
約瑟夫．熊彼得《資本主義、社會主義與民主》（40章）
朱利安．西蒙《終極資源2》（44章）

05

艾瑞克・布林優夫森&安德魯・麥克費

Erik Brynjilfsson & Andrew McAfee

你是否曾經覺得自己生活在未來呢？「每一天，」作者在本書的新序言中寫道，「我們都遇到科幻小說成為現實的例子。」他們說，在工業革命一開始的時候，一定也是這種感覺。另一方面，仍然有數百萬人已然就這樣停止尋找工作，或者正在從事著遠低於他們潛力的工作。我們知道快速的技術進步可以提高生活水平，但我們也知道許多人的技能和教育使他們無法在新環境中做出調整和取得成功。該怎麼辦？

麻省理工學院（MIT）的商業經濟學家布林優夫森和麥克費是「技術樂觀主義者」之一，戈登在他的著作《美國成長的興衰》一書中批評他們過分重視網路和資訊科技對生活水準的影響。然而，他們的暢銷書《第二次機器時代》——副標題為「輝煌技術時代的工作，進步和繁榮」——絕非天真無知。他們承認，推動技術進步帶來了輸家和贏家，並將人類對工作的渴望和需要視為未來的重大辯論之一。《第二次機器時代》是當代流行經濟學的顛峰之作，它邀我們思考技術在我們的生活和我們正在創造的世界中所扮演的角色。

新機器時代

本書前面的部分著重於人類學家伊安・摩里士（Ian Morris）的分析（見《西方憑什麼》〔*Why The West Rules—For Now*〕），摩里士強調在人類歷史的大部分時間裡，技術進步「極度緩慢，幾乎看不見」。如果技術被視為圖表上的一條線，那麼在數千年的時間裡我們實際上幾乎可以說是一條保持平坦的直線。然後，兩百年前，工業革命（或布林優夫森和麥克費稱之為「第一次機器時代」）意味著首次推動人類進步的是技術——而不是政治、宗教或人口。人類創造和使用大量機械動力的新能力改變了一切。

作者們說，如今，我們處於第二次機器時代，「電腦和其他數位技術的進步正在為智力做出的貢獻，就如同蒸汽機及其後衍生而出的發明為體力勞動所做出的貢獻一樣。」當然，他們認為，智能和數據工具的巨大進展對於人類進步的重要性，就等同於人類駕馭物理力量一般。

我們正處於一個數位和電腦科技將開始對我們的生活產生巨大差異的想法中，或許仍然只是一種信念，但作者指出了在一系列領域中的快速發展。他們同意，真正有用的人工智慧（ＡＩ）以及地球的每個角落將透過同一個數位網路相連接的事實，兩者將連袂產生比工業革命對於經濟成長更為變革性的影響。

關於創新的辯論

約瑟夫・熊彼得在一九三〇年寫道：「創新」是資本主義社會的經濟史上一個突出事實。但，是哪一種創新？

一九八七年，諾貝爾經濟學家勞勃・梭羅（Robert Solow）說了一句眾所周知的話：「除了生產力統計數據，我們隨處都看得見電腦時代。」事實上，布林優夫森和麥克費指出，技術的引入和整個經濟體的生產率提高似乎總是存在很大差距。例如，儘管一八九〇年代美國工廠引入了電力，但接下來的二十年間，勞動生產率激增的情況並沒有發生。最初，工廠只是用電廠取代蒸汽機，並保持現有的布局和製程。毫不令人意外地，生產力沒有太大的提升。在一九八〇年代，資訊和通訊技術（ＩＣＴ）仍然是經濟的一小部分，直到一九九〇年代，因為資通技術的使用，生產力得到了極大提升。要成功地運作，電力和ＩＣＴ等「通用技術」必須與新的商業流程相結合。例如，ＩＣＴ與精密製造等業務流程革新以及全面品質管理和六標準差等管理概念一起使用時，產生了最大的影響。

布林優夫森和麥克費認為：「創新不會出現大而新的東西，而是重新組合已經存在的東西。」電腦讓各種想法得以澈底結合和重組，就像印刷術、圖書館和普及教育的革新產生的作用一樣。例如，無人駕駛汽車是裝上廉價感測器的傳統汽車、電腦地圖和ＧＰＳ系統的組合。網際網路則是結合了更加古老的ＴＣＰ／ＩＰ資料傳輸網路、一種管理文本和圖像顯示以及允許超鏈接的新程式語言（HTML）以及瀏覽器。這每一項都是獨樹一格的創新，但將它們結合在一起的效果則是革命性的。

科技與不平等

直到一九七三年，不斷成長的經濟就像是舉起所有船隻的浪潮，伴隨著工資全面成長。從那時起，美國和大多數已開發國家中擁有先進技術和教育的人，他們的收入成長了一〇%至二〇%，其他人的收入則下降或停滯不前。

究竟為什麼收入不平等的情況增加了？雖然例行任務逐漸自動化，使更多低技術的人失去工作，但像是大數據分析和快速產品開發等工作，對於具有推理能力、創造性或設計技能的人才需求只增不減，他們可能先擁有更多教育和培訓的機會。因此，二十一世紀最寶貴的資源不是資本，而是受過高等教育和技術熟練的人，他們可以從科技中獲取最大的收益。

可以說，這樣的經濟環境是公平的，因為那些對社會產生最積極影響的人會得到回報。如果我們都從他們的創造中獲益，那麼創造出這些帶來很多好處的事物的少數人變得非常富有，這會是一個問題嗎？如果低成本或免費的商品和服務越來越多，那麼逐漸擴大的不平等，是否如此重要？

作者並不同意這些論點，原因很簡單，許多人不僅僅是相對而言被淘汰出局，而是在科技競速向前的同時，看見收入的絕對下降。住房、醫療保健和大學學費都比過去高得多，在一九九〇年至二〇〇八年間成長了五〇%，相較同時期家庭收入僅成長了二〇%。如果社會流動性很高，那麼這可能不是那麼糟糕，但在美國——所謂的機會之地——比斯堪的納維亞國家的社會流動性低，而與英國和義大利差不多，它們是歐洲社會流動性最低的國家。

作者同意戴倫·艾塞默魯（Daron Acemoglu）和詹姆斯·羅賓森（James A. Robinson）（《國家為什麼會失敗》——參見《一次讀懂政治學經典》）的觀點，認為經濟不平等導致社會最富有的人「俘獲」政府以促進他們自己的利益，這也意味著其他人的機會減少。不平等的加劇導致停滯和衰退，以至於即便讓每個人都能普遍使用技術的力量，也無法抵消這樣的情況。

第二次機器時代的就業前景

通常為了解決「技術性失業」所提出的補救措施是提供「普遍性工資」、「保證收入」或「基本收入」（政府定期支付特定金額給所有公民，而不用經過經濟情況調查），這將確保人們仍然有足夠的金錢成為消費者，並且在即使他們沒有工作時，也能讓經濟體持續運作。

然而，布林優夫森和麥克費反對這個想法，原因很簡單，工作提供了許多心理上的好處（目的感、自豪感和秩序感），而不僅僅只是謀生。造成許多社會問題的原因是失業，而不是貧困本身。作者們轉而訴諸於人類可以勝過機器之處，而非普遍性工資。畢卡索提到電腦時這麼說道：「然而它們毫無用處，它們只能給你答案。」電腦還不知道如何提出更好的問題，或是做出任何超出其程式預設框架的事情。「我們從來沒有見過真正有創意的機器，抑或是創業機器或創新機器，」布林優夫森和麥克費寫道，「我們已經看到了可以創造出一系列英文押韻文本的軟體，但它並不能寫出一首真正的詩。程式可以寫出無誤的散文是驚人的成就，但我們還沒有看到一個能夠弄清楚下一步要寫什麼的程式。」正是因為將人類構思能力、創造力以及卓越的電腦數據處理能力**結合**在一起，使得各領域產生了種種最令人興奮的進展。因此對於未來的線索，值得我們回顧一下工業革命時期，去看看當時的工作究竟發生了什麼變化。隨著機動農業機械的出現，數百萬農場工人失業，但城市中的新科技產業吸收了他們的勞動力。

這個部分含括了「白領」職業；那麼其他更多的勞力工作呢？莫拉維克悖論（Moravec's Paradox，以機器人專家漢斯．莫拉維克〔Hans Moravec〕的名字來命名）是一個令人驚訝的事實，即電腦可以毫不費力地進行高階推論，但卻連最簡單的感覺運動技能（sensorimotor skills）都需要巨大的計算能力。事實上，即使是蹣跚學步幼兒的感知和移動力，機器人也非常難以企及。在可預見的未來，清潔工、廚師、電工、水管工和理髮師都還不必擔心工作不保。

總評

一九三〇年，凱因斯想像出一個「經濟問題」得到解決的時代，繁榮為每個人提供了房屋、交通以及支付教育、旅遊和娛樂的資金。在這個社會中，人們可能每週只要工作十五個小時。凱因斯沒能看見人類需求的永無止境，而這為商品和服務創造了無限的市場。隨著我們的需求變得越來越複雜——比較一下福特T型車和特斯拉汽車——因此需要更多的思考、設計、分析和工程製造。人類在提出新想法、傳達複雜的想法，以及在更大的範圍內理解事物等方面，仍然具有明顯的優勢。牛津大學的研究人員卡爾．佛雷（Carl Benedikt Frey）和麥克．奧斯本尼（Michael A. Osborne）（〈就業的未來〉〔The Future of Employment〕，二〇一三）預測，由於機器學習和機器人技術，未來二十年內，高達四七％的美國工作將會自動化（包括許多白領工作）。他們的結論或許太過誇大其詞。歐洲經濟研究中心二〇一六年的一項研究指出，許多工作涉及一**系列**任務，其中只有一些部分可以自動化。如果您考量到大多數工作所需的多樣性以及人機互動等方面，那麼就會發現僅九％的工作存在自動化風險，而不是四七％。第二次機器時代可能比我們想像的更為人性一些。

艾瑞克・布林優夫森&安德魯・麥克費

布林優夫森出生於一九六二年，擁有哈佛大學應用數學和決策科學碩士學位，以及麻省理工學院史隆管理學院管理經濟學博士學位。他的博士論文是關於技術對工作的影響。自二〇〇一年以來，他一直擔任史隆學院的舒賽爾家族（Schussel Family）管理學教授。

麥克費出生於一九六七年，他擁有麻省理工學院的工程和管理學位，並在哈佛商學院取得博士學位。他於一九九九年至二〇〇九年在哈佛商學院任教，此後一直擔任麻省理工學院數位商業中心（MIT Center for Digital Business）的研究科學家，以及哈佛大學伯克曼網際網路與社會研究中心（Berkman Center for Internet and Society）的院士。他是《金融時報》的專欄作家，並且經營一個廣受歡迎的部落格，在上面發表文章。

布林優夫森和麥克費同時也是電子書《與機器賽跑：數位革命如何加速創新、促進生產率，不可逆轉地轉變就業和經濟》（*Race Against The Machine: How the Digital Revolution is Accelerating Innovation, Driving Productivity, and Irreversibly Transforming Business and the Economy*，二〇一一）的作者。

2011

資本主義沒告訴你的23件事

23 Things They Don't Tell You About Capitalism

「理解沒有客觀定義的『自由市場』是了解資本主義的第一步……如果某些市場看起來是自由的，那是因為我們是如此完全地接受支持它們的規定，以至於它們變得無形。」

「除了少數幾個例外，今天所有的富裕國家，包括英國和美國——所謂自由貿易和自由市場的家園——都是透過保護主義、補貼和其他政策的組合而變得富有，如今它們卻向發展中國家建議別採納這些政策。到目前為止，自由市場政策使得很少數國家變得富裕，而未來也將僅讓少數幾個國家富裕起來。」

總結一句

如今最廣泛實行的資本主義是一種意識型態的自由市場變體；它與一九五〇年代至一九七〇年代的後凱因斯資本主義相比，是失敗的。

同場加映

約翰·梅納德·凱因斯《就業、利息與貨幣的一般理論》（19章）
娜歐蜜·克萊恩《震撼主義》（20章）
卡爾·馬克思《資本論》（27章）
海曼·明斯基《穩定不穩定的經濟》（28章）
托瑪·皮凱提《二十一世紀資本論》（32章）
卡爾·波蘭尼《大轉型》（33章）
丹尼·羅德里克《全球化矛盾》（37章）

06

張夏準

Ha-Joon Chang

就學科的發展而言，沒有什麼比將事實與意識型態分離更重要了，然而經濟學——或許對於一個據稱建立在數字上的領域來說可能令人感到驚訝——比大多數的學科涉及更多的意識型態。

在金融危機之後寫作，劍橋大學經濟學家張夏準瞄準了前三十年支撐資本主義持續發展的兩個觀念：自由市場是有效的（因為人和企業，若放任自然，將以最好的方式分配資源）；自由市場是公平的（你的生產力越高，你的生活就越好）。

這種展望導致了國有企業和公用事業的私有化、金融和工業的管制鬆綁、貿易自由化以及較低的所得稅和福利支付。我們被告知，雖然這些政策會導致某些「調整」，但整體而言，每個人都會受益。張夏準說，事實上，相反的情況發生了。採取這些措施的大多數富裕國家，它們不平等的情形加劇、成長放緩，且伴隨經濟和政治狀況的不穩定。在發展中國家，影響則更加嚴重。事實上，許多國家透過米爾頓．傅利曼等自由市場經濟學家稱之為社會主義的方法，踏上經濟獨立的道路：保護工業、限制外國直接投資和經營國有企業等等。

市場並非「自由」或「自然」

張夏準表示，沒有「自由」市場這種東西。所有市場都是創造出來的，並且具有規則和條件。究竟是什麼構成市場，始終是個**政治性的**定義。此外，遊說反對政府參與的人，幾乎總是出於一些私人動機而讓市場偏向於對他們有好處的那一面。

一八一九年，英國的《棉花廠管制法案》禁止九歲以下的兒童在工廠工作，並限制年齡較大的兒童每天至多工作十二小時，此舉遭到了巨大的反對。許多人說，這項立法違反了契約自由和勞動自由。當然，現在看來，這種保護被視為理所當然，是市場環境的一部分。

張夏準的觀點是，隨著時間的推移，最終是作為公民的我們來決定「自由」市場由什麼構成。除了社會或政府，有個自然而然存在的自由市場，這樣的想法根本是一個神話。市場上充滿了隨時間推移而變得幾乎不可見的眾多規則。證券交易受到高度監管，且許多國家都對貿易條件有廣泛的立法，包括產品責任，產品標籤和決定您可以在哪裡開店的區域劃分法。工資通常被認為是由自由市場所決定，而實際上往往是由政治所決定，因為是政府在決定收納移民的多寡，而移民多寡則影響勞動力需求。在古典經濟學中，利率根據市場對資金的需求而上升和下降。實際上，決定利率的則是中央銀行這個政治的產物。如果工資、利率和透過各種延伸手段操弄的價格都是由政治因素所決定，那麼我們生活在自由市場經濟中的想法就是虛構的。

自由市場政策不會使貧窮國家變得富有

英國第一個真正的工業，羊毛製造，是一個經典的「幼稚產業」，必須從低地國家複製技術，並且只有透過進口的關稅保護，加上政府補貼，才能讓它在十八世紀開始運行。這個行業為英國十九世紀的工業革命做好了準備，但從一七二〇年代到一八五〇年代工業崛起期間，英國卻是這個時代最擁護保護主義的國家之一。英國一直要到一八六〇年代，當其工業主宰世界時，才採取自由貿易的立場。十九世紀的美國也高度擁護保護主義，進口關稅在四〇％至五五％之間。張夏準表示，正是這種高度的工業保護將「依賴奴隸勞動的二流農業經濟轉變為世界上最大的工業強國」。

當代中國已經成為一個經濟超級大國，儘管它幾十年來一直高舉保護主義大旗；外國投資和跨境資本流動仍然存在許多重大限制，而且許多超大的公司都是國有企業。張夏準指出，日本花了四十年的時間進行保護和補貼，才得以發展汽車工業。

經濟正統觀點認為這些是錯誤的步驟，且只有透過自由市場政策取而代之，才能使各國成長。對於英國、美國、中國或日本的崛起來說，情況顯然不是這樣，那麼為什麼今天的發展中國家應該採取自由市場政策呢？張夏準提出了一個令人驚訝的事實，即與市場化改革和市場自由化的時期相比，在國家主導的發展時期裡，這些國家的表現更好（具有穩定的成長和就業）。從一九八〇年至二〇〇九年期間，撒哈拉以南非洲地區的成長率為〇．二％，當時許多國家都接受了新自由主義的「結構調整」計畫。相對地，在一九六〇年代和一九七〇年代，每人平均累積成長率為一・六％。拉丁美洲在一九六〇年代和一九七〇年代成長了三・一％。從一九八〇年到二〇〇九年則是成長一・一％。

保護年輕的產業是有道理的，因為在一個國家的早期發展階段，薄弱的基礎設施和小市場會阻礙這些年輕產業的發展。此外，缺乏強大私營企業情況，往往需要政府先著手發展工業並為大型資本項目提供資金。然而，富裕國家提供給發展中國家的援助和貸款，通常是在放棄這種政策的條件下提供。這是一個「照我所說的話去做，而不是照我所做的那樣去做」的實例。

「後工業」時代的迷思

在我們這個以知識為基礎的社會中，現在流行一種想法，即製造業並不如之前那樣重要。如果發展中國家想要發展，它們應該跳過製造業，直接進入服務型經濟。例如，印度應該忘記製造業，並且採取中國成為世界工廠那樣的途徑，變成「世界的辦公室」。

但張夏準指出，如果不先創建製造業，就難以發展深度的服務型經濟。此外，享受服務的消費者通常待在他們出生的同一個地方（你不會去海外做頭髮），因此出口的範圍有限。而且，如果沒有出口的收入，你就無法從國外購買技術。製造業與服務業相比的另一個巨大好處是，製造商品提供了更大的生產力成長空間。

然而，許多人仍然認為去工業化實際上是一件好事，這個跡象表明實際生產（諸如像是中國等國家可以更廉價地完成）正在被更多高階服務所取代，如金融、顧問諮詢、研發、設計和運算服務。然而，在英國，此類服務的貿易順差不到ＧＤＰ的四％。在美國，服務出口僅占ＧＤＰ的一％。在這兩個例子中，服務都無法彌補工業產品貿易中四％的赤字。

除了幾個罕見的例外，諸如塞席爾（Seychelles）等依賴旅遊業的地方，「到目前為止，沒有哪個國家能夠依靠服務業達到體面（更不用說高水準）的生活水平，未來也不會有。」張夏準說。

政府往往比企業知道的更多

自由市場觀點認為，當我們提及有關支持新興產業發展時，政府的表現並不稱職。事實上，張夏準說，政府經常挑選出優勝的產業，有時選擇的方式甚至令人感到驚豔。的確，貧窮國家有許多「中看不中用」的高速公路、鋼鐵廠和虛榮計畫，但仍有很多其他計畫達成建設國家工業經濟的目的。

從一九七〇年代到一九九〇年代，韓國政府將私營部門企業推向新興產業，其中包括高關稅或補貼的誘因，或是威脅要透過國有銀行收回貸款。ＬＧ集團希望進入紡織業，但政府反而強迫它製造電纜；這種干預奠定了其全球電子產業的基礎。韓國獨裁者朴正熙（Park Chung-Hee）將軍就曾威脅現代（Hyundai）公司，如果它不進入造船業，就準備破產。如今，它是全球最大的造船廠之一。根據自由市場理論，這一切都不應該發生，因為企業（臨近所在的市場）做出最佳的投資決策，而此時政府則遠在天邊。

雖然大多數資本主義國家的政府都不願意被視為經濟的「規畫者」，但它們仍然在某些領域扮演重要的角色。在富裕國家，政府直接或間接資助研發的二〇%至五〇%，此外，即使自由市場倡議者不願承認，美國擁有技術領先地位的大多數領域，都得到了國家慷慨的研發和軍事金援。成功的新加坡國有企業占其經濟的二〇%，而法國政府保留了「戰略」產業的大量股份，這些行業僱用了大量人才，並且需要定期注入資金購買或開發技術。

張夏準並沒有否認政府所挑選的優勝者中有許多失敗，但這無損於下述的事實，即政府經常挑選出優勝者或是私營企業經常犯下巨大錯誤。他的觀點是，堅持「政府壞，企業好」的自由市場意識型態，可能會切斷一個國家實現經濟發展的多種選擇。

監督和管理保護我們免受自己所害

賀伯・賽門（Herbert Simon），二十世紀中對於研究組織相關議題最偉大的思想家之一，提醒我們，個人的理性是有限的。面對不確定性和複雜性，我們實際上會退縮並自願性地限制我們的選擇，而不是像電腦一樣處理數據，並吐出最佳解決方案。這麼做很聰明，並且為政府在金融監管中所該扮演的角色，提供了一個參考模式。

在二〇〇八年金融危機之後，美國聯準會主席葛林斯潘在國會聽證會上承認，「假設自利的組織，特別是銀行，最有能力保護……股東及其在公司中的股權」是個錯誤。如果聰明人不理解他們在做什麼，為什麼我們應該假設追求自身利益會產生最適結果？張夏準說，監管之所以有效，不是因為政府假裝自己更內行，而是因為就賽門的觀點，它減少了「未知的未知數」，即個人或公司追求自身利益而沒有意識到後果所引發的災難性經濟事件。

張夏準說，嚴格監管或禁止金融工具看起來似乎有點極端，但這不就是政府向來在藥品、汽車安全、航空安全和電氣產品方面所做的事情嗎？當今金融體系對短期利潤的追求，與國家欲實現繁榮所需而對企業和基礎設施的耐心投資截然不同。

教育並不是答案

較富裕的國家擁有更多受過良好教育的人，但這是否意味著他們的財富是**因為**他們的教育水平較高？即使在當今的「知識經濟」中，也很少有證據表明存在這種關連。

張夏準說，教育**不是**東亞經濟奇蹟的**關鍵**。例如，臺灣的發展速度遠快於菲律賓，識字率卻較低。而富足的瑞士與眾多富裕國家相比，其輟學生繼續去上大學的比例最低。

實際的情況是，人們所受的諸多教育在現實世界中無「用武之地」，甚至即使是物理學和數學等明顯實用的科目，當人們在工作時，也用不上那麼多。在職訓練更為重要，然而如果現在很少有公司、法律和機構支持這麼做，那麼經濟成長將顯得困難重重。張夏準觀察，不論人民是否被組織成「高生產率的企業」，真正促使一個國家富裕和發達的原因，其實是「對技術、組織和制度知識的掌控」——無論是巨型企業諸如在美國的波音公司或是在德國的福斯汽車，抑或是在瑞士和義大利的這些小型出口企業。

總評

張夏準聲稱他的書不是「反資本主義宣言」。他相信利潤動機的力量，並將市場視為達成社會和經濟目標「特別有效」的機器。然而，意識型態的自由市場資本主義只是資本主義的一種形式，過去三十年的證據顯示，它阻礙了經濟成長，增加了不平等，並產生了更頻繁的金融崩盤。為了糾正自由市場傳統觀念所造成的損害，張夏準所提出的其中一個令人吃驚的結論是「政府需要變得更大且更積極」。他提到斯堪的納維亞諸國，它們設法將更大的政府和提供更完善的福利與經濟成長相結合。

張夏準說，當你研究這些最成功的國家、政府和企業時，你會發現他們對資本主義的看法細緻入微、實事求是而非耽溺於意識型態。任何將人和公司視為僅受自身利益驅使的經濟理論，都忽略了信任、合作、誠實和團結受到高度重視的事實，並且長期而言有利於成功社會的實現。貫穿本書的問題是：我們是想要生活在「市場國家」之中，還是想成為擁有市場的國家公民？

張夏準

張夏準於一九六三年出生在韓國首爾，於首爾國立大學學習經濟學。一九九一年，他在劍橋大學完成了工業政策博士學位，並從那時起開始教授經濟學、政治經濟學和發展研究。

張夏準曾擔任多個聯合國組織、世界銀行、亞洲投資銀行以及英國、加拿大、南非、厄瓜多、委內瑞拉、墨西哥、印尼和新加坡等國政府機構的顧問。他的想法影響了厄瓜多總統拉斐爾・柯利亞（Rafael Correa），在他的治理下，既看到了經濟成長的果實，也看到了社會福利的增加。張夏準是華盛頓特區智庫經濟與政策研究中心的高級研究員。

張夏準的其他著作包括《拚經濟：一本國民指南》（*Economics: A User's Guide*，二〇一四）、《富國的糖衣：揭穿自由貿易的真相》（*Bad Samaritans: The Myth of Free Trade and the Secret History of Capitalism*，二〇〇七），以及《富國陷阱：發達國家為何踢開梯子？》（*Kicking Away The Ladder: Development Strategy in Historical Perspective*，二〇〇二）。

1988

廠商、市場與法律

The Firm, the Market, and the Law

「市場是為促進交易而存在的機構，也就是說，它們的存在是為了降低進行交易行為的成本。」

「在我年輕的時候，有人說過於愚蠢的說法可能會被唱出來。而在現代經濟學中，它可能被放進數學裡。」

總結一句

要了解經濟學，你必須了解交易成本在形塑公司、市場和機構中所起的作用。

同場加映

米爾頓．傅利曼《資本主義與自由》（11章）
阿爾伯特．赫緒曼《叛離、抗議與忠誠》（17章）
伊莉諾．歐斯壯《治理共有財》（31章）
麥可．波特《國家競爭優勢》（34章）

07

羅納德・寇斯

Ronald Coase

如果你曾經想過，經濟學是否能作為一條長期的職業道路，可以想想羅納德・寇斯。他撰寫了兩篇經濟學論文之中被引用次數最多且最具影響力的論文，第一篇是〈公司的本質〉（The Nature of the Firm，一九三七），當時他才二十六歲，第二篇則是〈社會成本的問題〉（The Problem of Social Cost，一九六〇），他那時已經五十歲了。寇斯在八十歲時獲得諾貝爾獎，並在一百零二歲時與人共同撰寫了一本關於中國資本主義的書。

寇斯就是那個罕見的經濟學家，隨時準備質疑他的學科中的每一個假設。在仔細研究公司和市場的本質時，經濟學一直奇怪地怠忽職守。寇斯將兩者放在顯微鏡下檢視。他還擔心經濟學試圖將自己變成一門數學科學。「在我年輕的時候，有人說過於愚蠢的說法可能會被唱出來，」他寫道，「而在現代經濟學中，它可能被放進數學裡。」他的每篇論文都很簡短，沒有數學，普通人都能理解。

著名的寇斯定理承認，在市場體系中，最重要的是產權，而說到底正應該是由市場來確定財產的用途。一般來說，它會做出正確的決定。寇斯對經濟學的「制度化」方法強調，個人和企業在所處的法律和政治環境中成長茁壯或遇到阻礙。法規和法院判決對寇斯而言屬於「交易成本」。我們了解經濟體及其潛力的唯一方法，即是考慮這些成本。儘管寇斯的思想超越左派和右派，而且他當然不是意識型態的擁護者，但他這樣的見解激起了一九八〇年代放鬆管制的革命，並繼續影響著包括環境政策在內的一系列領域。寇斯是經濟學家的榜樣，他對現實世界的影響大到幾乎無法超越。

《廠商、市場與法律》含括了寇斯最重要的著作、他對自己作品的反思，以及對批評者的反駁。

市場的目的是什麼？

寇斯指出，市場不僅僅是為了促進交易，而是「降低進行交易行為的成本」。在英國，市場和博覽會最初是由獲得國王許可的個人建立的。協議的一部分是他們將負責活動的安全性。如今，市場安全通常由法律保障，但能夠安全交易的成本則是透過有組織的市場而加以減少。

寇斯說，完美市場（或接近它的東西）和完全競爭需要嚴格且細緻的規則和法規。經濟學家通常認為規則很多將導致不完全競爭，但實際上大多數規則都是為了降低交易成本。這是市場的真正目的。亞當．史密斯說，賣家對限制競爭很感興趣（「縮小市場」），但他們也對擴大市場的規則感興趣。

公司為什麼存在？

如果運營良好的市場將想要交換東西的人聚集在一起，價格機制確保一切都能以合適的價格立即銷售或購買，那麼為什麼人們還要建立一些分隔區域，即「小型的計畫社會」，並擁有**受到**市場保護的內部規則？對於寇斯來說，關於公司為何存在，可能是經濟學之中最根本的問題。

在傳統的經濟理論中，企業只是「將投入轉化為產出的組織」，並利用市場的價格機制來決定其產生的內容和數量。但在公司內部，價格機制並不適用。事實上，寇斯說：「公司的顯著標誌即是取代價格機制。」

為什麼公司希望在某種程度上將自己與市場以及其價格揭露和定價的持續活動隔離開來？嗯，這麼說吧，在公開市場上進行的每筆交易都有成本。理論上而言，生產可以透過個人或企業家以去中心化的方式，相互簽訂合約來進行。實際上，組織（公司）將會出現，使得這些交易的成本將低於公開市場上的成本。寇斯意識到，公司存在主要是為了降低經營成本。事實上，他甘冒不諱地說，透過辨別交易成本，你可以輕易地確定公司會達到的規模（就員工人數而言）。當該公司成長到一種程度，即繼續保持「內部」運營而不再節省資金和時間時，它將會讓公開市場來完成這些工作。

當今大型科技公司的一個迷人之處是，與其巨大的市場價值以及用戶和客戶數量相比，它們的員工數量很少。即使是最重要的產品或決策，它們也可以透過大量的用戶數據和回饋來決定。二十一世紀將使寇斯對於公司存在理由的提問，受到更多關注。拜技術所賜，微型開放市場的交易成本極低或近乎為零，它們究竟做了什麼，是這些市場完全無法做到的事？

什麼是社會成本，什麼是社會福利？

寇斯對社會成本所做的研究，或是英國經濟學家亞瑟・塞西爾・庇古（Arthur Cecil Pigou）所稱的「外部性」，具有極大的吸引力。他將社會成本問題定義為「由商業公司所做對其他人產生有害影響的那些行為」，例如位在鄰近郊區的工廠冒出陣陣濃煙。經濟學中的傳統觀點是，公司的所有者應對由煙霧所造成之人們身體健康的損害負起責任，或者對於工廠的煙霧排放徵稅，這可以間接地支付它對社會健康造成的損害。法律還可以確保不允許在人們居住的地方建造此類工廠。

對於寇斯來說，這些處理社會成本的方式都不令人滿意，因為錯誤地認為工廠正在對當地社區**造成**傷害。難道我們也可以說，工廠周圍的住宅區對工廠的所有者甚至是社會本身造成了傷害？畢竟，如果不允許在需要的地方建造工廠，那麼所造成的社會成本是否至少會與煙霧所產生的損害相當？我們必須承認，生活在一個社會中的結果是，我們所有人所使用的財貨和勞務必須在某個地方創造，而且人們也有權享受其資產或所有物。寇斯寫道：「沒有什麼行為比反對任何對他人造成損害的行為更『反社會』了。」居住在火車站附近的人應該預期會有一些噪音、煤煙和振動作為其日常的一部分，在機場附近買房的人則不應該抱怨噪音。

寇斯給的一個例子是，來自糖果工廠的噪音和振動，影響了隔壁醫生的工作。糖果工廠應該關起來嗎？或許，但是由誰來決定誰的產品應該優先考慮，是醫生是否能夠看病，抑或是糖果工廠是否能製作糖果？社會兩者都需要。

寇斯批評亞瑟．庇古，因為他認為當經濟出現任何問題時，應由政府來干預。許多政府企業、法律和機構本身都會產生社會成本，但當然政府本身往往認為它們具有增進社會利益的效果。一般來說，寇斯認為，由法規和法院來決定國家生產力的成本太過昂貴，而且法院通常不了解其判決的經濟後果，這往往相當於用一把大錘來剝開花生。將事情告上法庭交易成本極高，會拖累經濟的生產力，而企業、個人和組織可以進行自願性的討價還價，從而使資源得到適當的估值。但如果法院是最終仲裁者，那麼政府有責任在一開始的時候明確定義財產權。

達成協議，舉行拍賣

社會成本不僅僅是生產中可能產生的有害副產品，而且還包括失業和低工資的成本。很難想像有種稅收制度是這麼地完美，或是法官如此明智，以至於能夠準確地決定這些成本和利益所在之處。個別企業以及受其生產影響的人或社區，更有可能明瞭每個人的成本和收益，因此可以達成某些協議

（在政府或法律之外），使所有人都可以從中受益，這使整個社區或國家更加富裕。

一九五九年，寇斯在《法律與經濟學期刊》（*Journal of Law and Economics*）上發表了一篇如今極為著名的論文〈聯邦通信委員會〉（The Federal Communications Commission），內容關於委員會向政府認為符合「公共利益」標準的公司或組織授予頻率的做法。寇斯提出了一個激進的建議，即這個過程最好留給市場，將頻率賣給投標出價最高者。他的想法遭到專家、廣播業和立法者的反對或嘲笑，甚至米爾頓．傅利曼也對他的部分論點提出質疑。這種既得利益瓜分的情況，要直到一九九〇年代才被克服，如今拍賣頻率被認為是分配資源的最佳手段。寇斯曾經打趣說，經濟學家能夠通過一個想法或觀察，將每年浪費一億美元的政府計畫推遲一週，而獲得他餘生的薪水。

總評

充滿簡潔的風格和強大的推理，寇斯的著作更像是由一個恰好關注經濟生活的哲學家所寫成，而不是普通經濟學家的塗鴉。將他的工作與漫長生命連繫起來的是一句話：交易成本。大多數經濟模型幾乎沒有考慮到這些成本，但它們在現實世界中的運作非常重要。實際上，寇斯認為，社會中資源的最適配置並不取決於某種複雜的稅收或補貼方式，也不應取決於政治家或法官的智慧。相對地，這種最適性能夠來自於公司之間和個人之間的討價還價。事實上，寇斯定理（實際上由喬治．斯蒂格勒所創造，而不是寇斯本人）「當交易成本為零時，談判將導致達成財富極大化的協議」中假設政府不需要成為財富創造方程式的一部分。寇斯所提的這種討價還價的一個好例子，是澳大利亞北部的採礦者和原住民社區之間的衝突：作為開採礦藏的回報，原住民土地所有者可獲得土地使用的權利金、工作、培訓和基礎設施。在其他地方，在讓利害關係人有機會進行一些可能使兩方都受益的討價還價之前，水力裂解技術就已經被禁止。寇斯大部分的論點是，當我們仍認為政府最了解情況時，通常最了解實情的則是人們。

羅納德．寇斯

寇斯出生於一九一〇年，在倫敦長大。他的父親是一位電報員。童年時，他穿上了鐵製輔具幫助行走，並在當地一所專為「殘疾」開設的學校註冊入學，然而他的天生智慧使他在一所優秀的文法學校獲得了一席之地。在倫敦政經學院，他獲得了旅行獎學金並選擇前往美國，他在那裡訪問了公司和工廠，以了解它們的組織方式和原因。二十多歲時，寇斯在蘇格蘭、利物浦和倫敦擔任教職，並在戰爭爆發時，被指派為英國政府進行統計工作。隨後，他回到倫敦政經學院，教授和研究公共事業，包括郵局和廣播監管。

四十歲那年，寇斯搬到了美國和維吉尼亞大學，而當沒有教學工作時，他研究聯邦通信委員會。一九六四年，他在芝加哥大學擔任教職，並於一九九一年獲得諾貝爾經濟學獎。二〇一二年，寇斯與合著者王寧共同出版《變革中國：市場經濟的中國之路》（*How China Became Capitalist*）。他於二〇一三年去世。

2014

GDP的多情簡史

GDP: A Brief But Affectionate History

「經濟成長至關重要。儘管它顯然不是我們福祉的唯一因素，但卻是主因之一。也因此，政治上至關重要。如果沒有經濟成長，就沒有足夠的就業機會將失業率降至可容忍的水準。除非經濟這塊大餅正在成長，否則不可能重新分配收入。當經濟成長停止時，民主本身就更顯脆弱。有些人希望『零成長』，那是為了富人。至少就目前為止，除了以GDP來衡量經濟成長，別無其他選項。」

總結一句

經濟成長並非一切，但它支持著許多高價值公共財的存在，因此我們衡量經濟成長是至關重要的。

同場加映

艾瑞克・布林優夫森&安德魯・麥克費《第二次機器時代》(05章)
羅伯・J・戈登《美國成長的興衰》(14章)
約翰・梅納德・凱因斯《就業、利息與貨幣的一般理論》(19章)
E・F・修馬克《小即是美》(39章)
朱利安・西蒙《終極資源2》(44章)

08

黛安・柯爾

Diane Coyle

幾十年來，國內生產毛額（GDP）一直是國家繁榮的標準衡量指標。美國商務部將這個指標描述為「二十世紀最偉大的發明之一」。

黛安・柯爾的書講述了GDP如何成為國家經濟生活的重中之重。柯爾是一位專注於技術研究的英國經濟學家，她在新版本的序言中指出，她原先並不認為這個主題會讓很多人感興趣。這件事確實告訴我們，儘管有許多批評，但GDP仍然是經濟實力的有力象徵。雖然本書重要的一大部分專注於闡述GDP的局限性，然而副標題「短暫**但多情**的歷史」透露了她的最終評價，即該指標是經濟學的一大進步，它可以被進一步修正，且GDP盡全力估量的經濟成長，仍然是我們所珍視的眾多公共財的資金來源。

統計數據的上升

柯爾指出，統計數字GDP的出現是第二次世界大戰的產物，但其根源可以追溯到更久遠之前。在一六六〇年代，身為英國官員和早期經濟學家的威廉・配第（William Petty）被要求對國家的收入、支出、人口、土地和資產進行評估。目的是測試英格蘭經由稅收為下一場戰爭提供資金的能力。他的評估是國家統計系統的開始（統計學和國家兩個詞彙的英文字起源相同），使英國在這方面的起步早於法國超過一個世紀。

一七七六年，亞當・史密斯在《國富論》中寫道，國民所得只是所有有形資產減去國家負債。史密斯區分了生產性勞動（用於製造具有價值的物質性東西，因此可以算作投資）和非生產性勞動（例如家庭幫傭這種工作算入成本，除了讓主人免於勞動，沒有其他的作用）。一個世紀之後，阿爾弗雷德・馬歇爾並不那麼吝嗇，他認為各種服務都該包含在內，視為財富。

在一九二〇和一九三〇年代，英國的國民會計達到了一種全新的複雜程度，提供每季度收入和支出報表，以及政府財政狀況。大蕭條更增加了對這種詳細統計數據的需求，因為政府想知道該如何以最好的方式應對不斷變化的情況。

在美國，西蒙・庫茲涅茨（Simon Kuznets）率先與國家經濟研究局合作，進行了一場類似的統計革命。羅斯福總統想要了解大蕭條期間經濟產出的詳細情況，而庫茲涅茨提出的第一份報告（涵蓋一九二九年至一九三二年）顯示，經濟規模已然縮水了一半。令人驚訝的是，該報告成為了暢銷書，並且讓羅斯福師出有名，得以採取重大施政方針以使國家脫離經濟困境。

當英國政府要求年輕的經濟學家凱因斯為即將進行的戰爭而準備時，他與新成立的統計機構提出著手改善現有的數據。柯爾寫道，我們可以毫不誇張地說，英國的國家統計數據有助於為戰爭做好準備，並贏得勝利。第二次世界大戰後，聯合國制訂了衡量國民會計帳的國際標準（「國民經濟會計制度」），用於評估馬歇爾計畫下對歐洲國家的援助需求。

凱因斯主義經濟學的戰後優勢，涉及政府對經濟的更多干預，與日益複雜的國民會計科學相得益彰。畢竟，政府只有在知道實際發生什麼事情的情況下，才能以明智的方式調節經濟需求。先進的計量經濟模型使政策制定者能夠看到支出的增加或減少會對經濟產生什麼影響——例如，減稅帶來的額外資金是否會被花費掉，還是會被存起來，因此是否值得這麼做。英國經濟學家比爾．菲利普斯（Bill Phillips）甚至建造了一臺機器——不是軟體，而是實體機器——在這臺機器當中，有色的液體模擬經濟體中收入和財富的流動。

衡量GDP並不容易，即使最基本的部分都不簡單。例如：對於某個項目是否算作成本，屬於收入還是可以列入投資，都是可以恣意判斷的；而且國內生產毛額可以用至少三種方式衡量：國民所得、國民支出和國民產出。關於GDP的有趣事實是它如何描述經濟活動的**循環**性質。正如柯爾解釋的那樣，「某個消費者的支出是某個企業的銷售收入——當整體經濟向上時，那些相應的金流必須平衡。」換句話說，所有收入的總和必須與所有支出相同。

對如何衡量代表該國商品籃（basket of goods）的組成所做的改變，可以大幅度地改變實質（即通貨膨脹調整後的）GDP數據。舉例來說，肯亞只不過調高了其成長快速的行動科技行業相對於經濟體中其他產業的比重，便讓GDP數據在一夜之間上調了二五%。即使該國的基礎經濟沒有任何變化，這樣的調整也可以讓人對一個國家的印象產生重大的改變。當迦納在二〇一〇年進行類似的調整時，其GDP成長了六〇%，一舉從「低收入國家」轉變為「中低收入國家」。

不是所有事情的衡量標準

柯爾的觀點是，GDP不僅僅是一個客觀的工具，而且還背負著政治和社會的包袱，說明了政府和人民最重視的事物是什麼。以下所列各點，幾乎算不上公認其失效的詳盡總結，而僅是讓大家稍稍有些體會：

- GDP不衡量環境價值，如清潔的河流和湖泊、未受汙染的空氣、森林、良好的土壤，或甚至是不上升的海平面和穩定的溫度。如果不將這種自然資源財富納入計算，那麼人們又怎會制定政策來保護和提升這類財富？
- GDP並不能很適切地衡量創新，例如從不安全的牛油蠟燭或煤油燈，發展到強大、安全和廉價的電燈泡，或者在短短幾十年內，運算的進展從昂貴的大型電腦，轉變成適合所有人使用、功能強大且便宜的筆記型電腦和智慧型手機。GDP衡量的是隨時間變化的商品價格，而非品質和種類的增加，也無法衡量如今許多產品可用以減少浪費且令人讚嘆的客製化程度。

- 由於ＧＤＰ只衡量發生在市場中具有價格的活動，因此無法告訴我們有關福祉或社會福利的訊息。舉例來說，種植我自己的蔬菜肯定是我的收穫，但國民會計帳會將其視為蔬菜種植者和超市的損失。此外，你該如何衡量不是去租屋，而是擁有自己房屋的價值？
- ＧＤＰ有利於衡量「物品的大規模生產」，但無法完善地衡量服務型經濟。例如，ＧＤＰ統計數據幾乎沒有考慮到「共享經濟」以及諸如Uber汽車共享和Airbnb房間租賃等服務的興起。
- ＧＤＰ不衡量有助於經濟的無償活動，例如家務勞動。正如經濟學家所說的那樣，「與他的前管家結婚的鰥夫正在減少ＧＤＰ，因為他不必再支付工資給她。」ＧＤＰ也不計入孩子的生養和撫育，即使這個孩子會成為經濟的貢獻者。
- ＧＤＰ並不衡量經濟的可持續性，例如它是否處於泡沫階段，並且可能很快就會崩潰。它假設所有金融服務都為經濟做出貢獻，而事實上——正如二〇〇七年至二〇〇八年所示——許多金融產品正在破壞實際成長，並使經濟更加不穩定。
- ＧＤＰ僅衡量財貨和勞務的提供及使用，卻省略了使用它們的原因。像卡崔娜颶風（Hurricane Katrina）這樣可怕的自然災害，在某種程度上成為消費面的一個助力，因為必須重建數千座房屋，並且建造昂貴的新型防洪設施。
- ＧＤＰ並沒有告訴我們太多關於社會中不同人群或群體的成長分布，因此也沒有告訴我們不平等的情況是在增加還是在減少。

- 非正式、現金或非法活動可能是一個國家GDP的重要組成部分，但即使一個國家想要將性和毒品交易做成詳細的統計數字，也很難估量。
- 人力資本（教育和培訓的深度）和社會資本（政治和其他機構的品質，例如法律架構）對經濟的未來成長至關重要，但就GDP而言並不容易衡量。

對於像阿馬蒂亞・森（《經濟發展與自由》〔*Development As Freedom*〕）這樣的批評者來說，比起包括像是食物、醫療保健和教育等公民對資源的獲取，道路和電力等基礎設施的存在，以及諸如婦女權利和民主等政治自由的享有，一個國家的GDP數字相對而言不是那麼重要。

巴基斯坦發展經濟學家赫布卜・烏・哈格（Mahbub Ul Haq）開發了衡量貧困和福利的聯合國人類發展指數（HDI）。柯爾指出，當你依據GDP和HDI將各國列出加以比較時，有著廣泛的相似性，但並不相同——這也許是有充分理由的，因為在一個貧窮國家之中，最重要的不是GDP成長率，而是人們是否有房子住，有東西吃、能受教育。有趣的是，儘管世界上較富裕國家與收入較差國家之間的差距已經擴大，但預期壽命和嬰兒死亡率等衡量指標卻已經縮小。這應該足以告訴我們，GDP數字並非一切。

有什麼替代方案？

許多人認為，各國應該衡量「國民幸福總值」（GNH；像是不丹舉世聞名的做法），而不是國民生產毛額（GDP）。對於柯爾來說，這些想法似乎有點轉移了焦點，因為GDP可以無限制地成長，但幸福往往會在一個令人驚訝的狹窄範圍內上下波動。更為重要的是，如果我們因為經濟衰退而失去工作，那麼我們肯定會變得更悲慘。同樣的道理，如果經濟多年來表現良好，使我們能夠賺到好工資並買房子，我們會更快樂。從這個角度來看，即使國內生產毛額的官方目的是衡量生產，但作為福利的一種衡量標準，它比許多批評者所給予的評價來得更為重要。

就GDP的替代方案而言，對柯爾有意義的是使用「儀表板」方法，在這種方法中，國家公布了一系列關於福祉和繁榮的衡量方式與指標。

總評

柯爾指出，沒有任何跡象表明，這些替代方案正取代GDP這個「單一的重要數字」，也因為這個特點，使得GDP在新聞報導中很容易被當作衡量國家地位和福祉的明顯標準。這當然是因為儘管GDP可能不是衡量一系列事物的最佳衡量標準，包括諸如創新、品質、無形服務或生產力成長，但它仍然是我們衡量經濟變革最好的方法：換句話說，不論情勢是向前邁進、停滯不動，還是在衰退。而經濟成長對於一系列公共財的提供和政治機構的維繫而言，至關重要。正如我們從陷入經濟停滯狀態的國家所知，這些公共財很容易受到損害。

黛安・柯爾

柯爾出生於一九六一年，在英國的蘭開夏郡長大。上完文法學校之後，她在牛津大學學習政治、哲學和經濟學，然後在哈佛大學完成了經濟學碩士和博士學位。一九八五年至一九八六年，她在英國財政部擔任經濟學家，並在一九九〇年代擔任《投資者紀事報》（*Investor's Chronicle*）的編輯和《獨立報》（*The Independent*）的經濟編輯。

柯爾是曼徹斯特大學的經濟學教授，也是英國國家統計局研究員，並經營Enlightenment Economics顧問公司。她是英國競爭委員會的成員，並自二〇一一年起擔任英國廣播公司監管機構BBC Trust的副主席。二〇〇九年，她因在經濟方面的貢獻，榮獲女王頒授大英帝國勛章（OBE）。

其他著作包括《被賣掉的未來》（*The Economics of Enough*，二〇一一）、《高尚的經濟學》（*The Soulful*

Science，二〇〇七）和《性、毒品和經濟學》（*Sex, Drugs and Economics*，二〇〇二）。

1985

創新與創業精神

Innvation and Entrepreneurship

「創業精神取決於經濟與社會理論。該理論認為變化是正常的，而且確實是健康的。它認為在社會中的主要任務——特別是在經濟方面——是做一些與眾不同的事情，而不是將原本已經在做的事情做得更好。這基本上是兩百年前當賽伊（Say）創造出這個詞時原本的意思，目的在提出宣告並聲明異議：創業家顛覆現況且加以解構。」

總結一句

創新與創業家精神的管理對經濟的重要性，與諸如科技、資本、勞力和土地等傳統因素一樣重要。

同場加映

威廉·鮑莫爾《創新力微觀經濟理論》（02章）

約瑟夫·熊彼得《資本主義、社會主義與民主》（40章）

09

彼得・杜拉克

Peter Drucker

彼得・杜拉克的書始於一個謎團：為什麼在一九六五年至一九八五年間，美國經濟儘管存在通貨膨脹和石油危機，且在某些產業和政府也有經濟衰退以及重大失業，但為什麼就業機會仍有巨大成長？這些工作——其中的四千萬——並非由大公司或政府創建，而主要是在中小型企業中。大多數人用同一種方式解釋這種成長的情況：「高科技」。

事實上，只有五或六百萬新職位來自科技領域。杜拉克認為，推動就業成長的關鍵「科技」不是一些小玩意，而是創新**管理**。管理，或者說如何更好地完成工作，最好被視為「社會科技」，與工程或醫學等學科一樣，提升到同等地位。

《創新與創業精神》自出版以來已經有三十多年的歷史，至今仍然是個具有里程碑意義的作品，這主題在杜拉克之前，幾乎沒有人真正地加以分析。杜拉克在他的領域似乎總是領先所有人多年，甚至幾十年。非比尋常的是，這本書可能是第一個以系統性而非聳人聽聞的方式對此一主題進行研究。杜拉克在一九五〇年代中期開始教授創新和創業，因此本書代表對他的想法進行三十年的驗證。因為他與各式各樣組織中的人們合作，包括工會、女童軍團體、科學實驗室、教堂、大學和救援機構，這讓他在商業專家中顯得與眾不同。他所傳遞的訊息是：無論你在哪裡工作，你做事情的方式都有很大的改進空間，可以產生極大的差異。

一開始，有個創業家

「創業家」，法國人讓—巴蒂斯特．賽伊在一八〇〇年提及時，原本僅指「將經濟資源從一個生產效率較差、產出較少的地區，轉移到一個生產率更高、產量更多的地區」。

杜拉克認為，這是最初的定義——也是最好的定義。創業精神不是一種「人格特質」；這是可從人們或機構的行動中觀察到的一種特徵。健康、教育或商業領域中的創業家，他們的工作方式基本上相同。從本質上來說，他們不僅是將某件事情做得更好，而是用**不同的方式**去做。

古典經濟學認為各經濟體傾向於均衡——他們「最適化」，因此導致隨著時間的推移而逐漸增加的情況。然而，創業家的本質是「顛覆和解構」。他或她就像是拿著一張外卡，經由經濟學家約瑟夫．熊彼得（Joseph Schumpeter）所描述的「創造性破壞」過程來創造財富。這涉及處理不確定性和未知，並有能力聰明地利用或是對變化做出反應。杜拉克說，認為創辦新企業的每個人都具有創業精神是一種誤解。人們確實冒著開店或特許經營的風險，但他們並沒有真正創造任何新東西，也沒有為顧客創造新形式的價值。

風險的迷思

杜拉克問道，為什麼創業給人的印象是非常危險，而其實它的目的只是將資源從產量較少的地方，轉移到產量更高的地方？事實上，它比「將同樣的事情做得更好」風險更小；因為在這個過程中，很容易全然錯過新機會，並且在不注意的情況下將企業帶入困境。擁抱變革並努力嘗試不同的事物，實際上是投資資源的最佳方式。他指出，不斷創新的高科技公司——貝爾實驗室、IBM、3M（今天，你會說蘋果公司）——的驚人成功紀錄顯示，這種說法是真實無誤的。他觀察，當所謂的創業家「違反基本和眾所周知的規則」時，「創業精神」才會變得風險極高。當創業精神系統化、有管理並且有目的性時，它就沒什麼風險。

創業家精神可以存在於大型組織中，事實上，杜拉克說，如果這些組織要擁有長期的未來，就必須具有創業家精神。美國的通用電氣公司（General Electric）和英國的零售商馬莎百貨（Marks and Spencer）都是擁有創造新價值豐功偉業的大公司。

如何成為一名創新者

根據杜拉克的說法，創新是「……任何運用現有資源創造財富的潛力」。最好的創新可能出乎意料地簡單，且通常與科技或發明幾乎沒什麼關係。舉例而言，創造一個可以很容易地從卡車卸載到船上的金屬容器在科技上來說無足可觀，但貨櫃運輸的出現，作為一種在全球範圍內移動物品的標準化**系統**，則是一項創新，使世界貿易變成四倍。

許多最偉大的創新都是某種社會價值創造，例如保險、現代醫院、分期付款或教科書。杜拉克認為，科學和技術實際上是所有創新來源中最沒什麼希望的，通常花費最多的時間來實現一點點的好處，並且成本最高。事實上，任何能夠利用社會或市場意外變化的東西，其實更快、更容易或更有可能成功。創業家正在留心尋找：

- 「意外」：意外的成功、失敗或事件（見下文）。
- 不協調：在事物原本應該如何或據說應該是如何——以及實際情況之間。
- 現有流程存在問題，對此沒有人提供解決方案。
- 讓每個人都感到意外的行業或市場運作方式。
- 客群（人口）變化。

•「感知、情緒或意義」的變化。

意外的成功

杜拉克列了幾個令人著迷「意外成功」的例子，以及人們可以利用這些例子做到怎樣的程度：

• 紐約百貨公司梅西百貨（Macy's）多年來表現不佳，因為它認為自己主要是一家時裝店，並且低估了家電銷售對其營收成長的影響。對於公司的主管來說，這些銷售是「令人尷尬的成功」。直到後來，當它接受將家電銷售的地方，視為這間公司形象和範圍的真正的一部分，才得以再次繁榮。

• ＩＢＭ和Univac最初製造的電腦是針對科學市場。兩者都對商業用戶的興趣感到驚訝。然而，當ＩＢＭ「降尊紆貴」地向商業市場銷售電腦時，生意蒸蒸日上。

• 美國大型鋼鐵企業，習慣於需要巨額投資的龐大煉鋼廠，即使他們損失了現金和利潤，仍然沒有投資新型的「迷你工廠」，因為這不是「事情如何完成」的方式。

改變整個方向以考慮預期之外的成功需要謙遜。如果你是一家聲譽仰賴某個特別優質產品的公司，但有個更便宜、不那麼好的產品卻有蓬勃的銷售，很難不將其視為威脅，因為正如杜拉克所說：「意外的成功是對管理階層的判斷提出質疑。」

在討論克雷頓．克里斯汀生（Clayton Christensen）有關顛覆性創新的作品時，杜拉克指出，行業會發生變化，因為「新進廠商」、「外部廠商」和「第二名廠商」都願意創造新產品或改變舊產品，從而區隔市場。他們從現有的參與者不感興趣或是看不見市場潛力之處發現利基。

客戶就是一切

大多數人將創新與「聰明的主意」聯想在一起，例如衣服拉鍊或圓珠筆。但杜拉克指出，勉強地算，這類「聰明的想法」大約只有五分之一能夠承擔其發展成本。只有當創新通過企業管理的催化以滿足市場時，才能開始創造具有重要價值的東西。

例如，英國公司德哈維蘭（De Havilland）生產了第一架客機，但波音（Boeing）和道格拉斯（Douglas）取得了業界領先的地位，因為它們為航空公司提供了這種昂貴採購的資金籌措途徑。杜邦（DuPont）不僅僅發明了尼龍。它為自己的新產品創造了女性襪子和內衣市場，以及汽車輪胎市場。創新者必須弄清楚其產品的市場和交付系統，否則他們的市場將被搶奪一空。

處在面對新型創新的開放性中，傳統智慧往往是錯誤的。普魯士國王預測鐵路的失敗，因為他斷言：「當一個人可以不花一毛錢騎馬一天從柏林到波茨坦，沒有人會願意花一大筆錢搭一小時火車。」對尚不存在的事物，你無法透過市場調查來了解人們的反應。從這個意義上講，創新永遠是一種風險，但當你對如何使用創新技術以及由誰使用創新保持開放態度時，創新的風險就會降低。

杜拉克觀察到，好的創新非常聚焦，而不是試圖做很多事情，但只有一件事情非常好。好的創新也不是太過爭奇鬥巧，因此普通人都可以使用。它們會吸引這類評論：「為什麼以前沒這樣做？」大衛・李嘉圖（David Ricardo）曾經說過：「利潤不是由差異顯著的聰明產生，而是來自差異顯著的愚蠢。」成功的產品或服務是那些允許用戶不必思考，節省精力、金錢和時間的產品或服務。一個很好的例子是金・吉列（King Gillette）所開發的一次性刮鬍刀。在此之前，刮鬍子是一項耗時且困難的事情，最好留給理髮師——如果你能負擔得起的話。人們不是購買產品，而是購買產品可以為他們所做的事情。

總評

在《創新與創業精神》的結論中，杜拉克指出福利國家已經與我們共存超過一個世紀，但它為財富生產者帶來的負擔，意味著它不會長期存在。接下來他想知道：它是否正被創業型社會所取代？在今天的大多數國家中，創業精神不僅僅是一種時尚；有大學計畫、基金會和政策專注於創造新一代的財富創造者，而管理經濟學本身就是個自成一格的領域。杜拉克於二〇〇五年去世，但他清楚地看見了未來，並為約瑟夫・熊彼得對資本主義具有創造性破壞本質的洞見添上了細節，這與其他形式的政治經濟學不同，將創新和創業精神的管理置於中心的位置。

彼得・杜拉克

杜拉克於一九〇九年出生於維也納。他的父親是奧匈帝國的公務員。離校後，他去德國讀書，在法蘭克福大學獲得公共和國際法博士學位。他曾在倫敦擔任記者，之後於一九三七年移居美國，並於一九四三年成為美國公民。

從一九五〇年到一九七一年，杜拉克是紐約大學的商學院教授，並且在一九七一年被任命為加州克萊蒙研究大學（Claremont Graduate University）社會科學與管理學克拉克榮譽教授，他一直擔任該職位直至去世。二〇〇二年，在他九十多歲時，杜拉克被喬治・布希（George W. Bush）授予總統自由勳章。

他寫了三十九本書，並在一九七五年至一九九五年期間，擔任《華爾街日報》的專欄作家。他在一九四六年出版《企業的概念》（*Concept of the Corporation*）一書，內容依據對通用汽車公司內部運作的研究而寫成，這使得他聲名大噪。其他書籍包括《彼得．杜拉克的管理聖經》（*The Practice of Management*，一九五四）、《杜拉克談高效能的5個習慣》（*The Effective Executive*，一九六六）和《後資本主義社會》（*Post-Capitalist Society*，一九九三）。

2008

貨幣崛起

The Ascent of Money

「貧窮不是貪婪的金融家剝削窮人的結果。它大多與缺乏金融機構有關，是因為沒有銀行導致貧窮，而不是因為銀行存在的緣故。」

「完全不是『一個必須被放回原處的怪物』……金融市場就像人類的鏡子，每個工作日的每一個小時，都在呈現我們衡量自我以及周圍世界資源的方式。如果它清楚地反射出我們的瑕疵，一如反射我們的美麗，那麼這不是鏡子的錯。」

總結一句

金融一直是搭建現代世界的關鍵梯子。所有梯子都不穩定，但沒有它們就很難建造任何東西。

同場加映

約翰．高伯瑞《1929年大崩盤》（12章）
班傑明．葛拉漢《智慧型股票投資人》（15章）
麥可．路易士《大賣空》（23章）
羅伯．席勒《非理性繁榮》（43章）
約瑟夫．史迪格里茲《失控的歐元》（47章）

10

尼爾・弗格森

Niall Ferguson

二〇〇七年，高盛（Goldman Sachs）負責人勞埃德・布蘭克芬（Lloyd Blankfein）獲得了六千八百萬美元的薪水、獎金和股票獎金。同年，美國人的平均收入為三萬四千美元。高盛四百六十億美元的營收，比一百多個國家的國內生產毛額還高。

哈佛歷史學家尼爾・弗格森說，這樣的事實告訴我們，「地球金融」比地球上的實體經濟大好幾倍，並且至少與財貨和勞務的生產同等重要。縱觀歷史，人們鄙視金融家，因為他們看起來像是農業和製造業等「實體」經濟中的寄生蟲。而且由於金融危機經常發生，金融世界似乎是貧困的原因，而不是繁榮的貢獻者。

弗格森在《貨幣崛起》中寫道，我們很容易受到影響而導出「金融是人類的敵人」這樣的結論，但這是錯誤的。這本書的標題改自傑克布・布羅諾斯基（Jacob Bronowski）《文明的躍昇》（*The Ascent of Man*），這是一本關於科學進步史的書，後來成為一部受歡迎的電視劇（弗格森的書也一樣）。布羅諾斯基觀察到，沒有貨幣和金融創新（包括債務和信貸）的崛起，文明是不可能實現的。義大利文藝復興由先進的銀行業和債券市場推動，而企業融資則為荷蘭和大英帝國推波助瀾。美國在二十世紀發展壯大，這在很大程度上歸功於保險、抵押貸款、金融和消費信貸。「在每一個偉大的歷史現象背後，」弗格森寫道，「都存在著財務祕密。」

由債券建造

中世紀初義大利的一項重大創新是債券，用以資助義大利各州的戰爭。「在銀行創造信貸之後，」弗格森寫道，「債券的誕生是貨幣崛起後的第二次大革命。」

債券只是讓政府向公民借錢，然後向他們支付利息的一種方式。這些資金可用於生產性的東西，諸如道路、學校和醫院的投資，或是創建軍隊和執行軍事活動。十九世紀最大的銀行——羅斯柴爾德家族——發跡於債券市場的支持，以及戰爭融資的成功之中。從羅斯柴爾德家族的崛起，看到了從以土地和貴族為基礎的財富，轉向為以債券為中心，更新、更高收益且更具流動性的財富形式。這種紙本形式的財富，讓證券擁有者能夠住在任何他們喜歡的地方，並且增加了城市作為富人想要流連之處的重要性。以金錢和紙張為基礎的新財富損害了傳統的菁英階層，並且創造了新的社會秩序。

債券市場之所以強大，是因為它們是一個國家信譽的判斷者，決定了投資者必須支付的利率以及信貸成本。當政府僅透過多印鈔票使通貨貶值（正如德國政府在威瑪共和時期償還債務所做的那樣），會使政府債券變得毫無價值，因為利息的償付失去了價值。因此，整個債券擁有階級（例如一九二〇年代富裕的德國人）可以感受到他們的收入和財富枯竭。債券持有人也可能因政府對外部放款人和債券持有人的國債違約而損失金錢，例如一九九八年的俄羅斯和二〇〇一年的阿根廷。

儘管有這樣的災難，債券仍然像以往一樣受歡迎。大型養老基金必須將資金投入某個地方，而債券似乎比公司股票更穩定。債券是最偉大的金融創新之一，因為每個人都贏了（在大部分時間裡）：政府可以資助國家建設工作和國家開支（透過借貸和稅收的組合），而公民在不確定的世界中獲得固定收入。

行動的一部分

在銀行業的出現和債券市場的興起之後，現代的、有限責任的「股份制」公司是貨幣崛起後的另一個關鍵步驟。它允許許多人參與大型風險投資（例如為航行到荷屬東印度群島的船隊提供資金以獲取香料），但它將負面風險控制在一定的範圍內。如果事情失敗，你只會失去你投資的股份，而不是諸如你房子之類的個人財富。

股票市場的興起使得人們可以持有一些公司的普通股，從而降低了他們的財富被一個錯誤的老闆或判斷失誤的投資所掃除的風險。股票市場允許個人於新產業增長中分一杯羹，並讓他們成為國民經濟更廣泛活力的一部分。投資股票和債券之間的差異是合理的，因為透過購買股票，你在盈利企業中占有一席之地，而債券則取決於政府仍有財務上的償付能力和通貨膨脹保持在低檔。當然，投資股票存在風險（股票價格中存在「股權風險溢價」），但它們提供了比債券更多的潛在上漲空間。

當然，那是從長遠來看，考量到個別公司的失敗，以及股市泡沫和破產之後得到的結論。弗格森書中有許多長篇的章節，講述包括十八世紀密西西比州土地泡沫、一九二九年股市崩盤、一九九〇年代科技泡沫和二〇〇七年的金融危機。

你有保險嗎？

保險是偉大的金融創新之一，弗格森講述了其引人入勝的故事。

早期的保險形式只不過是賭博的升級版，然而風險科學也在不斷演進，包括機率理論和精算數學。第一個現代保險基金由兩位蘇格蘭教會牧師羅伯特．華萊士（Robert Wallace）和亞歷山大．韋伯斯特（Alexander Webster）以及一位數學家科林．麥克勞林（Colin Maclaurin）創建，他們的動機來自於一位牧師的驟然逝世，徒留妻子和孩子們身陷於貧困之中。他們的「蘇格蘭牧師寡婦基金」收取保費並進行投資，而寡婦和孤兒則從基金的回報中，獲取年金給付。

蘇格蘭寡婦基金（如今仍作為一家管理超過一千億英鎊的人壽保險公司持續營運著）的模式，演變為所有基金針對過早死亡提供保險的典範。幾十年內，在英國和美國各地建立了許多類似的基金，到了一八一五年，士兵們甚至可以為他們的生命投保，這樣妻子和孩子就不會因戰爭而陷入貧困。已投保成為中產階級穩定的標誌。

然而，由於只有生活富裕的人才能負擔得起保險，並且隨著投票權擴大到越來越多的人口，政府面臨越來越大的壓力，必須提供低成本計畫來防止疾病和失業。一八八〇年代，俾斯麥（Otto von Bismarck）在德國通過了第一部社會保險立法，提供了一種老年國家年金。英國模仿德國的做法，在一九〇八年通過自己的版本，為七十歲以上、經過經濟狀況調查的人提供老年年金，隨後，在一九一一年通過《國民健康保險法》。一九四二年的《貝佛里奇報告書》（The Beveridge Report）呼籲建立國家社會保險的強制性計畫，如此一來，健康狀況不佳以及失業就不會長期背負著恐怖和恥辱。國家角色參與的理由是，私營保險公司不願承擔太多風險，強制性計畫在廣告和銷售活動上節省了大量資金，而且簽約的人數眾多意味著可以利用規模經濟的優勢。然而隨著時間的推移，福利國家成為了公民期盼的權利之一，無論成本為何。如今，許多國家都陷入困境，面臨著結合人口迅速老化以及年金和醫療責任缺乏資金挹注的狀況。然而，由於在艱困時期的投保（私人和國家），我們不再需要像維多利亞時代祖先那樣面對可怕的選擇，諸如進濟貧院或債務人監獄。

「如房屋一樣安全」

現代的房屋抵押貸款實際上是一項相當新的創新。舉例來說，在一九二〇年代的美國，房屋抵押貸款的普及程度要低得多，而且如果你能夠獲得房貸，它們只能持續四、五年。你每個月只支付利息，然後在抵押貸款結束時，支付全部未償還資金。當大蕭條來襲時，許多銀行只管撤回貸款，因而抵押品贖取權的喪失以每天一千件的速度發生。

羅斯福的新政明智地包含了提高住房負擔能力的措施，以阻止社會主義者於選舉中獲益。他成立了房屋所有者貸款公司，用於抵押貸款的再融資，並將抵押貸款的條件延長至十五年。他對儲蓄和貸款相互協會的鼓勵，幫助人們獲得房產，並且他還建立了聯邦存款保險，以保護人們的儲蓄。

尤其在第二次世界大戰之後，所有這些政府對美國抵押貸款市場的承保，意味著房屋所有權和房屋建設的飆升——但不是每個人都能獲得：被放款人認定為「黑色」的某些美國城市區域，會被視為是不可信賴的，而非洲裔美國人，即使他們可以獲得抵押貸款，有時甚至必須比同一城市的白人多支付八%。一九六八年，其他聯邦公司（「Ginnie Mae」和「Freddie Mac」）成立，以結束這種不公正現象，並幫助貧窮的白人和退伍軍人成為房屋擁有者。在大多數情況下，他們成功了。

弗格森認為，英語世界對資產具有種特殊的狂熱，這使得包括英國、美國、澳洲和加拿大在內的國家，成為真正擁有財產的民主國家。然而，事情發生了變化。弗格森寫作時，即二〇〇八年，美國房產自有率為六八％。到了二〇一六年，它降至六三％。在二〇〇八年的英國，自有房產人口占總人口的七三％。時至今日，只剩下了六四％。

儘管房產自有率下滑的情況如此，值得回顧的是，在人類歷史的大部分時間裡，財產的所有權是為貴族菁英所特別保留的。事實上，透過工作、儲蓄和家庭幫助的結合，大多數人最終會成為房主，這是一種真正的進步。我們得非常感謝現代的抵押貸款融資。

總評

弗格森在二〇〇八年四月撰寫了該書的最後幾行，因此金融危機的強度和可能產生的經濟衰退，在一定程度上緩和了該書關於財務金融文明力量的主題。然而，在他看來，即使是巨大的金融災難，也不會與金融創新所帶來的好處相矛盾。在像格拉斯哥東區（他長大的城市）這樣的地方，許多人無法獲得適當的銀行服務和信貸，因此被迫陷入高利貸（以及越來越多的收取過高利率的網上發薪日貸款公司）。他的觀點是，貧困最可能在缺乏金融機構和服務的情況下出現，而不是因為金融機構和服務存在。

尼爾・弗格森

弗格森於一九六四年出生於格拉斯哥（Glasgow），他就讀私立格拉斯哥學院，接著獲得獎學金到牛津大學馬格達倫學院（Magdalen College）就讀。他於一九八五年獲得歷史學位，隨後於一九八九年獲得哲學博士學位。

弗格森目前是哈佛大學勞倫斯・提施講座歷史教授，也是史丹佛大學胡佛研究所資深研究員。他的十四本著作包括《羅斯希爾德家族》（*The House of Rothschild*，一九九八）、《金錢與權力》（*The Cash Nexus: Money and Power in the Modern World, 1700–2000*，二〇〇一）、《帝國：大英帝國世界秩序的興衰以及給世界強權的啟示》（*Empire: How Britain Made the Modern World*，二〇〇三）、《文明：決定人類走向的六大殺手級Apps》（*Civilization: The West and the Rest*，二〇一一）、《西方文明的4個黑盒子》（*The Great Degeneration: How Institutions Decay and Economies Die*，二〇一三）和《季辛吉1923-1968年理想主義者》（*Kissinger: 1923–1968: The Idealist*，二〇一六）。弗格森與索馬里出生的社運人士、作家，也是前荷蘭的政治人物阿亞安・希爾西・阿里（Ayan Hirsi Ali）結婚。

1962

資本主義與自由

Capitalism and Freedom

「文明的偉大進步……從來不是來自於中央政府……牛頓和萊布尼茲；愛因斯坦和波耳；莎士比亞、彌爾頓和巴斯特納克；惠特尼、麥考米克、愛迪生和福特；簡・亞當斯、佛蘿倫絲・南丁格爾和阿爾伯特・史懷哲；這些在人類知識和理解力、文學、技術進步可能性或者減輕人類苦難等方面開創新局的人中，沒有一個是出於回應政府的命令。他們的成就是個人天賦、堅信少數觀點、允許多樣性的社會氛圍的產物。」

總結一句

是自由市場而非政府，確保了個人權利的保護和品質的標準，並帶來無與倫比的繁榮。

同場加映

羅納德・寇斯《廠商、市場與法律》（07章）
弗雷德里希・海耶克《知識在社會中的運用》（16章）
娜歐蜜・克萊恩《震撼主義》（20章）
路德維希・馮・米塞斯《人的行為》（29章）
艾茵・蘭德《資本主義：未知的理想》（35章）
亞當・史密斯《國富論》（45章）

11

米爾頓・傅利曼

Milton Friedman

《資本主義與自由》是二十世紀經濟學和政治哲學的一本重要著作，且引起了爭議。米爾頓・傅利曼主張，約翰・甘迺迪（John F. Kennedy）在他擔任美國總統的就職演說中著名的陳述——「不要問國家能為你做什麼——問你能為國家做什麼」，超越了個人在自由社會中的角色。

他寫道，政府既不應該是個人的資助者，個人也不應該認為自己是政府的僕人。在一個真正的民主國家中，國家只是為了人民的意志而存在；政府是達到目的的手段，僅此而已。

《資本主義與自由》重申了蘇格蘭經濟學家亞當・史密斯在不到兩個世紀之前所說的話——那就是，讓人們保有他們自己的設備並除去過多的政府控制，他們便能興旺繁榮並創造文明的聚落。然而在二十世紀，面對各種社會主義實驗，以及在西方國家逐漸增加的國家干預，傅利曼的提醒變得迫不容緩。他在經濟自由與政治自由之間建立了明確的連結，表明自由市場不是奢侈品，而是個人和政治自由最根本的基礎。

自由市場如何保護

歷史上，政治自由隨著自由市場和資本主義制度的出現而發生。傅利曼指出，這是因為健康的民營經濟自然會對國家的權力進行檢核。

在壟斷和貿易限制普遍存在的情況下，對一個社會、種族或宗教團體的特殊對待也同樣氾濫；「使人們留在原地」的能力依然存在。在一個真正自由的市場中，經濟效率與膚色或信仰等不相關的特徵涇渭分明。「麵包的購買者，」傅利曼說，「不會知道它是由白人或黑人、基督徒還是猶太教徒所種植的小麥所做成的。」更進一步地說，一個偏愛一個群體勝過另一個群體的商人，當面對一個沒有這種偏見的對手時，會面臨市場劣勢，而無視供應商間這些差異的商人，將有更多購買選擇，從而降低成本。

由於參議員麥卡錫（Senator McCarthy）的反共獵巫行動，在這段好萊塢演員和編劇的「黑名單」期間，許多作家仍然繼續工作，通常是以假名進行。如果沒有一個對事不對人的市場對他們的服務產生需求，他們可能就會失去生計。傅利曼指出，在共產主義社會中，這種事情是不可能的，因為所有的工作都由國家控制。

傅利曼的訊息是：政府經常企圖保護公民免受各種事情的影響，卻沒有看到在自由開放市場中運作的「看不見的手」——針對貨物、勞力和資訊——以某種方式設法提供個人自由更大的保護。

自由市場如此運作的說法，與知識分子在二十世紀大部分時間裡所說的完全相反。面對公司權力，個人被視為脆弱，並且需要政府的保護。這種觀點源自於大蕭條的恐怖，而大蕭條被認為是市場的可怕失靈。

干預市場

「充分就業」和「經濟成長」都曾被提出，作為政府應該對經濟有更多控制權的理由。人們不約而同地說，大蕭條確實證明了讓市場自行決定的固有的不穩定性。

傅利曼說，事實上，大蕭條是由政府管理不善造成的。他和安娜・許瓦茲（Anna Schwartz）在《美國貨幣史，一八六七—一九六〇》（*A Monetary History of the United States, 1867-1960*）中，詳細論證了美國政府的聯邦準備系統，透過笨拙地使用貨幣體系的槓桿——特別是在銀行倒閉之後不會增加貨幣供給——將原本可能只是一、兩年的經濟萎縮，轉變為一個巨大的災難。「少數人的錯誤」為數百萬人帶來了無盡的痛苦。儘管傅利曼認為，政府的角色是創建一個穩定的貨幣體系，但他主張這種責任極為重大，應該受到嚴格的限制。

傅利曼在他書中關於財政政策的章節中指出，凱因斯主義主張由政府支出帶動停滯不前或蕭條的市場，只不過是無法經由實證研究所證明的「經濟神話」。每消費一百美元，可能會產生一百美元的影響，但真正的後果卻是政府支出的增長，而無論多麼善意，這些支出的分配大多效率低落。

進步來自於人民而非政府

關於政府為何應該參與解決市場或社會弊病的「好理由」從來沒有少過。有時，善意與令人印象深刻的成就相匹配。舉例來說，傅利曼讚揚創建美國國家高速公路系統、建設主要水壩、公立學校系統和一些公共衛生措施。

然而，他認為美國人民生活水準的大部分進步，源自於他們的聰明才智，與政府無關。儘管有各種法律和「計畫」，但繁榮的到來不是因為這些。一般而言，過多的規定「迫使人們違背他們的直接利益而行事，以促進所謂的普遍利益」。許多政策在理論上聽起來很好而且必要，但實際上它們往往會產生與預期相反的效果。例如，最低工資的部分目的在於減輕非裔美國人的貧困，實際情況卻是黑人青少年的失業率飆升。公共住宅旨在減輕貧困，但它反而將貧困集中在一起。「社會安全」政策原本打算為那些無法工作的人提供安全網，卻創造出原本能為經濟做出貢獻的依賴者。傅利曼帶著譴責意味的結論是：「集中權力不會因為行使者是那些創造此權力且立意良善的人，就不會產生傷害。」他寫道：社會可以通過兩種方式組織經濟活動：透過集權和強制，或是透過促進商品和勞務交易的市場。

傅利曼承認，在第二次世界大戰後，美國不得不集中和擴大其軍事開支以擊敗蘇聯，但處理這種危險，為政府在國家支出和控制中所占比重的大幅增加，創造了後門。比俄羅斯更大的威脅是對於自由和自由制度的侵蝕，犧牲了「國家」不斷成長的力量。

自由第一，平等第二

傅利曼主張資本主義國家的不平等總是較少。許多人不同意這一點，並且指出每天收入一萬美元的企業主管，與每年收入二萬美元的零售助理之間的巨大差距。然而，傅利曼指出，即使是資本主義經濟中低收入的人們，也比一個世紀前的特權階級過得更好。即使一個人在資本主義中似乎沒有表現得很好，他或她仍然在許多方面受益。相比之下，在分層的社會制度和社會主義的情況下，「好東西」似乎總是只出現在頂層。

傅利曼寫道，自由主義哲學的核心是擁有平等權利和機會平等的人們。這並不意味著應該有財富平等。如果所有人在資本主義制度中變得更富裕，這是一種受歡迎的自由副產品，但這不是它的目的。自由資本主義制度的目的是個人的自由。

總評

《資本主義與自由》可能會改變你對經濟道德的看法。你可能認為，以最大程度干預以「幫助」人民的政府是道德上最優越的，但傅利曼向我們展示了自由的經濟和政治制度如何以無數種常常無法預料的方式，確保個人的尊嚴。

根據亞當．史密斯和傅利曼的觀點塑造的國家，理論上應該是自私消費主義的怪物。但正如傅利曼指出的那樣，人們希望自由，不僅僅是因為他們可以致富，而是因為他們可以按照深信的價值而生活。繁榮不僅僅是為了賺錢，而是關乎以你想要的方式生活的自由。

《經濟學人》將傅利曼描述為「二十世紀下半葉最具影響力的經濟學家……或許是整個二十世紀」。他的影響力不僅僅在於他所說的，而在於他能夠向非經濟學家說出這些。當傅利曼於二〇〇六年去世時，來自主流媒體（在發表時選擇忽視《資本主義與自由》）的致敬弔辭漫天，但他也被左派妖魔化，他們認為傅利曼是一個危險的理論家，他相信市場總是好的、政府總是不好的，他為後世留下了不平等、在國家角色明確之處帶來了鬆散監管以及與戰後幾十年相比較為緩慢的成長。保羅．克魯曼（Paul Krugman）讚揚傅利曼在大蕭條時期有勇氣推動市場和資本主義，在當時，許多人認為社會主義是美國的未來。然而，在克魯曼心中，傅利曼成了一個絕對主義者，他無法承認成功的國家是能夠結合市場和國家的所有最佳元素。

米爾頓・傅利曼

傅利曼於一九一二年出生於紐約布魯克林，是來自烏克蘭的猶太移民家中最小的孩子。當他還是個孩子的時候，他們搬到了新澤西州，經營一家製衣廠（傅利曼稱之為「血汗工廠」）。十五歲畢業後，他獲得了羅格斯大學（Rutgers University）的獎學金，之後在芝加哥大學獲得經濟學碩士學位。在芝加哥，他遇到了未來的妻子和合作者，羅絲・德瑞克特（Rose Director），並在著名經濟學家雅各・瓦伊納（Jacob Viner）和法蘭克・奈特（Frank Knight）的指導下學習。

在大蕭條期間，傅利曼無法找到學術工作，於是他在羅斯福政府擔任經濟學家。在第二次世界大戰期間，他在哥倫比亞大學的戰爭研究部工作，並於一九四六年獲得博士學位。同年，他接受了芝加哥大學的教職，在接下來的三十年裡，他在那裡建立了自由市場經濟學「芝加哥學派」的中心。他自己的知識導師是於一九五〇年代在芝加哥任教的弗雷德里希・海耶克。

一九六四年，傅利曼擔任貝利・高華德（Barry Goldwater）美國總統競選活動的顧問，後來則又擔任尼克森總統的顧問。他的想法在採取匯率波動和美元浮動方面，極具影響力。一九六六年，他開始為《新聞週刊》（*Newsweek*）開設一個專欄，一直持續到一九八四年，並透過他的《自由選擇》（*Free To Choose*）電視影集推廣資本主義，成為家喻戶曉的人物。傅利曼於一九七六年獲得諾貝爾經濟學獎，並於一九八八年獲得雷根（Ronald Reagan）頒發的總統自由勛章。

其他作品包括他的巨著《美國貨幣史，一八六七—一九六〇》（*A Monetary History of the United States, 1867-1960*，與安娜・許瓦茲合著，一九六三）和《自由選擇：個人聲明》（*Free To Choose: A Personal Statement*，與羅絲・傅利曼合著，一九八〇）。

1955

1929年大崩盤

The Great Crash 1929

「大規模逃避現實的顯著特徵發生在1929年及該年之前——並且具有從南海泡沫事件到佛羅里達州房地產泡沫等先前每次投機事件爆發的特徵——即它帶有權威性。政府要不是像投機者一樣感到困惑，就是認為處於理智使人飽受嘲諷、面對毀掉遊戲的非難，或是備受嚴厲政治報復威脅的時刻，保持清醒是不明智的。」

「政府的預防和控制措施都已到位。在堅定的政府手中，它們的功效不容置疑。然而，有一百個理由能夠說明為什麼政府決定不使用它們。」

總結一句

政府必須確保投機性的瘋狂不會扭曲或破壞實體經濟，而不是一味擁護金融市場。

同場加映

利亞卡特・艾哈邁德《金融之王》(01章)
麥可・路易士《大賣空》(23章)
海曼・明斯基《穩定不穩定的經濟》(28章)
羅伯・席勒《非理性繁榮》(43章)

12

約翰・高伯瑞

J. K. Galbraith

在二〇〇八年金融危機之後，有大量的書籍出版。無論它們的優點是什麼，人們都會懷疑，在十年或二十年後是否還會有人閱讀其中的內容。相比之下，約翰・高伯瑞的《1929年大崩盤》似乎為每一次新的金融災難提出了洞見。

當高伯瑞在一九五四年的夏季和秋季撰寫這本書時，美國的股票市場處於小型繁榮期，這也提醒了他關於所有繁榮的共同點：人們的信念。人們相信「他們命中注定的運氣、遇見無懈可擊的系統、神的恩寵、獲得內線消息，或是具有特殊的財務敏銳度，而得以不用工作並變得富有」。貪婪是每個金融泡沫的燃料，但是政府有責任（透過監管和貨幣政策）防止市場的泡沫仙藥毒害整體經濟。事實上，高伯瑞認為，正是政府的**無所作為**，總讓事情演變為無法收拾，而對生命和生計造成如此可怕的後果。

妄想性樂觀

一九二〇年代，存在著股市應該向上漲的確切可行原因。企業的盈利成長，而股票價格與收益相比，似乎顯得合理。生產和就業處於高檔且繼續攀升，消費者價格穩定，製造業的產量正大幅增加。自一九二七年以來，股票價格開始穩步上漲，反映出良好的企業收益，但從一九二八年初開始，市場開始與潛在價值脫鉤，並且可以看出「大規模進入妄想」，高伯瑞如此寫道。

傳統的解釋認為，低利率是泡沫市場的罪魁禍首。因為美國在歐洲的合作夥伴看到大量黃金離境以在美國獲得更高的利率，美國貨幣當局認為有必要保持低利率。反之，這些低利率意味著人們可以便宜地借錢，融資購買股票並獲得可觀的回報。高伯瑞不接受這種解釋，他指出「之前曾發生過許多次，且從那之後經歷了很長一段時間，當時信貸充足且便宜——遠比一九二七年至一九二九年便宜得多——而且投機少到可以忽略不計」。更為重要的是，一般人的內心發展出一種心態：看到這麼多百萬富翁出現，他們也注定會變得富有。各銀行和機構不斷保證股票價值是合理的並且還會繼續上漲，對此，人們則投以盲目的信任。證券經紀人向民間的個人提供的貸款，也助長了這種狂熱，到了一九二九年，這些貸款每個月以四億美元的速度成長。

一九二八年的夏天，許多諸如西屋和奇異公司等大型股票的價值上漲了三〇—四〇%，而且不僅紐約交易所，全國各地的小型交易所也在蓬勃發展。自一九二九年開始以來，出現一些反對的聲音——銀行家保羅・沃伯格（Paul Warburg）預測股市將大幅下跌——但隨著股市不斷上漲，他們因為「非美式」和反繁榮的原因而被炒魷魚。不是每個人都把錢投入股票（在一・二億人口中，有一至兩百萬人擁有交易帳戶），但這種狂熱擄獲了公眾的想像力。許多女性首次購買股票，文化和藝術圈大量談論市場狀況，若是在其他時候，他們可能根本不屑談錢。許多人從持有股票所賺到的收入，遠高於他們的工資。

在內線交易法幾乎不存在的時候，操控市場和操作股票價格是現場實況的一部分。高伯瑞表示，隨著賺錢如此容易，市場「越來越少被認為是企業前景的長期紀錄，而越來越被視為是操弄手法的產物」。

除此之外，還有「二十年代晚期最著名的投機組織」，即投資信託機構，其數量自一九二七年初以來，成長了十一倍。信託是當今共同基金的先行者，為人們提供了一種輕鬆的方式進入市場，而不必過多考慮個股，但缺乏監管意味著它們被危險地利用，而且往往更像金字塔騙局（老鼠會），而不是真正的投資工具。

大崩盤及其後果

當大崩盤終於到臨，這不是一、兩天的事，而是如滾雪球般持續了幾個星期。一九二〇年代的大多頭市場在九月三日結束，但由經紀人所借出的貸款持續增加，即使在股票價格下跌的情況下，人們仍認為他們正在搶便宜。十月二十一日那個週一的上午，股價急劇下跌，但到了下午，價格已經穩定了下來。那週的星期四（「黑色星期四」），是心理方面真正崩潰的開始，股市早盤「發狂、瘋也似地拚命賣出」。然而，當天一群知名銀行家聚集在一起以穩定市場時，恐懼竟然轉變成了歡樂；有些股票甚至以比它們開盤時更高的價格結束了那一天。這種樂觀情緒似乎延續到第二天，並持續到週末。

然而，接下來的那個週一，「真正的災難開始了」，為期兩天多的大規模拋售震驚全美國。奇怪的是，股票在週三和週四再度上漲，這可能得益於約翰・戴維森・洛克斐勒（John D. Rockefeller）發表他持續買入的聲明。通用汽車公司負責人阿爾弗雷德・斯隆（Alfred Sloan）幫腔道：「生意很好。」而福特則降低了自家汽車的價格。也許市場正進入一個新的均衡點。然而，在紐約交易所關閉三天以平息市場不安情緒的期間，賣出的訂單數正持續增加。最大的問題是信託，當時承擔的風險只比龐氏騙局好一點。人們意識到他們的信託持股幾乎一文不值，於是賣掉了他們的優質證券，進一步壓低了市場。與此同時，信託的所有者試圖透過購買自己的股票來支撐自己。「如果一個人是金融天才，」高伯瑞觀察，「人們對其天賦的信心不會立刻消失。」

原本的希望是風暴會很快爆發，並且不會影響經濟的其他部分，而不是市場稍微反彈，然後在未來兩年持續下滑。自從南海泡沫事件以來，它的復甦一直是金融業中最叫人驚嘆的事件，但「其清算的無情，」高伯瑞寫道，「以一種獨特的方式，同樣受人矚目。」

胡佛總統發表了各種聲明，表示經濟已經走到了盡頭，而且只會變得更糟。一九三二年的國內生產毛額比一九二九年減少了三分之一，並且若要達到接近一九二九年的水準，還需要好幾年的時間。大崩盤之後的大蕭條持續了大約十年的時間。

前因和後果

高伯瑞承認，我們不知道為什麼股票市場在一九二八年和一九二九年經歷了這種狂熱，而且我們也不能真正說出為什麼大蕭條如此漫長而深不見底。然而，他確實指出了美國經濟中系統性的弱點，而這種弱點使得大崩盤發生時更具破壞性。

他認為，收入極端不平等的影響至關重大。一九二九年，收入最高前五%的美國人獲得了所有個人收入的三分之一。這意味著經濟的健康狀況取決於富人的高投資和消費支出，在股市崩盤後，這類支出突然暴減。他還指出了糟糕的銀行業結構。當一家銀行倒閉時，其他銀行的資產也同時凍結，導致人們衝向自己的銀行引發擠兌風潮。當時未能設計一個更好的系統，來確保經濟運行所需的恐慌安撫及提款資金無虞。隨後的法律引入了聯邦銀行存款擔保，這對國家的金融穩定至關重要。另一個因素是「經濟智力狀況很差」。平衡預算的承諾在正常時期可能是有道理的，但它阻止了政府透過額外支出，來減少失業和普遍性的苦難。人們擔心通貨膨脹，但這是他們該擔憂的事情裡的最後一項。另外還有美國的國外餘額。第一次世界大戰後，美國的貿易順差以及歐洲對美國的戰爭債務規模很大。歐洲正以黃金支付此二者，因此越來越多的黃金從歐洲消失。美國透過增加進口來應對，但出口下降導致了大蕭條，並傷害了農民。最終，糟糕的國家整體結構，使投資信託和控股公司所形成之聲譽不佳的市場新局熾盛發展。高槓桿操作的重點是支付股息以保持表象，而不是投資。任何對其價格的衝擊，都意味著崩盤或支出突然削減，會強化任何通貨緊縮螺旋的現象。

「對經濟活動的監管，」高伯瑞寫道，「毫無疑問是最不優雅和無益的公共行動。」但這些因素裡的每一項，都涉及政府失靈的某些原因。在資本主義制度中，那些操弄政府財政槓桿的人，不希望看到有掃興鬼來遏制繁榮，或是他們本身的立場存在直接的利益衝突。例如，在柯立芝總統領導下的財政部長安德魯・梅隆，於一九二〇年代的繁榮持續期間坐擁巨大的經濟利益，因此是個「無所作為的熱情擁護者」。事實上，柯立芝和胡佛政府甚至沒有試圖掩蓋他們與當時大型金融業者和機構之間的緊密連繫。時代變了嗎？儘管在面對遊說時經常出現逆轉或淡化，但如今有更多的金融監管。

高伯瑞在結尾時如此警告，政府在金融領域的無所作為對資本主義的威脅，與（他的時代）更受歡迎的共產主義怪獸一樣大。

總評

讓高伯瑞的研究經得起時間考驗的原因在於他對歷史記憶弱點的觀察。大崩盤和蕭條會帶來巨大的心理衝擊，這樣的影響可以持續很長時間……直到它們被遺忘。舉例來說，一九三四年的《證券交易法》旨在防止導致大崩盤的銀行及金融業欺詐，但高伯瑞認為，只有可怕的**記**

憶才能阻止它再次發生。「作為防止金融錯覺或精神錯亂，記憶遠勝於法律。」他寫道。然而，從一九六〇年代初開始，許多不良行為已經再次出現，並且人們對某些魅力股票魂牽夢縈，追捧為「新時代」的標誌，彷彿經濟規則不再適用。

在二〇〇九年版《大崩盤》的序言中，高伯瑞的兒子詹姆斯（James）——也是一位著名的經濟學家——對比一九二九年和二〇〇七年的危機後，指出兩者重要的相似之處。在這兩年裡，「美國政府知道應該做些什麼，但兩次都拒絕這麼做。」一九二九年，大幅調升利率、對華爾街見不得人的行為進行起訴，或者對股票投機的保證金貸款進行打壓，都有可能避免股市崩盤，並使實體經濟免於陷入困境。二〇〇七年，與金融市場有關的「葛林斯潘教條」（Greenspan doctrine）不干涉做法，加上布希政府廢除一系列有關住房和抵押貸款的法規（使該體系保持穩定數十年），讓房地產泡沫膨脹。

正確地說，二〇〇七年危機的結果之一，是讓人重新思考經濟學本身的教學，並且將經濟史的單元納入課程。老高伯瑞知道，最好的老師肯定不是理論，而是經驗。

約翰・高伯瑞

高伯瑞於一九〇八年出生於加拿大，在一個農場裡長大。他先在安大略省農業學院學習畜牧業，然後專注於農業經濟學。在拿到碩士和博士學位後，接著他獲得獎學金，來到了加州大學柏克萊分校。

一九三〇年代，他在美國農業部工作，並在第二次世界大戰期間，擔任價格管理辦公室副主任，幫助防止私營部門的價格欺詐和通貨膨脹。媒體經營者亨利・盧斯（Henry Luce）聘請他為《財星》（*Fortune*）雜誌撰稿，為他提供了推廣約翰・梅納德・凱因斯（John Maynard Keynes）新思想的平臺。一九四七年，他與愛蓮娜・羅斯福（Eleanor Roosevelt）以及雷茵霍爾德・尼布爾（Reinhold Niebuhr）等人一起建立了美國民主行動協會，這是一個推動進步政策的智庫。

一九六一年，甘迺迪總統任命時任哈佛大學教授的高伯瑞為美國駐印度大使。他建議甘迺迪反對美國進入越南。高伯瑞也為喬治・麥高文（George McGovern）在一九七二年與尼克森相爭競選總統的選舉活動中工作。

高伯瑞的另一部經典《富裕社會》（*The Affluent Society*，一九五八）認為，美國對私人財富的關注，是以對公共設施和基礎建設的適當投資為代價。《新工業國家》（*The New Industrial State*，一九六七）認為，美國企業不像正統經濟學所說的那樣具有競爭力，而且消費和價格是由大企業所造成。二〇〇〇年，高伯瑞成為少數獲得第二個總統自由勳章的人之一；他所獲得的第一個總統自由勳章是杜魯門在一九四六年所頒授。

高伯瑞於二〇〇六年去世，享年九十七歲。

1879

進步與貧困

Progress and Poverty

「凡是各處物質進步的條件最充分實現的地方——也就是說，在人口最密集、財富最豐富，以及生產和交換機制最為發達之處——我們發現最嚴重的貧困、最艱難的生存競爭，以及最多的強制性閒散。」

「土地使用的必要條件不是私有制，而是安全性的提升。沒有必要對人說『這片土地是你的』，以誘使他耕作或改善這塊地。只需要對他說：『無論你在這片土地上勞動或資本產出多少，都應該屬於你。』」

總結一句

當課稅的對象是土地，而不是人和產出時，繁榮會增加且不平等會減少。

同場加映

珍．雅各《與珍雅各邊走邊聊城市經濟學》（18章）
托馬斯．馬爾薩斯《人口論》（25章）
卡爾．馬克思《資本論》（27章）
伊莉諾．歐斯壯《治理共有財》（31章）
托瑪．皮凱提《二十一世紀資本論》（32章）

13

亨利・喬治
Henry George

亨利・喬治撼動了數百萬人的思想，幫助形塑了美國的政治，並受到了列夫・托爾斯泰（Leo Tolstoy）和蕭伯納（George Bernard Shaw）等人的稱讚。儘管從未上過大學，但他是當時最著名的經濟思想家，在美國、英國、歐洲、澳洲和其他地方衍生出許多運動，致力推動他的思想。

他曾讀過亞當・史密斯、馬爾薩斯（Malthus）和約翰・斯圖亞特・彌爾的論述，因此在經濟理論方面有一些基礎，但卻是李嘉圖的想法之一——土地屬於全人類，所以不應該被壟斷為私有財產——啟發了喬治。一八七一年，他出版了一本小冊子《我們的土地和土地政策》（*Our Land and Land Policy*）。這小冊子沒產生任何的影響，所以他決定擴展他的想法，寫成了《進步與貧困》一書。在一個政治經濟學著作地位難以撼動的時代，這本書獲得立即的成功，不但在報紙上連載，銷售量超過當時流行的小說，並且被翻譯成多種語言。

經濟浪潮來襲時，並非一切都水漲船高

當喬治二十多歲時，他正在各報擔任記者和編輯。他看著收養他的故鄉舊金山發展成為一座城市。然而，他在一趟紐約之旅，見識到富人和窮人的極端差距，而感到震撼不已。為什麼這裡的窮人看起來比舊金山要慘得多？

在他的引言中，喬治對他那個時代發生的科技進步感到驚嘆，其中許多技術都是用來節省勞力，並且預告一個財富更多和工作更少的黃金時代即將來臨。然而，實際上發生的事情卻是經濟衰退、工廠閒置、失業和不平等的加劇。有大批的下層階級由慈善機構餵養，在宏偉的新建築、教堂和博物館中，「乞丐等待著路過的人」。事實上，經濟成長並沒有減輕貧困，而似乎確實讓貧困增加了，這表明資本主義發展或「進步」的過程有一些應該歸咎的原因。如果不是一切都隨著經濟的浪潮而水漲船高，那麼一定有什麼地方出現了問題。

喬治令人震驚的結論是：「物質上的進步不僅無法減輕貧困——它實際上反而產生了貧困。」隨著村莊轉變成為城鎮，然後變成城市，貧困隨著財富而同步增加。喬治寫道，貧困與進步之間的這種連繫是「我們這個時代的謎團」，因為只要它存在，「進步既非真實，也不可能長久」。它創造了一個適合革命的社會，因為人們與理論上平等的政治制度之間，存在很大程度的脫節，因為事實上幾乎沒有這樣的機會。它使社會容易受到「騙子和煽動者之類領導者」的影響。然而，喬治認為，政治經濟

學可以提供解決方案。

土地是重中之重

喬治不同意馬爾薩斯關於人口將會超過食物供應的說法。然而，他確實觀察到，隨著人口增加，土地變得更有價值，不是因為它更有生產力，而是因為地理位置讓人們接近能購買其他商品和勞務之處，以換取他們自己所創造的東西。他們靠近工業區、市場和工作崗位。他指出，人口密度會改變一塊土地，使其生產力「相當於將其原始生產力乘以千倍」。租金也隨之增加，這種測量方式用以衡量增加的生產力，與使用中土地最低的生產力之間的差異。從拖拉機到電報再到縫紉機，這些節省勞力的所有創新和發明，讓使用它們所在之處的土地更有價值，因為從此處，可以產生比舊生產形式所可能產出的更多財富。問題在於，這種提高生產力的大部分收益，都以「不勞而獲」的租金形式，流向土地的所有者手中（他們的土地恰好在正確的時間出現在正確的地方），而較少流向實際上創造財富的雇員和資本。喬治說，這說明了「各處節省勞力的機器無法使勞動者受益這項令人費解的事實」。生產力越來越高的國家並不要求工資與其繁榮或利率同步上升。但租金的增加是肯定的。

喬治說，當你把土地置於政治經濟的中心時，它解釋了為什麼像舊金山這樣的新城市，比紐約這樣的老城市收入較為平等，以及為什麼像美國這樣的新興國家，比起歐洲國家更加收入平等。

對於較新的地方，往往有更便宜的土地，如果財富流向土地所有者的比例較少，那麼就會更多流向勞工和資本。

雖然亞當・史密斯稱頌勞動分工為國家財富的推動力，但喬治卻抱持懷疑的態度。勞動分工確實創造了財富，但它將個體勞工變成「僅僅是生產者和消費者巨大鎖鏈中的一個環節，除非此二者移動，否則無法將自己分離，也無法移動」。

解決方案

喬治表示，歷史實際上是一個集團剝削另一個集團以壟斷土地，以及設計來保護壟斷的機構崛起，而以犧牲勞工為代價。顯而易見的例子是奴隸制，但其他邪惡包括英國貴族的高原清洗運動和公共土地的圈地運動。大多數社會始於土地的共同使用權，只有武力和貪婪才會看到私有財產的興起。

然而，最常出現的說法是什麼？私有財產確保土地的最佳利用，還有如果所有財產都共有，我們會不會看見社會和經濟無政府狀態的回歸？

喬治的回答是，問題不在於土地是私有的還是公共的，而是土地是否在改善之中。畢竟，不僅僅是所有權促使一個人耕種或改善土地，更在於勞動的成果是否最終屬於他們。如果獲得改善的好處有所保障，私有財產就變得多餘了。保持土地私有化，許多土地將處於未開發和未改善狀態，因為勞工將無法獲得土地。

按照這種邏輯，喬治想出了一個優雅的解決方案：對土地徵稅，而不是對土地的產出徵稅。擺脫所有其他稅收，只需要課徵地點或土地稅，然後承認土地實際上屬於每個人，所以每個人都將受益於它的稅賦收入。這將解放勞力和資本，使之更富生產力，因為它們將不再被徵稅。喬治說，他的制度的美妙之處，在於它不需要改變所有權或重新分配土地。由於土地被徵稅，它回歸屬於每個人。對商業、資本和勞力的課稅自然會減少產出，而取消這些稅收（由單一的土地稅取代），將為經濟帶來巨大的刺激，同時工人們（無需支付所得稅或增值稅）的生活富足將會顯著增加。對土地徵稅還有另一個好處：易於課徵。「土地不能被隱藏或帶走，」喬治寫道，「它的價值可以很容易地確定，而且評估一旦完成，只需要一位稅務人員就能完成收稅的任務。」相比之下，其他稅收難以徵收、易隨意開徵，並且對貪腐敞開大門。

非你所建

喬治的一個主要論點是，個人之所以得利且受益於私有財產所有權制只是因為公共投資（這被稱為亨利喬治定理）。由於社群是政府權力的來源，因此整個社群應該受益於任何私有財產價值的增加。例如，如果政府建造或資助一條鐵路，增加了該鐵路沿線附近私人財產價值，那麼每個人是不是都應該從價值的增加中受益，而非僅僅是財產的所有者得利？對土地徵稅意味著每個人都受益於國家的基礎設施發展，而非僅僅是開發商和投機者獨享。沒有投機，土地價格會下降，土地壟斷將不再獲利。

也許喬治的計畫最重要的好處是減少不平等，因為它將結束「擁有土地所賦予的自然獨占」。隨著時間的推移，大多數社會往往變得更加不平等，資源被少數人壟斷。土地稅可以扭轉此一局面，賦予每一新世代純淨的經濟基礎。社會收入將較少來自於租金和所有權，而更多來自實際生產和工作。喬治指出，土地和財產的狹隘所有權導致根深蒂固的不平等，通常會抑制和阻止社會的進步與發展。

總評

為什麼喬治今天的名氣遠遠小於他在自己的那個時代？喬治本人在《進步與貧困》中暗示了答案，他指出由於擁有土地階層對於政府的影響，土地稅制度很少能夠實施。因此，新古典經濟學成為主流典範，反映的不是人民的利益，而是富豪的利益。

由於許多人認為美國正在迅速成為一個財閥統治的國家，遠離了建國先賢的理想，喬治的想法或許應該重出江湖。雖然他的單一稅（針對土地課稅，而沒有課徵任何其他的稅）從未真正嘗試施行過，但「地點價值稅」曾在許多國家實施。如今，經濟合作暨發展組織支持這種做法，且一些經濟學家認為這是減少不平等的關鍵。然而，如果它是一個如此偉大的想法，為什麼它沒有風靡世界呢？主要的障礙是，單一的土地稅必須很高（如果它要取代所有其他稅的必要性），這將激怒那些先前用自己賺取且被課稅的所得去購買土地，如今享受土地租金的人。若屋主的房地產價值很高，但卻無法繳納高額的年度稅，也可能會引起強烈抗議。

話雖如此，隨著城市逐漸成為成長的動力，地理位置越來越重要。隨著收入不平等被推到政治議題的首位，我們未來很可能會看到對有價值的財產課徵較多的稅賦，並且較少對工資和企業利潤課稅——就如同喬治所想要的那樣。

亨利．喬治

喬治於一八三九年出生於費城，長大後成為一位嚴格的聖公會成員。他於十四歲離開學校，在一艘駛往澳大利亞和印度的船上找了份工作。幾年後，他回到了美國，在舊金山從事排版員的工作。結婚後，喬治開始擔任記者，到了二十多歲的晚期，他擔任《舊金山時報》（*San Francisco Times*）的執行總編輯。在一八七一年至一八七五年間，他經營自己的報紙《舊金山每日晚報》（*San Francisco Daily Evening Post*），並積極參與民主政治。

在《進步與貧困》取得成功之後，喬治與家人在紐約落腳，成為一名受歡迎的演說家和公共知識分子。他競選市長失利，但他的政策平臺極具影響力。其中包括：來自土地租金而給所有公民的基本收入；更多的公共運輸投資；給婦女投票權；清除政治貪腐；並限制知識產權保護，他視之為一種租金形式。他也是自由貿易的支持者，他的《保護主義抑或自由貿易》（*Protection or Free Trade*）一書受到廣泛閱讀。

喬治於一八九七年去世。他的追隨者麗茲・菲利普（Lizzie Phillips）發明了一款棋盤遊戲「大地主遊戲」（The Landlord's Game），旨在表明地主與租戶關係的不公平性。諷刺的是，只有當演變成一種慶祝財產所有權的遊戲時，該遊戲才取得成功，那就是：「壟斷」。

2016

美國成長的興衰

The Rise and Fall of American Growth

「1870年至1970年的經濟革命在人類歷史上絕無僅有，而且無法重複，因為它的大部分成就都只能發生一次。」

「幾乎在1890年至1929年短短的時間裡，電力、機動車輛、大眾運輸和公共衛生的基礎設施改變了美國人的生活，尤其是在城市地區。電話和留聲機是這劃時代變革的一部分。電話線連接了至少一半的家庭，而大多數住在城市地區的人們，更進一步將電力、瓦斯、自來水和下水道加裝到已經連接外部世界的『已連線』房屋上。」

總結一句

在過去的150年中，見識到不同於任何人類歷史上的一系列進步，然而生活水準的大幅提升則早已發生。

同場加映

威廉・鮑莫爾《創新力微觀經濟理論》（02章）
艾瑞克・布林優夫森&安德魯・麥克費《第二次機器時代》（05章）
黛安・柯爾《GDP的多情簡史》（08章）
彼得・杜拉克《創新與創業精神》（09章）
托瑪・皮凱提《二十一世紀資本論》（32章）

14

羅伯・J・戈登

Robert J. Gordon

在《美國成長的興衰》中，可敬的美國經濟史學家羅伯・戈登認為，與一八七〇年至一九七〇年期間諸如電力、電報、室內衛生設施、現代醫學和大眾運輸技術等科技進步相比，後一九七〇年年代並沒有那麼偉大。大多數創新都是在通信、訊息處理和娛樂方面，而不是在物質上改善我們的生活。或許將這本書的論點總結得最好的是創投家彼得・提爾（Peter Thiel）當今著名的評論：「我們需要能飛的汽車，結果只得到一百四十個字（指推特）。」儘管智慧手機和網際網路與自來水和汙水處理系統或大規模生產的汽車同樣美妙，但在提高生活水準方面，前者全然無法與後者相媲美。因此，過去四十五年的成長率，不到一九二〇年至一九七〇年間的一半。

戈登的論點是「一些發明比其他發明更為重要」，並且他認為美國南北戰爭之後快速成長的百年，是透過這些「偉大的發明」絕無僅有地集中出現才得以發生，而其中大部分都在一九二〇年之後，產生了最強烈的影響。「一八七〇年到一九七〇年的經濟革命在人類歷史上獨樹一格，」他寫道，「無法重複，因為其大部分的成就都只能發生一次。」

《美國成長的興衰》是一本大書，也是一生工作成果的總集，揭示了經濟成長的原因。這本書的精裝版，使用了威廉·格羅佩（William Gropper）一九三八年的壁畫作品〈建造大壩〉（Construction of a Dam）裝飾封面，成為一件賞心悅目的作品。光是這本大作的長度和細節，就足以讓人長達幾個星期或幾個月的時間都在睡前細細品味。您將了解從小型雜貨店過渡到超市時代，西爾斯目錄的重要性（當時的亞馬遜）。讓城外人們得以接觸到像是用聚寶盆積聚而來的豐富商品），體會一九二〇年代到一九三〇年代蓬勃發展的無線電世界，知曉空調如何造就邁阿密、拉斯維加斯、洛杉磯和休士頓諸城，從一九五〇年到一九七〇年國家公路系統感受生產力的大幅提升，目睹諸如電視、洗衣機和洗碗機等家電產品的品質快速提高和成本迅速下降，在過去的五十年，見識電腦成本難以置信地降低和（運算）能力全面性地提升，並且接觸影印機、ＡＴＭ和電子票務機帶來的便利及效率。

儘管這本書的標題看不太出來，但是書裡大部分內容都是對工業進步的稱頌。這部分靈感來自戈登在密西根州的一家住宿加早餐旅館，他意外發現了奧托·貝特曼（Otto Bettmann）的《往昔壞日子：它們真的很可怕》（*The Bad Old Days: They Were Really Terrible*，一九七四），一窺十九世紀美國的日常生活，書裡並且為那些緬懷往昔生活的浪漫觀點，進行了真實性檢核，提醒我們在幾十年的時間裡，生活水準有多麼大的變化。

提高生活水準：生活快速好轉

戈登認為，創新型創業家不僅僅是提高效率，而是推動了我們經濟的巨大改變和進步。本書的第一部分，涵蓋一八七〇年至一九四〇年間，且動用三百頁的篇幅，詳細介紹了偉大的發明如何改變日常生活。

戈登如此描述這個部分：「這是瞬間回到另一個時代，當時的生活和工作風險高、沉悶、乏味、充滿危險……一八二〇年的新生兒會進入一個幾乎是中世紀的世界：一個被燭光照亮的昏暗世界，在這個世界裡，人們用民俗療法治療健康問題，而旅行並不會比步行或搭船來得快。」最重要的是，預期壽命以「二十世紀上半葉比二十世紀下半葉快兩倍」的速率提升。嬰兒死亡率迅速下降，戈登稱之為「美國經濟成長史上最重要的單一事實之一」。數以百萬計的嬰兒過著富足而豐饒的生活，幫助美國轉變成為經濟巨人。

「讓這個世紀如此獨特的原因，」戈登寫道，「不僅是處於過度階段的重要性，也包含這些轉變完成的速度。」生命不僅大幅度地變得更長、更安全、更健康及風險更小，而且大部分收益都發生在幾十年的時間裡。

中世紀的魔術：特殊的五十年

在描繪了這個「特殊世紀」（一八七〇年至一九七〇年）的廣闊畫面後，戈登進一步展示了一九二〇年代至一九七〇年代的世紀中期是如何更加引人注意。全要素生產率是一八七〇年至一九二〇年間的三倍，並且是自一九七〇年以來的三倍。為什麼呢？快速創新和技術變遷的「大浪」不但前所未見，而且後未曾聞。在一八八〇年代首次使用之後的許久，電力於一九二〇年到一九五〇年之間，澈底改變了製造業。內燃機具有類似的效果。儘管經歷了大蕭條，但一九三〇年代是創新的十年，可以看見塑膠工業的興起，以及國家標準局的建立，而該局對工業效率產生了無可比擬的正面影響。進展包括：

- 抗生素、X光和現代癌症治療，挽救了數百萬人的生命。在一九四〇年至一九六〇年間，肺炎、風溼熱和風溼性心臟病的死亡率下降了九〇％，到了一九六〇年代後期，小兒麻痺疫苗的使用意味著該病毒已在美國消失。
- 城市空氣品質大幅改善，以及吸菸人數大幅下降。
- 致死車禍數量大幅減少；乘坐飛機變得比過馬路更安全。
- 收音機將即時、免費、持續的娛樂和新聞帶進了客廳，在此之前只有家裡的鋼琴或留聲機相伴。

（喜劇演員喬治．伯恩斯〔George Burns〕在他的自傳中說：「想要對沒在那個時代生活過的人解釋收音機對世界的影響根本不可能。」）

- 以每日為期，將甚至是美國偏遠地區，與該國其他地區和世界各地相連的普遍性郵政服務。
- 無所不在的電話拯救無數生命，因為人們突然得以迅速地呼救，並且能夠在社交和商業上聚眾引伴。
- 創造了一個相當大產業的有聲電影。一九三〇年至一九五〇年間，六〇—七〇％的美國人每週都會去一次電影院，觀看《飄》（一九三九）、《綠野仙蹤》（一九三九）、《大國民》（一九四一）和《北非諜影》（一九四二）等經典作品。首次在一九三九年至一九四〇年紐約世界博覽會上展出的電視，也揚名立萬。

這個時代的生產力，是意外地由震撼世界的政治事件所推動：大蕭條和第二次世界大戰。大蕭條的痛苦促成了新政，而新政則促進了工會化，從而使工人更具生產力。工作時間減少了，所以必須更聰明地運用資金，以從人們那裡獲得更多。戰備的壓力使製造業變得更有效率，而聯邦政府資助了原本可能不會出現的全新工業部門。在一九四〇年至一九四五年間，美國的機具數量加倍。戈登認為，這場戰爭「將美國經濟從長期停滯中拯救出來」，透過將資本存量加深到如此大的程度，以至於一切都已經到位，讓經濟得以繼續擴展到一九五〇年代以及其後，這也得益於諸如建立國家公路系統等大幅提高生產力的事物。

一場等待著我們的革命？透視今日創新

由於電腦的普及，在一九九六年至二〇〇四年近十年間，生產率大幅上升，但與電力所導致持續數十年的生產力提升不同，這波與電腦有關的生產力躍升只持續了八年。戈登說，時至今日，數位化的大部分好處已經在整個經濟中發揮作用。二〇〇〇年至二〇一四年之間是美國歷史上任何十年中，生產力成長最慢的時期。在辦公室、商店、醫院、學校、大學和金融部門裡，這是個「連續而非變革」的時代。「簡而言之，網際網路革命所帶來的變化正在摧枯拉朽地進行，但到了二〇〇五年，大部分都已完成。」戈登寫道。

超級計算、人工智慧和機器人是否能產生與一九二〇年至一九七〇年間相似的成長浪潮？戈登將艾瑞克．布林優夫森（Erik Brynjolfsson）和安德魯．麥克費（Andrew McAfee）（參見對《第二次機器時代》的評論）歸類為「技術樂觀主義者」，他們兩人預測，未來十年或二十年內，一系列驚人的新技術將大幅提升生產力，包括醫療進步、小型機器人、3D列印，大數據和無人駕駛車輛。

戈登的回應如下：

- 醫療進步將持續，但由於受到過度監管的阻礙，僅以漸增的速率前進。
- 戈登問道，如果包括小型機器人在內的機器確實取代了人工，為什麼今天的失業率不是二五%或五〇%，而是五%呢？機器不是僅替代勞力，而是補足勞力。在當今最先進的亞馬遜倉庫中，機器人使得庫存更平易近人，但仍然是人類將產品拿起來，並裝入盒子裡。
- 3D列印無疑將幫助新產品的設計師和創業家以低成本創造新東西，但不太可能對大規模生產以及如何製造日常用品產生重大影響。
- 到目前為止，大數據和人工智慧的進步，並沒有帶來生產力的蓬勃發展。就生產力或客戶福利方面的躍升而言，演算法無法與大規模的生產裝配線甚至是自助超市相匹敵。
- 戈登認為，「與汽車本身的發明或是安全性的提高相比，」無人駕駛汽車的好處顯得微不足道，「自一九五〇年以來，每車英里死亡率改善了十倍。」當去購物或通勤時，能夠坐在車裡而實際上不用駕駛它的好處，是相對較小的。

我們認為我們的時代充滿了偉大的創新，但它們能否與一九四〇年實現供水、汙水處理、電力、瓦斯和電話等連結的「網路屋」（the networked house）相提並論？當你今天看著一間房子時，唯一真正的進步來自有線電視和網際網路的Wi-Fi連線，但這些與自來水、燈和中央暖氣供應系統那樣的必需品截然不同。飛機旅行的機票價格大幅下降，但戈登指出：「自從第一次噴射機飛行以來的近六十年裡，飛機旅行的速度和舒適度都沒有任何改善。」事實上，體驗變得更糟。

戈登的同事，經濟史學家喬爾・莫基爾（Joel Mokyr）認為：「歷史一直都是指引未來的糟糕指南，而經濟史學家應避免做出預測。」對於所有新技術的出現，從DNA序列到超級計算機、奈米化學和遺傳工程，直到這些技術發揮作用之前，我們不知道生活將如何得到根本的改善。然而戈登認為這一切都是漸進式的，不是革命性的。因此，與一九九四年至二〇〇四年相比，未來更有可能類似於二〇〇〇年至二〇一四年間的漸進成長。

四個不利因素

戈登計算，如果一九七〇年至二〇一四年間的生產率成長，與一九二〇年至一九七〇年之間一樣強勁，那麼美國實際的人均GDP將接近十萬美元，而不是目前的五萬美元。他認為有四個人口和政治因素——「四個不利因素」——讓美國不太可能突然回到更高的成長軌道：

- 不平等：自一九七〇年代尾聲以來，美國國民所得流向前一%所得者的比例穩定增加，這意味著更少的金額由其他九九%所得者去分配。
- 教育：越來越多受過高等教育的人，並沒有為整個社會帶來生產力回報。

- 人口統計：自二〇〇〇年以來，二十五歲至四十歲工作年齡人口的勞動力參與率有所下降。工作的人越少，意味著整個國家的生產力越低。
- 財政：如果當前的社會安全和稅收權限保持不變，二〇一五年至二〇三五年間美國聯邦債務相對於GDP的比率將會增加。這可能意味著稅收增加或福利減少，但如果發生任何一種情況，可支配所得將會下降，這將損害經濟。

這些不利因素導致戈登預測，未來二十年，大多數人的可支配所得幾乎不會成長。任何促進成長的措施都將是「困難的」或「有爭議的」，或兩者兼而有之。二〇一六年，在戈登於倫敦政經學院的一次演講中，我問他：為什麼經濟成長如此重要？相較於四%的成長速度，難道我們不應該對一%或二%的成長感到開心嗎？他的回答是，如果沒有穩固的經濟成長，社會就不會產生足夠的資金來提供福利服務、公共基礎設施和類似的服務。反過來說，這些事情——是為許多人著想，而不僅僅是為少數人——使得整個社會繼續前進。因此，一個成功的社會，根據定義，幾乎就是一個正在健康成長的社會。

總評

在後記中，戈登寫道，這本書的書名似乎暗示著一個成功的故事，然後緊接著失敗，但這根本不是他想傳達的意思。本書主題並非美國已經失敗了（事實上，超過一百多年來，它一直是富裕國家中生產力的領導者，而現在仍然如此），但美國的成長率在過去某個時期內（一九二〇年至一九七〇年）快到極為引人注目。這種超高速成長放緩「並不是因為發明者失去了靈感或沒有新想法，而是因為現代生活水準的基本要素在此時很多方面已經實現了」。富裕國家不能指望以一九二〇年至一九七〇年的速度繼續成長，就如同如今的中國或印度無法繼續保持八－一〇%的成長率一樣。

儘管存在「不利因素」的說法，但事實是，即使未來幾十年的成長速度要慢得多，技術的擴散和成本降低肯定意味著生活水準無論如何都會上升。事實上，戈登的一個主要觀點是，官方對實際GDP的衡量「未能在日常生活水準中，捕捉到自一八七〇年以來發生革命性變化的許多方面」。如今的成長速度可能會慢一點，但我們可以獲得歷史上的國王和王后從未擁有的醫療進步，和對老一代人來說像魔術一般的資訊和娛樂形式，以及真正了不起的交通安全標準。這也說明了，當我拿戈登的書讓他在上面簽名時，他沒有潦草地寫下對於未來的晦暗警告，而是寫道：「享受歷史進步的行列。R．J．戈登。」

羅伯・J・戈登

戈登於一九四〇年出生於波士頓，在加州柏克萊長大，他的父母都是加州大學的經濟學教授。他在哈佛大學讀經濟學，接著以馬歇爾獎學金在牛津大學完成更高學位。他於一九六七年獲得麻省理工學院（MIT）的經濟學博士學位。

戈登於一九七三年在哈佛大學和芝加哥大學任教，之後成為芝加哥西北大學的經濟學教授，此後他便一直留在那裡。他一直是美國政府的顧問，在博斯金委員會（the Boskin Commission）服務，研究美國消費物價指數的準確性。他是美國經濟學會和美國藝術與科學研究院的榮譽院士。

作品包括《總體經濟學》（*Macroeconomics*），這是一九七八年首次出版的教科書，現在已經是第十二版、《耐久財價格的測量》（*The Measurement of Durable Goods Prices*，一九九〇）、《通貨膨脹、失業和生產率成長》（*Inflation, Unemployment, and Productivity Growth*，二〇〇四）。

1949

智慧型股票投資人

The Intelligent Investor

「〔儘管〕商業情勢可能會發生變化，公司和證券可能會發生變化，金融機構和法規可能會發生變化，但人性基本保持不變。因此，良好投資的重要和困難部分，取決於投資者自己的氣質和態度，不會受到時間流逝的影響。」

「智慧投資更強調的是心理狀態，而不只是技術問題。」

「太多聰明且經驗豐富的人同時忙著試圖在市場上智取對手。我們相信，結果是他們所有的技能和努力都很可能自動失去效果，或者『抵消』，因此大多數專家和充足資訊得出的結論，最終都不會比拋硬幣更為可靠。」

總結一句

在股票投資中，把自己當成是公司的所有者，而不是交易員。

同場加映

約翰・柏格《約翰柏格投資常識》(04章)
尼爾・弗格森《貨幣崛起》(10章)
羅伯・席勒《非理性繁榮》(43章)

15

班傑明・葛拉漢

Benjamin Graham

當班傑明・葛拉漢於一九一四年首次在華爾街開始工作時，大多數投資形式是購買鐵路債券。我們今天所熟知的公司股票和股份，是針對內部特定人士而不是針對普通大眾，且與債券相比，被視為高風險投資。這種印象更由一九二九年的大崩盤和隨後的大蕭條推波助瀾。

然而，葛拉漢關注公司的價值，而不是對股票投機（他被不同的人稱為「華爾街的院長」和「價值投資之父」）表明普通人有可能明智地投資，而不會深陷於市場狂熱中。在過去的四十年裡，葛拉漢的形象得到了億萬富翁投資者巴菲特的吹捧，後者曾在哥倫比亞大學接受葛拉漢的指導，隨後在葛拉漢的葛拉漢—紐曼證券經紀公司工作。巴菲特稱《智慧型股票投資人》為「迄今為止寫得最好的投資書籍」。

葛拉漢在戰後各種政治動盪的背景下寫作，他認為強調投資原則至關重要，無論社會或政府的變化或是市場的大變動如何，這些原則都會有效運作。這本書主要是關於投資和投機之間的區別，辨別上市股票價格與公司的潛在或實際價值之間的差異。這種「價值」投資方法需要一種長期的視野，具備在過渡期間不受市場噪音影響的能力，並且對投資選擇有足夠的信心，不會因市場修正、崩盤或經濟衰退而感到慌亂。

成為投資人，而非投機者

葛拉漢指出，書名中讚揚的「智慧」指的不是「聰明」或「精明」的那種類型，而比較是與投資者的性格有關：也就是說，不是那些在尋找快速獲利的人，而是擁有長遠的觀點來保護自己的資本，在面對情緒驅動的市場時，能堅定自己投資原則的人。

他維持一貫於早期《證券分析》（*Security Analysis*，這本書本身就是經典）一書中所敘述的原則，將投資和投機加以區別：「投資操作是經過深入分析，確保本金安全和滿意回報的投資操作。不符合這些要求的操作就是投機。」他指出，「透過猜測或『交易』，你要麼是對的，要麼是錯的，而後者往往是災難性的。」相比之下，投資人將自己視為大型企業的一部分擁有者，主要關注經營成果和管理品質。葛拉漢說，確實存在智慧投機這種事，但當認為自己在投資的人實際上在投機時，這件事情很危險。當你不想「失去一個很好的機會」時，你迅速做出的任何股票購買動作，都可能是由市場情緒驅動的投機行為。

投資人唯一應該考慮市場起伏的時候，是當他們選擇無論如何都要購買他們先前關注的股票時，如果市場情緒看跌，他們可以逢低買入股票。如果一位投資人開始「在投機的潮水中游泳」（特別是在看似容易賺錢的牛市期間），他們就會忽視他們投資的公司，而只關注股票的價格。

如何發現價值

葛拉漢指出，公司的長期展望永遠只能是一種有根據的猜測。如果這些前景夠清楚，那麼它們就已經反映在公司的股價中。這就是為什麼「成長型」股票通常很昂貴的原因，以及為什麼在每個人都喜歡的「性感」公司中很少發現良好的價值。

葛拉漢認為，最好投資於沒有眾人預測的公司，這樣「無聊」的公司常被忽視和低估。他指出，當一家公司在整體市場上失利時，投機者對其股票的信心蒙上了陰影，並將之視為無望。然而，智慧型股票投資人會發現這是一個過度反應。該公司當然還在銷售東西，也有一定的市占率，並且或許會扭轉局面？

葛拉漢觀察，在股票市場上真正賺到錢不在於購買或出售，而在於具備持守和擁有的紀律，以及獲得股利並等待對公司價值的看法與實際情況同步。要做到這一點顯然需要一定程度的心理力量，葛拉漢確實觀察到「智慧投資更多的是心理層面的問題，而不是技術問題」。

安全邊際

葛拉漢說，投資成功的祕訣可以「安全邊際」此術語作結。從技術角度來看，這意味著有證據指出公司的收益高於所需要償還的債務利息，特別是在重大銷售或市場下滑的事件中。智慧投資者總是在尋找這種緩衝空間，因為這意味著他們不需要精準估計公司的未來。投機者通常不認為安全邊際很重要，但對投資人而言，這是他們的試金石。

葛拉漢指出，有兩種投資方式：預測性方法，或者說已知公司管理階層、產品等諸如此類的條件後，你認為公司在市場中的表現將會如何；保護性方法，在這個方法中只牽涉公司的統計數據，例如銷售價格與收益、資產和股息之間的關係。價值投資人青睞第二種，因為它的基礎「不是樂觀而是算術」。

兩類投資人

在葛拉漢價值和安全的框架裡，人們可以選擇成為防禦型或積極型投資人。

葛拉漢對保守型投資人的指導原則是將大約五〇％的資金分配給高等級債券（或具有相同利率的儲蓄帳戶），五〇％則投資於具有持續支付股息歷史的大型、知名、財務保守公司，其股價不超過年收益的二十五倍（這通常排除了所有成長型股票）。當市場看起來高得危險時，你可以將持有普通股的曝險部位降到低於五〇％——或者在低迷的市場中，增至超過五〇％以取得低價但優質的股票。這個公式阻止投資人受到市場狂熱的影響，但同時也有機會帶來更高的潛在報酬。葛拉漢指出，當市場下跌時，與他大規模進入股市的大膽朋友相比，他會感覺很好。

傳統觀點認為，如果你準備承擔較高的風險，你將獲得較高的報酬。葛拉漢反對這種說法，他認為高報酬並不一定與風險有關，而是與傾注更多的時間和精力在投資上有關。對於那些決定自己選股，但仍需要安全邊際的更積極或專業的投資人而言，葛拉漢的忠告包括：

- 尋找具有二十五年左右定期股息支付紀錄的公司。
- 不要投資於本益比超過十的公司。
- 在查閱公司年報時，將非經常性或「一次性」的利潤和損失與正常營運的結果分開。
- 別投資「行業」，投資公司。例如，戰後時期一九五〇年代，大量資金流入航空運輸股，但各種因素意味著整個行業的財務狀況不佳。

葛拉漢建議，如果你確實要求其他人管理你的資金，要不是將外包的投資活動限制在非常保守的投資中，就是確保你對將直接管理你資金的人，具備「非比尋常的熟悉度和深入的了解」。

永遠不要接受那些承諾驚人回報的人所給的建議。還要小心從朋友或親戚那裡得到的忠告：「很多糟糕的建議總是免費提供。」

總評

在倒數第二頁，葛拉漢寫道：「越**像是在做生意的**投資，是越有智慧的投資。」（Investment is most intelligent when it is most businesslike.）巴菲特認為，這是有史以來最明智的投資決斷。葛拉漢意指金融界的人士很容易忘記投資的基本事實：投資與**公司**有關，購買股票意味著擁有「特定商業企業」的部分所有權。試圖去賺的錢，超出與公司業績相關的收益時，充滿了危險。

當考量是否有任何投資規則經得起時間考驗的時候，他指出，大多數與特定類型證券相關的規則（例如「A債券是一種比股票更安全的投資」）會不再有效，而那些與人性相關的則不會過時，例如「當大多數人（包括專家）悲觀時買入，而當他們積極樂觀時賣出」。一切都在變化，包括公司、法規和經濟，但人卻沒有，然而，是人在推動市場前進。

班傑明・葛拉漢

葛拉漢於一八九四年出生於倫敦。在他還是個孩子的時候，他的父母就便移居美國。他在學校表現得很好，並進入紐約哥倫比亞大學就讀。

一九一四年，葛拉漢二十歲，他開始在華爾街工作，後來成立了著名的葛拉漢—紐曼證券經紀公司。一九二八年至一九五七年間，他也在哥倫比亞大學商學院任教。

他的其他重要著作是與大衛・陶德（David Dodd）、席尼・柯特（Sidney Cottle）及查爾斯・塔瑟姆（Charles Tatham）所合著的《證券分析》（*Security Analysis*，一九三四）以及《葛拉漢教你看懂財務報表》（*The Interpretation of Financial Statements*，一九六四）。葛拉漢於一九七六年去世。

1945

知識在社會中的運用

The Use of Knowledge in Society

「當我們試圖建立一個理性的經濟秩序時，我們希望解決的問題是什麼？在某些熟悉的假設下，答案很簡單。如果我們擁有所有相關信息，如果我們可以從給定的偏好系統開始，並且如果我們掌握所有可用方法的完整知識，那麼剩下的問題純粹是邏輯問題……然而，這顯然不是社會所面臨的經濟問題……其原因在於，經濟計算一開始所根據的『數據』，從來都不是為了將整個社會『交付』予某個人，而這個人可以弄清楚其中的影響，而且這件事永遠不會這麼做。」

總結一句

知識的集中化在理論上是好的，但實際上，當數百萬人運用他們所能獲得的資訊，透過價格進行獨立行動時，是經濟最有效率的時候。

同場加映

米爾頓．傅利曼《資本主義與自由》（11章）
路德維希．馮．米塞斯《人的行為》（29章）
艾茵．蘭德《資本主義：未知的理想》（35章）

16

弗雷德里希・海耶克

Friedrich Hayek

有些因為期刊短文而被人記住的經濟學家，與因花費數年時間撰寫巨著而被人們記住的經濟學家相比，毫不遜色。弗雷德里希・海耶克以《貨幣理論與貿易週期》（*Monetary Theory and the Trade Cycle*）和《資本的純理論》（*The Pure Theory of Capital*）等重要著作而得名。後來，《通向奴役之路》（見《一次讀懂政治學經典》）使他聲名大噪。書中認為，政府計畫或指導的經濟體不僅意味著資源的分配效率低下，且個人的生活選擇也會隨國家定義的目標而逐步縮小。因此，真正的民主必須建立在自由市場經濟的基礎之上。

然而，在《通向奴役之路》發表後的一年裡，海耶克為《美國經濟評論》寫了一篇極具影響力的五千字文章，這表明他不僅僅是一位自由市場的理論家，還是一位社會科學家。《知識在社會中的運用》來自一個看似簡單的問題：你如何創造一個理性的經濟秩序？

海耶克指出，任何經濟系統都必須依賴資訊取得，以判斷如何分配資源最為恰當。問題是，沒有人能夠獲得所有必要的資訊，進而得到良好的解決方案和決策。這種知識以無組織的方式散布在整個社會中，存在於數千個來源和數百萬人的腦海中。永遠不會有一個適合所有人的最佳解決方案，但卻有**數百萬個**解決方案。

在那時代，海耶克想法似乎很激進。畢竟，與資本主義的隨機性相比，由於中央計畫委員會和五年計畫的效率，社會主義國家不是已經迅速地成長了嗎？他的奧地利學派導師路德維希．馮．米塞斯在一九二〇年撰寫了一篇富有影響力的文章〈社會主義國家的經濟計算〉（Economic Calculation in the Socialist State），該文章認為，只有當一個制度擁有市場價格以及追求利潤的完全自由，才能夠有效運作，因為價格是指引非浪費性投資不可或缺的手段。在隨後的「社會主義計算爭論」中，經濟學家奧斯卡．蘭格（Oskar Lange）和阿巴．勒納（Abba Lerner）提倡「市場社會主義」，其中留下數百家國有企業以追求利潤，但仍由國家設定價格確保某些社會結果。

這個想法看起來前途一片光明，但歷史證明正確的是馮．米塞斯和海耶克。蘇俄的國家所有權和定價導致貨物短缺或生產過剩，因為國家永遠無法獲得足夠的資訊，來做出正確的計畫決策。創新受到抑制，因為勇於承擔風險的企業家沒有空間，也沒有機會從新想法或產品中獲利。

無組織知識之美

每個社會及其中的所有人都參與規畫他們的未來，但問題是由**誰**來進行規畫。如果是由一個中央計畫機構完成，會比較有效率，或是應該有個競爭系統，讓最棒的創意產品和服務從中脫穎而出？海耶克說，最有效的系統應該由能夠最大程度地利用現有資訊和知識的系統來決定。我們應該相信專家，這似乎是合乎邏輯的，或者應該相信公眾的決定？實際上，海耶克寫道，只有一些知識是科學的和客觀的，因此能夠集中化。其他很多知識都是個人的和在地的，但對社會同樣有用。正如海耶克所說：

「以空載或半滿的不定期貨船為生的運貨者，或其全部知識幾乎完全屬於臨時機會的房地產仲介，又或從當地商品價格差異中獲利的套利者，全都是基於對他人所不了解的、稍縱即逝片刻情況的特殊知識，執行非常有用的功能。」

與理論、技術或科學知識相比，這種無組織的知識並沒有得到太多的尊重，但如果社會要達到資源的最適利用，那麼它就是必要的。長期中央計畫的問題，在於假設事情不會隨著時間的推移而發生太大變化。但事情當然會改變，而去中心化和個人決策的最大優勢，正是因為變化就在我們面前，因此能夠一分一秒地對變化做出回應。舉例來說，在商業和工業領域，生產任何東西的重要變量都是成本，只有實際在現場管理者，才能始終關注降低成本以能確保利潤。

但這些管理者接收到的資訊往往是質化資訊而非量化資訊，無法轉化為統計數據，因此不能以統計形式交付中央機構。因為「社會的經濟問題主要是對時間和地點等特定情況的變化進行快速調適」，海耶克發現，合理的觀點是，最貼近這些情況的人最合適來處理這類調適問題，運用他們所能掌握的一切資源。如果所有相關資訊先發送給某些中央計畫機構，那麼當這些資訊傳遞回來時，機會可能就已經失去了，即便假定他們做出了正確的決定。

可能會有人問：「現場人員」難道不會缺乏對於更大型生產過程以及更廣泛經濟體中所發生一切的更寬廣的視野？事實上，海耶克說，經理或操作人員實際上並不需要知道**為什麼**一些原物料供不應求或為什麼另一個進料的價格上漲。他只需要知道工廠如何能夠得到它所需要的東西，以及市場的變化是否意味著他所生產的東西更受歡迎或需求減少。單單透過了解市場價格，「他可以適當地重新安排他的資源配置，而不必從頭開始解決整個難題，或者不需要在任何階段立即在所有分支機構進行調查。」透過這樣的方式，價格系統協調社會中的資源使用，而沒有任何中央機構或個人需要知道正在發生的一切。

令人驚嘆的價格機制

海耶克將價格機制形容為「令人驚嘆」，其中最明顯的事實是「此機制運作仰賴的知識經濟，或者說個體參與者為了能夠採取正確行動而需要了解的最小程度」。

他將市場價格比作經濟體中發生真實變化的標記。如同所有標記一樣，它們在提供資訊方面優雅而有力。顯而易見的結論是，如果價格由某個中央機構「設定」，或者由於某種原因它們變得僵固，所有這些關於資源的重要資訊都會丟失或被誤傳。結果是資源的分配不佳，且經濟運作遠離最適狀態。

如果價格機制是由一個人設計的，海耶克說，它將被認為是人類思想的偉大勝利之一。然而它不是，而且以一個自我管理系統有機地演變，這樣的情況不幸地使許多人認為朝「有意識的方向」前進可能會運作得更好。然而，他認為，沒有任何政府或中央機構能同價格一樣做好「讓個人做想做的事而不必告訴他們該做什麼」。

海耶克說，這不僅僅是經濟問題，而是整體社會問題。他想起阿爾弗雷德．諾斯．懷海德（Alfred North Whitehead）的見解，「文明的進展在於擴展重要運算的數量，使我們可以不加思索地在其上進行操作。」真正的進步並非得要思量原因，而是僅透過遵循標誌、指針和經驗法則，使我們都朝著正確的方向前進。

海耶克指出，這種主張（由馮．米塞斯首先提出）遭到了政治左派人士「聲嘶力竭地嘲笑」，但卻被認為是複雜社會運行的基礎，且同時保留了個人選擇工作和生活道路的自由。它超越了政治，表明此事近乎普遍真理。他指出，即便是托洛斯基（Trotsky）也說：「沒有市場關係，將無從想像經濟核算。」去想像一個中央機構或個人獲得所有相關信息以做出最佳決策，是一件浪費時間的事。相反地，我們應該先假設每個人的知識絕非完美，因此認識到「隨之而來需要一個不斷傳遞和獲取知識的過程」——即市場和價格。

總評

找出價格系統可以帶來的最適資源配置似乎是個經濟問題，但是在這篇文章中，海耶克也想要考量知識的**社會**本質。也就是說，知識本身如何能夠簡單地由數百萬人採取他們認為是他們的最適決策取得進展，以及結果如何能大於其各部分決策的總和。

一九八〇年代，一位年輕的美國大學生吉米．威爾斯（Jimmy Wales）閱讀了海耶克的文章，並深深對於有限的個人知識與匯集智慧的可能性之間的對比著迷。開源軟體運動已經展示了大規模協作的力量，並且在一九九〇年代，新的「wiki」開放編輯工具，促使他和合作夥伴推出了一個實驗性網站維基百科（Wikipedia），這個網站允許任何人貢獻和編輯百科全書文章。海耶克因此為今日展現出集「眾人智慧」的分散式知識平臺和社區金融企業（從Wikipedia到Kickstarter）提供了一個理論基礎。

當海耶克的文章發表時，再也沒有比這種混亂、自下而上提出解決方案的方式更加違反直覺的事情了——畢竟，盟軍的戰備是基於中央計畫，而**最**中央集權的蘇聯正在成為一個超級強權——但是事後看來，「政府最了解」這個概念，現在看起來非常幼稚。

弗雷德里希·海耶克

海耶克於一八九九年出生於維也納，在第一次世界大戰時剛好足以參加奧匈帝國軍隊，並在義大利前線度過了一段時間。他在維也納大學學習了許多科目，並受到「奧地利學派」經濟學家卡爾·門格爾（Carl Menger）和弗雷德里希·馮·維塞爾（Friedrich von Weiser）的影響。畢業後，海耶克在路德維希·馮·米塞斯的領導下為奧地利政府工作。

一九二七年，海耶克和馮·米塞斯創立了今日的奧地利經濟研究所；他們的主要興趣是商業週期和價格。一九三一年，海耶克被萊昂內爾·羅賓斯（Lionel Robbins）吸引到倫敦政經學院，他熱衷於提出與凱因斯相反的見解。一九四七年，他與卡爾·波普爾（Karl Popper）、米爾頓·傅利曼和馮·米塞斯一起成立了朝聖山學社（Mont Pelerin Society），以促進開放的自由市場社會。一九五〇年，海耶克在芝加哥大學擔任教授，除了經濟學和政治哲學，還講授科學哲學和思想史。從一九六二年到一九六九年，他在弗萊堡大學任教。海耶克於一九七四年與瑞典經濟學家貢納爾·默達爾（Gunnar Myrdal）共享諾貝爾經濟學獎。一九八四年，在他的朋友瑪格麗特·柴契爾（Margaret Thatcher）推薦下，他成為伊麗莎白女王名譽勛位的成員之一，並於一九九一年由布希授予總統自由勛章。他於一九九二年去世。

他的其他著作包括《自由秩序原理》（*The Constitution of Liberty*，一九六〇）、三卷《法律、立法與自由》（*Law, Legislation, and Liberty*，一九七三—一九七九），以及《致命的自負：社會主義的謬誤》（*The Fatal Conceit: The Errors of Socialism*，一九八八）。

1970

叛離、抗議與忠誠

Exit, Voice, and Loyalty

「然後，在奈及利亞，我遇到了一種情況，在這種情況之中，叛離和抗議的組合對於任何復原情況都特別有害：叛離得不到通常能得到吸引注意力的效果，因為收入的損失不是管理階層的最重要問題，然而只要最引起關注的、因此也是抗議最強烈的客戶，是最先放棄鐵路擁抱貨車的客戶，抗議也不會有什麼效果。」

「對於那些留下來的人來說，叛離是令人不安的，因為無法與那些已經離開的人交談。藉由叛離，離開者留下他無可辯駁的論證。殉道者在整個歷史中所發揮的顯著影響，可以用這些術語來理解，因為烈士的死亡是最不可逆轉的叛離，也是最無可辯駁的論證。」

總結一句

「叛離」（移向競爭對手）傳統上一直是經濟學領域，而「抗議」（異議）則是政治領域。為了保持健康和具備影響力，公司、機構和州必須允許並且學習這兩種策略。

同場加映

蓋瑞・貝克《人力資本》（03章）
史帝文・李維特＆史帝芬・杜伯納《蘋果橘子經濟學》（22章）
湯瑪斯・謝林《微觀動機與宏觀行為》（41章）
理查・塞勒《不當行為》（48章）

17

阿爾伯特·赫緒曼

Albert O. Hirschman

傳統經濟學的假設認為，當面對競爭、消費者偏好調整以及供需關係變化時，企業將理性地改變他們的計畫以保持正常運作。一家公司的失敗通常相當合理；它並沒有有效地分配資源，因此另一家公司只要在它停止的地方開始著手，以更好的方式重新配置相同的資源。這就是市場資本主義的效率。

阿爾伯特·赫緒曼指出，這種樂觀的觀點有點道理，直到你想起大多數資本主義國家都包含壟斷和寡頭政治，這種最適的重新分配從來沒發生過，只留下「或多或少永久性的效率低落和疏於照顧」。現代資本主義與其說像是熊彼得所述「創造性破壞」的過程，倒不如說是像在人類非理性和極不完整資訊的光線中摸索前進。赫緒曼沒有追隨古典經濟學所想像的那種完全競爭，而是指出了其他機制，這些機制限制了衰落的企業、組織和國家導致的社會損失。他稱這些機制為「叛離」、「抗議」與「忠誠」。

博學家赫緒曼有時被稱為「從未獲得諾貝爾獎的最傑出經濟學家」。《叛離、抗議與忠誠》挑戰個人、公司和國家理性行事的假設，是行為經濟學的先驅。

自然最適經濟的神話

赫緒曼想像有間公司製造產品，或是提供某種服務或公共產品的組織，而這間公司的產出惡化了。有兩種方式能突顯對於現有產品品質的不滿：

- 叛離：人們停止購買該公司的產品，或者該組織的影響力或會員地位減損。
- 抗議：相同的客戶或成員，他們沒有選擇放棄，而是對當前提供的產品表達不滿，並要求改變。

在這兩種情況下，標準經濟理論認為，管理層將接受回饋意見，並透過變更或改進的方式，以尋求改變產品。經濟體就像繃緊的機器，不斷以有效的方式分配資源。然而，赫緒曼認為，組織並非持續優化以獲得更高的利潤，而是大多數公司只做維持其地位所必需的事情。

簡而言之，經濟體的特徵更多是由不活躍的個體經濟而形塑，而不是上緊發條的情況。赫緒曼指出，無論外部條件如何，公司經常在判斷上犯錯（「可修補的失誤」），或甚至只是「失去魔力」，如果市場上沒有很多競爭，或者人們懶得抱怨，經濟體將持續處於次佳狀態。實際上，赫緒曼說，人類歷史的一個特點是「惡化的範圍」，即人們明顯願意忍受的社會制度，其中菁英產生的盈餘要不是不與大多數人共享，就是使所有人共同以中等的生活水準過活。唯一阻止進一步衰退和懈怠的事情是，反制力最終發揮作用，恢復健康並且創造新的活力。但這種動態情況並不是傳統經濟學所說推動經濟向前發展的「透過競爭實現資源的最適分配」。

叛離可以帶來衰退也能帶來改進

要解釋消費者和市場如何運作，經濟學家偏好叛離勝於抗議。如果一個人因為產品沒有達到標準而不再購買，銷售量就會下降，而公司可能會對產品進行重新評估。

在一九六〇年代，赫緒曼有個機會質疑這種傳統智慧。身為發展經濟學家的他當時在奈及利亞進行實地研究，他注意到該國政府擁有的鐵路網有些奇怪之處。鐵路網本來應該用來移動大量國家的貨物和人員，然而他卻發現貨物正透過公路運輸，而人們正搭乘公共汽車。為什麼相對於公路運輸，鐵路表現得如此糟糕呢？特別是經由鐵軌來運送商品和人員其實是個更合乎邏輯的方式？面對公路運輸的競爭，為什麼鐵路運輸沒有回應呢？為什麼光是競爭不夠？

赫緒曼認為，正是因為奈及利亞的鐵路系統是國營的，但卻**不是**獨占企業，所以它容許惡化。如果它是獨占企業，企業和顧客可能會提出建議並要求改善（行使「抗議」），但事實是，人們總是可以選擇使用卡車和公共汽車，而且公路運輸效率相當高，意味著人們懶得抱怨鐵路旅行；他們就只是不再搭火車。

就鐵路而言，它繼續運營，因為它可以有信心地認為國庫將繼續挹注資金虧本經營。在這種情況下，「叛離」或「抗議」都不能阻止機構的衰弱或結束。

抗議的長期力量

傳統觀點認為，民主只有在大部分公民積極參與政治生活時才有效。赫緒曼指出，對選民行為和參與的研究表明，冷漠其實更為常態。決定留下來並與衰敗抗爭需要時間和精力，而事實上，赫緒曼的觀點之一是「叛離選項的存在可以……**縮減抗議藝術的發展**」。雖然叛離是消費者的簡單決定，但行使抗議權是**公民**的創造性行為，表明一個人不僅僅是為自己做出選擇，而是關心整體政治所發生的事情。事實上，重要的權力與那些無論出於何種原因**無法**退出的人息息相關，因此轉向抗議來強調不公不義。這樣動機明確的人，對於作為目標的公司或組織來說，可能比那些安靜地抹除他們的習慣或不再忠誠的人更加危險。舉例來說，共和黨人可能對他的政黨所採取的方向非常不滿，但卻無法想像自己將票投給民主黨人。因此，他將成為一個「黨內異議者」，大聲鼓動他想要採取的立場。在這麼做的過程中，與逕自脫黨相比，他（以及其他以相同的方式看待事物的人）的聲音將被更多人聽見。當無法叛離時，抗議可能變得非常強而有力。

赫緒曼承認，經濟生活與「叛離」之間，以及政治生活與「抗議」之間有種天然的連繫，然而當它被用來反對一般的常態時，每種機制的力量則會增加。例如，拉爾夫・納德（Ralph Nader）引發的消費者革命不僅僅與不安全的汽車有關；它增強了「抗議」的形象，作為在經濟領域糾正錯誤的一種方式，而不是美國式常見預設的叛離方式。

赫緒曼的結論是，為了對抗衰敗，組織需要一定的抗議聲量（如果他們的正常回饋是通過叛離而來），或是如果他們保持正常運作的常態「反應模式」是叛離，那麼他們必須改變他們的組織結構，使人們更容易說出自己的想法。

忠誠度及其在防止或助長惡化方面的作用

對組織的忠誠度通常會阻礙成員離開，並促使他表達自己對於組織應該前進路線的偏好。實際上，該成員不希望該組織衰敗到得測試他忠誠度的地步。赫緒曼說，忠誠「絕非不理性，可以在社會上起到防止惡化的有用目的」，給予組織一些改革或改善的喘息空間。

抗議是創造性的，需要花費心力，而忠誠度可能會促使人們付出這樣的心力。赫緒曼觀察，這正是為何離婚是一個非常複雜的過程；這有助於讓人們在採取最終行動之前，對於他們正在放棄的忠誠再三思量。忠誠還有其他社會目的。忠誠和愛國主義就像是一種將社會連繫在一起的黏合劑，以一種追逐私利的消費者單純聚在一起所永遠無法企及的方式進行。

我們看到叛離、抗議與忠誠一直在各個國家中發揮作用。如果你讓你的公民表達不同意見，他們就會有動力留下來改變一切。如果沒有言論自由，他們可能就只是放棄並且到其他地方生活，這麼做對國家的問題毫無幫助。一九七〇年代和一九八〇年代的蘇聯不允許人們離開，所以那些想要進行政治變革的人必須堅持下去，並期盼改革的來臨。在今天的俄羅斯，人們可以自由出入，但「叛離」顯然產生了很大的影響，已經無法在國內找到職涯之路和才智滿足的人們，「人才外流」情況嚴重。赫緒曼觀察，在易受人才流失影響的國家，忠誠或愛國主義往往是唯一能讓人留下或使他們回心轉意的理由。

總評

關於赫緒曼所探討的主題，例子比比皆是，叛離和抗議都需要出現，以阻止衰敗。在商業方面，聰明的公司知道，如果人們能夠輕易地投訴或提出問題，特別是在早期階段，他們更有可能保持忠誠度，因為他們感覺受到重視。負面的回饋對於產品或服務的任何供應商來說都至關重要，應該受到重視而不是嘲笑。那些默默地停止購買你產品的人，才是企業的殺手，而不是那些提報瑕疵和舉出問題的人。赫緒曼的想法在這個時代產生共鳴，在這個時代中，人們可能不會僅僅是停止購買產品，如果他們認為產品已經不再好了，那麼他們會到社交媒體上談論，並展開活動讓公司恢復原狀。當「抗議」在商業領域如此容易表達時，它就像「叛離」一樣重要，成為有價值的回饋手段。

相比之下，在政治方面，「抗議」經常被拒絕，「叛離」的強烈信息取而代之。赫緒曼寫道，美國的存在和茁壯歸功於數百萬人支持叛離勝過抗議的決定。大多數人都是為了逃避舊世界的迫害或貧困；偏好叛離的清爽潔淨勝過抗議的混亂和痛苦已經貫穿其國家歷史。英國對是否離開歐盟進行公投，則是另一個例子。離開歐盟的陣營認為，將國家從歐盟「插手」中解放出來，一個主權完整的英國將會茁壯成長。留在歐盟的陣營則認為，英國人最好留下來並試圖從內部改革歐盟機構。我們都知道誰贏了。

阿爾伯特・赫緒曼

一九一五年，赫緒曼在維也納出生，他的猶太父母讓他在路德教會受洗。在希特勒即將掌權時，他正就讀於柏林大學。他的反納粹觀點促使他逃往巴黎，在那裡他完成了商業學位，接著前往倫敦政經學院就讀。在西班牙內戰中，他站在共和黨那方，並於一九三八年在的里雅斯特大學（University of

Trieste）獲得了經濟學博士學位。在第二次世界大戰期間，他入伍參加法國軍隊，卻發現自己在馬賽幫助數以千計的猶太人和知識分子偷渡到美國的安全地帶，包括漢娜・鄂蘭（Hannah Arendt）、馬塞爾・杜象（Marcel Duchamp）和馬克・夏卡爾（Marc Chagall）。

在美國期間，赫緒曼於加州大學柏克萊分校獲得獎學金，並為中央情報局的前身工作，在德國將領的第一次盟軍戰爭罪審判庭擔任翻譯。從一九四六年到一九五二年，他為華盛頓特區的聯邦準備理事會就馬歇爾計畫進行相關工作，然後擔任哥倫比亞政府的經濟顧問多年，這使他成為一名廣受歡迎的發展經濟學家。他的學術職位包括耶魯大學、哥倫比亞大學、哈佛大學和普林斯頓高等研究院。

主要著作包括探討保守意識型態的《經濟發展戰略》（*The Strategy of Economic Development*，一九五八）、《反動的修辭》（*The Rhetoric of Reaction*，一九七七），以及研究早期資本主義如何顛覆道德價值觀基本驅動力的《狂熱與利益》（*The Passions and the Interests*，一九七七）。赫緒曼於二〇一二年去世，享年九十七歲。

1968

與珍雅各邊走邊聊城市經濟學

The Economy of Cities

「事實上，在戰爭結束時，許多人預測洛杉磯將面臨嚴重的經濟困境和蕭條。如果除了它的出口工作和這項工作的乘數效應，這個城市沒有什麼能夠成長，他們可能就說中了。但事實證明，洛杉磯的工作和職位沒有減少；它們成長了。1949年洛杉磯的工作比以往任何時候都多。這個城市的經濟已經擴張，而出口則一直在萎縮！當然，正在發生的事情是，洛杉磯正以極快的速度汰換進口產品。」

總結一句

城市一直是發展和財富的主要驅動力，而且在未來將變得更加重要。

同場加映

亨利・喬治《進步與貧困》(13章)
弗雷德里希・海耶克《知識在社會中的運用》(16章)
麥可・波特《國家競爭優勢》(34章)
赫南多・德・索托《資本的祕密》(46章)

18

珍・雅各

Jane Jacobs

相較於一九六〇年時，都市人口占總人口的三四％，現在世界上有超過一半（五五％）的人口居住在城市之中，而且這個數字還在不斷上升當中。其中大部分的人口成長發生在發展中國家，在這些國家裡，城市似乎提供了某種令人信服的東西。富裕國家的大城市，如倫敦、紐約和雪梨，對其國民經濟似乎只變得更加重要，也因而發展得越來越大。網際網路原先旨在減少這種對於人口集中的需求，但發生的事實卻恰恰相反。

如今，企業以城市為根據地的好處在於知識網絡，這使他們可以接近類似的企業，成為其中的一分子，並且也能僱用合適人才。在像矽谷這樣的地方（舊金山和灣區大都會圈的一部分），這些知識工作者從彼此的創意想法中汲取養分，引用彼此的研究，並運用他們的智慧資本創造新的公司。

珍・雅各完全預期到這種「城市的勝利」（哈佛大學經濟學家艾華・格拉瑟〔Ed Glaeser〕一本著作的標題），他的暢銷書《偉大城市的誕生與衰亡：美國都市街道生活的啟發》（*The Death and Life of Great American Cities*，一九六一）幫忙說服美國大眾反對當時的潮流，即追求宏偉的都市計畫方案和破壞社區的高速公路。她的活動似乎使她成為城市左翼的典範，但實際上她相信城市仰賴於自由市場而產生的自我更新活力；這些城市幾乎都不是政府的傑作。人們只要將紐約與華盛頓特區、里約熱內盧與巴西利亞、雪梨與坎培拉相比，就能夠欣賞到此一特點。

條條大路（和想法）都通向城市

當她著手研究《與珍雅各邊走邊聊城市經濟學》時，雅各並未質疑當時關於農村成長為城市的理論。**眾所周知**，鄉鎮和城市都是從村莊發展而成，這些村莊原本是人們定居的農業區行政中心所在之處，因此逐漸成長得更加複雜。或者，有人聲稱，城市興起作為戰士階級的基地，他們保護農村的農民以換取保障。在任何一種情況下，周圍土地所提供的食物對首批城鎮的存在至關重要。

她自己的研究卻使她得出了令人驚訝的相反結論：農村經濟「直接建立在城市經濟和城市工作之上」。這個農業至上的基本錯誤或教條，長久以來障蔽了我們對於城市的理解。城市僅被視為更大、更複雜的城鎮——而不是一種城市自身的現象。這種邏輯在資本主義國家和共產主義國家都形塑了經濟發展和計畫，以致往往帶來可怕的結果。

讓雅各改變主意的是一個簡單的事實（甚至亞當．史密斯都注意到這一點），農業生產力的大幅提升之後**緊跟著**城市的發展：「最澈底的農村國家展示了最無生產力的農業。另一方面，最完全城市化的國家，正是那些生產糧食最豐富的國家。」在最早的時候，沒有農村農業這樣的東西。糧食生產是從城市發展起來，而其他地方僅是進行狩獵和採集。雅各說，直到後來農業才「成為農村的職業」，肉類和羊毛的生產（比穀物種植需要更多的土地）則遷移到離城市一天以上的距離之外。正如同時常發生的情況，當母城在戰爭中被摧毀，這些村莊將成為孤兒，回復到僅維持生活的情況，再也沒有如先前城市所能提供的技術或農業發展。

幾個世紀以來，日本仰賴自己農民種植的稻米僅能餬口，不得不從海外進口稻米供給的二五％。這種情況在一九五〇年代發生了變化，當時由於新的肥料、農業機械、冷藏以及植物和動物研究，農業生產力飆升——所有這一切都在城市裡發展。儘管人口大幅成長，但日本不僅在稻米方面實現了自給自足，而且提供了更多樣化和更豐富的飲食，並於雞蛋、家禽、水果和蔬菜方面的供應也逐漸增加。如果日本是等待農業剩餘來促使國家發展和成長，雅各寫道：「它可能現在還在等待之中。」雅各提出了許多挑戰農村主要典範的美國例子。那裡農業機械的真正進步，例如麥考米克（McCormick）用馬拉動的收割機，源自於城市工業金屬生產的新發展。偉大的加州水果和蔬菜產業，並非從那裡原本的小麥農場和動物牧場「逐漸演變」而成，而是出自舊金山保存工廠和罐頭廠廠主的需求，他們希望這些農產品可以適切地包裝在城市中銷售以及出口。

雅各寫道，人們很容易認為新形式的農村工作是從先前的農村工作中發展而出，但這就像是在說甜點是從主菜演化而生，而不是從廚房裡端出來。並非城市依賴土地，而是土地及其人口直接仰賴城市不斷變化的需求和渴望；事實上，這是土地發展的唯一方式。

成長的要素和條件

人們錯誤地認為城市是透過單純擴大現有城市而成長，然而城市的成長與鄉鎮的成長並不相同；城市通常是以爆炸性或指數級的方式成長，而不是漸進式成長。從表面上看，這種爆炸性成長是透過創造出口產業而發生，然而舉羅馬早期、十三世紀的巴黎、莎士比亞時代的倫敦或是二十世紀的紐約等地的經濟起飛為例，無法僅以出口成長解釋。這些榮景與當地進口取代產業的繁榮密不可分，也就是當地市場創造出先前仰賴進口的財貨和勞務。雅各援引日本的自行車產業，這個行業始於當地的自行車維修店，它們原先只是為進口自行車提供服務，接著開始生產較便宜的零件，然後是自行生產整輛自行車。這些企業成為更大的工程生態系統的一部分，這樣的生態系統後來得以支持如豐田和新力等大公司。雅各表示，當城市進行進口取代時，由於新工作的需要，就業機會迅速成長，農村地區因為需要新的或更多的原物料而得到發展，而且因為這些要素相互依存，經濟活動**總量**快速擴張。

雅各的「進口取代」聽起來很像經濟學教科書裡的進口替代，但後者通常是政府「國家建設」項目的一部分，進口取代則是在城市的自由市場中發生的有機過程，是創業家和貿易商對市場條件做出反應的數百萬見解和決策的結果。

雅各認為，你不能根據地點或其他資源來解釋城市的成功，而該以「這些地點作為城市而生存，以及在城市之中或持續跟著城市成長的過程和系統中的資源」來說明。如果沒有成長的生態系統，以及經濟學家所謂的「知識外溢」，那麼就不會有繁榮。這無關乎一個城鎮是否位於世界上最好的港口，或者有沒有被政府指定為關稅站或交易站。洛杉磯和東京作為交易場所並非很有前景的地方，但不管怎樣還是依然蓬勃發展。許多人說，紐約在連接伊利運河（將五大湖與大西洋連接起來）之後繁榮昌盛，但澤西市也與之相連卻仍維持小巧規模。只因紐約有各種行業的發展，才讓它能在運河接通時，充分加以運用。

大城市「寶貴的低效率」

「在一個經濟體中，已實現的勞動分工數量和種類越多，」雅各說，「該經濟體能增加更多種類的財貨和勞務的固有能力便越大。」城市可以重塑自我，並擁有幾個繁榮時期，其中來自「舊」工作和行業的勞力、知識和資本被用於創造新產品和服務。寫作的時候，雅各觀察到紐約正在衰退之中，然而儘管這個城市由於其他國家較低的勞力成本而失去了大部分的服裝製造業，但她絲毫不會驚訝地認為，服裝設計和配銷方面的智慧資本，將在未來幾十年內帶來數千個新工作。她的看法之中的一個關鍵重點是，要開發新的工作，一個地方需要有許多不同的資金來源，因為人們對於良好投資的認知差別很大。這種資本的「低效」運用實際上是城市發展的原因。

雅各指出，城市似乎總是不切實際，充滿了許多衛生、汙染、供水、壅塞和火災風險等問題。然而，似乎只有城市提出了解決方案，以及可以減輕這些事情的新產品和服務。當政府可能覺得有理由將投資引導到該國的某部分地區來「發展」它時，讓私人資本決定新行業的最佳位置反而更為合理。隨著網際網路的興起，一般認為人們能夠並且將會在任何有連線的地方工作。這種情況還沒有發生，因為人們仍然覺得自己是知識生態系統的一部分，而這個生態系統始終以城市為中心。儘管城市存在著問題，人們都知道這是新事物發生的地方。城市缺乏生產力的說法完全是個迷思。

總評

雅各預測，未來的城市將更大、更複雜、更多元，甚至更有趣，它們的大小將隨新舊城市景觀、文化景點和知識分子影響力而改變。她指出，與「現代城市規畫者和城市設計師如此珍視的官僚化、簡化的城市」形成鮮明對比，他們的計畫無可避免地毒害了自然城市的成長和發展。在一九五〇年代，她成功地阻止了紐約城市規畫師羅伯・摩斯（Robert Moses）原先要讓一條曼哈頓下城高速公路穿過華盛頓廣場的計畫。後來，她反對公共塔樓街廓的意見（她反而傾向於樓層低、混合收入的住宅）成為公認的智慧。雅各作品的重要一課是，由於大城市有機地發展，政府的主要工作就是不要破壞已經存在的東西，其中包括透過提高能見度來預防犯罪，並提供重要社會互動使城市生活如此有趣和有活力的「低效」街景。

她傳遞的訊息是，經濟活力來自於人們從事「經濟試誤的非典型業務」，即創造新做事方式的實驗，從而創造新的工作。如果沒有這個過程，一個城市儘管再有規模，還是可能會衰敗。偉大的城市不僅生產更多東西，還生產**新**東西。

珍・雅各

珍・巴茨納（Jane Butzner）出生於一九一六年，在賓州斯克蘭頓（Scranton）長大。十九歲時，她搬到了紐約，擔任速記和自由撰稿人，並在哥倫比亞大學的通識學院上課。

在第二次世界大戰期間，她為美國國務院的雜誌《亞美利堅》（*Amerika*）撰寫文章，並遇見了她的建築師丈夫羅伯・海德・雅各（Robert Hyde Jacobs）。他們在格林威治村買了一間房子，而一九五二年，她開始為《建築論壇》（*Architectural Forum*）寫作。她對東哈林區的「復興」以及新林肯中心計畫的批評，使她站到了富裕開發商和支持發展政客的對立面。來自洛克菲勒基金會的資金，使她能夠研究和撰寫《偉大城市的誕生與衰亡》。

作為越南戰爭的早期反對者，在一九六〇年代，雅各與家人搬到了加拿大，以防止她的兒子被徵召入伍。她在多倫多和溫哥華的城市發展辯論中發揮了重要作用。雅各於二〇〇六年於多倫多去世。想要了解更多訊息，請參閱羅伯特・卡尼格爾（Robert Kanigel）撰寫的《凝視珍・雅各》（*Eyes on the Street: The Life of Jane Jacobs*，二〇一六）。

1936

就業、利息與貨幣的一般理論

The General Theory of Employment, Interest, and Money

「對作者而言，這本書的寫成是一段長時間擺脫舊觀念的掙扎之旅，因此對於大多數讀者來說，如果作者對他們的攻擊是成功的，也會是他們脫離習慣性思維和表達模式的旅程。此處費盡心力所表達的想法非常簡單，而且應該顯而易見。困難處不在於新思想，而是在於擺脫舊觀念，對於那些像我們大多數人一樣長大的人，這些舊觀念延伸至我們思想的每一個角落。」

「我們對社會普遍接受古典經濟學理論的批評，一直以來都不是在尋找其分析中的邏輯缺陷，而是指出其默認假設很少或從未得到滿足，這樣的結果是它無法解決現實世界的經濟問題。」

總結一句

經濟如何運作的優雅模型往往是錯誤的。市場並非自動調整，而是需要不斷地干預和管理，以確保高消費需求、投資和就業。

同場加映

利亞卡特・艾哈邁德《金融之王》（01章）
阿爾弗雷德・馬歇爾《經濟學原理》（26章）
海曼・明斯基《穩定不穩定的經濟》（28章）
托瑪・皮凱提《二十一世紀資本論》（32章）

19

約翰・梅納德・凱因斯

John Maynard Keynes

一九三六年的元旦，約翰・梅納德・凱因斯寫了一封信給他的朋友蕭伯納。他說，他正在撰寫的這本書「將在很大程度上澈底改變——我想，不會立刻發生，但會在接下來的十年裡——這個世界對經濟問題的看法」。在此，凱因斯著名的自信其來有自，因為《就業、利息與貨幣的一般理論》將改變他所處學科的樣貌，創造現代總體經濟學，並形塑戰後世界經濟。

根據你的觀點，凱因斯是資本主義的救世主，或是主張戰後政府大規模擴張的人。雖然許多經濟學家曾希望凱因斯的影響力已經在一九九〇年代和二〇〇〇年代減弱，但在二〇〇七年至二〇〇八年的金融危機，我們看到了「大師的回歸」（The Return of the Master），這也是史紀德斯基（Skidelsky）勛爵在二〇〇九年為凱因斯作傳的標題（中譯：《不朽的天才：凱因斯傳》）。大多數人現在接受，只有政府的大力干預，才能避免另一次大蕭條。凱因斯的想法以雪恥之姿回歸。

哲學家以撒・柏林（Isaiah Berlin）將凱因斯形容為「我一生中遇過最聰明的人」。蕭伯納說了相同的話。然而他的想法究竟是什麼，以及他試圖顛覆的典範是什麼？

不管用的優雅理論：工資和經濟

凱因斯在這本書的一開頭指出，作為一個年輕的經濟學家，他完全接受了他那個時代的經濟學典範。這種「古典」經濟學，一個由馬克思所創用來描述資本主義知識基礎的術語，似乎解釋了現代經濟世界的運作方式，但凱因斯卻逐漸明瞭它的力有未逮。例如，除了極少數例外，古典經濟學對失業問題根本不感興趣。

古典經濟學家認為，由於社會資源的使用是有效的（從長遠來看），就業總是會自行達成。如果經濟放緩，亞瑟．庇古說，勞力價格會下降，而低價會促使製造商再次招聘，因為這麼做可以帶來利潤。這種自動平衡系統確保了充分就業。但在實際經濟體中，凱因斯觀察，受到經濟情況的影響，有些時候會出現，一個人暫時失業，尋找工作，無法工作，或者不願意試圖找到工作。此外，在勞力和工資方面，需求和供給之間並非總是完美匹配，因為工資可能是「僵固性的」，也就是說，它們長期保持過高或過低，與經濟體其他部分正在發生的事情有所落差。舉例來說，雖然可能有很多人失業，但工會可能會抵制任何工資下降，因為他們長期為某一工資水準而奮鬥。

此外，員工和雇主就名目工資（即實際數字，例如每週二百美元）討價還價，而不是針對「實際」

工資，即工資相對於價格和通貨膨脹的相對購買力。結果便是，如果整個經濟體的勞力價格下降，那麼價格就會下降，所以事實上經濟體中不會有什麼變化；自我修正的情況也不會發生。較低的貨幣工資不會推動整個經濟，但會使工人的情況與社會上的其他人相比更加糟糕。這是因為工資收入者傾向於花費他們的大部分收入（住房、食物和交通），而其他人（資本擁有者和地主）將較少的收入用於消費，並儲蓄更多。因此，「工資彈性」可能無法治癒陷入困境的經濟，而只是使富人更富裕、窮人更貧窮；你將得到一個並非靠工資而是靠資產驅動的經濟體——如果這些資產保持在同樣的人手中，那麼活力便無法產生，也不會有社會流動性。

凱因斯不信任低工資能作為經濟停滯的解決方案，還有另一個原因：任何欠款人（假設債務金額保持不變）的償還能力就會降低。例如：經營攤位或小商店的人無法提高價格，但他們仍然需要支付固定債務。結果可能是大規模破產。

下降的工資無法透過恢復生產和消費的均衡讓經濟重新站穩腳跟，反而可能導致通貨緊縮、消費疲軟和「信貸緊縮」的螺旋，在這種情況下放款被認為風險太大。也許從長遠來看，情況可能會自行糾正，但這得以數百萬人的生計為代價。在這種情形下，凱因斯得出結論，政府有責任採取行動。

不管用的優雅理論：需求心理學

然而，就真正的意義來說，凱因斯思想的核心不是就業，而是需求問題。古典經濟學建立在讓—巴蒂斯特．賽伊的觀察之上，即「供給創造了自己的需求」。在一個經濟體之中永遠不會缺乏需求，或者任何東西都過剩，因為生產者（例如，生產螺帽和螺栓的廠商）所賺的錢都花在購買更多原物料（例如鐵）和其他需要的商品上（如食品和衣物）。當然，同一個生產商可能會嚴重高估市場所需的螺帽和螺栓的數量，因此會花太多錢在成本上然後破產。雖然對他來說是一個打擊，但總體來說，這樣的情況確保了社會的資源得到更有效的利用，防止未來任何貨物的供給過量或短缺。因此，供給和需求並非不同的動力運作，而更像是同一枚硬幣的兩面，而且這也適用於節約。如果不花錢，一個人就可以儲蓄，他們的積蓄可以用來投資，回到社會增加的生產價值之中。

但是，凱因斯問道，當社會所積累的儲蓄並不是全都投入生產性投資時，會發生什麼事呢？對經濟不確定性的恐懼可能會讓人們囤積現金，或者讓銀行家們猶豫不決，讓借貸者不敢借錢。經濟將會衰退，失業率攀升。此處便是凱因斯對古典經濟學提出的關鍵性突破：由於不確定性的作用，也許還有毫無根據的恐懼，生產與消費之舞並非總是完美。消費者支出和儲蓄的渴望仰賴主觀或心理因素，例如一個人對未來的看法，他們對於獨立自主的嚮往，或者他們將資產留給子女的期望，以及客觀因素，如當前收入和利率。對於企業而言，投資新工廠和設備的決策取決於預期的資本回報率和利率。

如果利率很高，這種投資可能不會發生。預期發揮了重要作用。如果企業主對經濟充滿信心，則預期未來的回報率會很高；如果悲觀，預期的回報率就會偏低，那麼可能就不會投資。

凱因斯希望以經過優化以實現充分就業的利率取代古典的「自然」利率。這種「最適」利率將確保資本家和儲蓄者從利率中獲得的任何好處，都不會以犧牲充分就業為代價。凱因斯認為，將充分就業作為利率政策的目標是保持經濟健康的必然方法，因為需求仍將保持在高檔。答案很清楚：為確保適足的投資和充分就業，不能允許利率自然浮動，而應由政府（或中央銀行）根據國家利益進行監管。

對於凱因斯而言，經濟學的古典觀點是一種類似《憨第德》的樂觀主義信念，即：「只要我們讓每個人都很好，所有可能世界中最好的一切都是最棒的。」它可能是我們**希望**經濟如何運作的觀點，「但若假設實際上是如此運作，則是假定我們的困難被排除在外。」他寫道。然而，如果關於需求的古典看法如此錯誤，為何它仍是主導的經濟模式？凱因斯說，這種「邏輯一致的上層結構」有另一個目的：在外在自然、有機系統的偽裝下，它維持了現狀。它允許大量的社會不公甚至殘酷行為持續發生，而資本和統治階級的既得利益得到進一步的擴張。

該怎麼做：讓經濟持續發展

凱恩斯開玩笑說，在經濟情況不佳時，政府不妨將鈔票放進罐子裡埋入地下，然後僱用數千人來挖掘它們。按一般條件支付工人可能是一種「浪費」，但這並不重要，因為總體效應——充分就業使總需求恢復到正常水平——超過成本。政府可以而且應該實際上去做任何事情來推動經濟發展。

凱因斯寫道，在政府投入就業的基金以及對更廣泛經濟的積極影響之間存在著一定的比率，即有個「乘數」，因此人們可以負擔得起繼續購買商品和服務。問題在於，十九世紀關於「謹慎」和「浪費」的思考，使政策制定者無法看到這種公共支出可能對經濟產生積極影響。

甚至就在凱因斯寫作時，他這令人震驚的想法被證明是正確的。羅斯福在其著名的任職最初一百天裡，對美國瀕死的經濟採取散彈槍式的分散策略，放行支撐銀行體系的措施，減少繁文縟節，貶值美元以幫助出口，並資助大型基礎設施項目（包括水壩、橋梁和道路）。其中一些措施的經濟價值令人存疑，但它們提供了心理上的鼓舞，並將錢放入人們的口袋中。羅斯福也（令顧問驚愕莫名地）使美國與金本位脫鉤，讓美元貶值並增加貨幣供給量。由於周圍有更多的錢，美國人感到更敢花錢，復甦於是開始。相比之下，羅斯福的前任胡佛總統所採取的更為謹慎的措施，卻無法帶領國家脫離困境。後來，美國的大規模戰備推動了經濟發展，再次證明了凱因斯的觀點，即重大刺激會產生重大影響。

對凱因斯來說，政府有責任利用貨幣政策（中央銀行創造貨幣和調節利率）和財政政策（稅收和支出）的槓桿來確保總需求保持健康並平衡商業週期。這意味著在經濟不景氣時實施預算赤字，實際上成為「最後的消費者」。當美好時光回歸時，政府能承受削減支出並使公共財政恢復秩序。

亞當．史密斯說，每個節儉的個人都是公眾的恩人，因為只有透過私人儲蓄，國家才有個資金池得以投資。凱因斯說，這觀點基本上是正確的，但並非無限期。畢竟，如果每個人都像吝嗇鬼一樣生活，就不會有對於新衣、住房或娛樂的需求以推動經濟。對個人或家庭有益的事情不一定對社會有益。經濟成長需要大量支出及儲蓄。

凱因斯的遺產

在一般理論的尾聲，凱因斯指出，如果他提出的「中央控制」能夠成功地促進經濟產出，從而實現充分就業，那麼國家的經濟就沒有理由不留給預設的古典經濟模型，由市場力量決定。這實際上是戰後時代所發生的事：央行選定通膨目標，政府實施旨在保持高需求的財政政策，但價格和投資由個人和公司承擔。凱因斯寫道，只要中央的控制在「消費傾向和投資誘導」之間取得了良好的平衡，那麼「與先前相比，就沒有理由讓經濟生活社會主義化」。

凱因斯說，大蕭條只是「磁電機故障」（引擎出問題），需要特定的機械修復。沒有一絲一毫共產主義那種大規模生產重組的意味，僅需創造一種環境，確保所有想工作的人都能有效地就業。實際上，只有透過他提綱挈領描述的方式擴大政府的角色，資本主義民主才能保持健康，避免極權主義革命的前景。凱因斯承認專制國家解決了失業問題，但「卻犧牲了效率和自由」。凱因斯的系統提供了一條救生索，一個得以「在保持效率和自由的同時治癒疾病」的機會。

世界熱情地抓住凱因斯所給的救生索，以至於到一九七〇年代初期，尼克森總統說道：「我們現在都是凱因斯主義者。」戰後的凱因斯主義國家經濟似乎成功地產生了人性資本主義，這種資本主義將人而不是資本放在首位，並且（正如托瑪・皮凱提所論證的那樣）導致的不平等程度低於長期的歷史常態，而工資收入者則尚能與資本利息抗衡。

總評

凱因斯原先也許能夠在任何職業獲得成就，驅使他成為一名經濟學家的動機，是他發現經濟學中的錯誤思維會帶來毀滅性的後果。由於對自然利率或金本位的必要性等想法的不合理依附，各國可能因而衰弱，既得的利益可能使經濟體及其人民無法充分發揮潛力。藉由揭露這種典範的異常，他創造了一個新的典範，儘管有許多批評者，凱因斯主義的方法仍然是當今世界經濟的核心。

約翰・梅納德・凱因斯

凱因斯於一八八三年出生於劍橋。他的父親是劍橋大學的邏輯學家和經濟學家，他的母親是社會改革者，後來成為該市的市長。凱因斯獲得了伊頓和劍橋的獎學金，他在那裡接觸了一些當時的偉大思想家：研究哲學的喬治・愛德華・摩爾（G. E. Moore），鑽研經濟學的阿爾弗雷德・馬歇爾和塞西爾・庇古，以及探索數學的阿爾弗雷德・諾斯・懷海德（Alfred North Whitehead）。

凱因斯參加了公務員資格考試，並在全國排名第二。他在印度辦公室任職，但發現它太過沉悶，於是回到劍橋教經濟學。在他還是二十多歲的時候，成為著名經濟學雜誌的編輯，並在一九一五年被招聘到財政部，為英國政府的戰備談判貸款事宜。戰爭結束後，凱因斯被列入凡爾賽和平會議的英國代表團中，並且是德國戰爭賠償的強烈反對者。由於總理勞合・喬治（Lloyd George）和美國代表團不接受他的論點，他於是寫了《凡爾賽和約的經濟後果》（*The Economic Consequences of the Peace*，一九一九）。這本書意外地成為暢銷書，並使他成為名人。他的《貨幣改革論》（*Tract on Monetary Reform*，一九二三）認為，為了防止通貨膨脹和通貨緊縮對經濟的破壞，央行應該控制貨幣供給，而不是與金本位掛鉤。第二次世界大戰結束後，凱因斯在建立布列頓森林體系（Bretton Woods system）方面發揮了重要作用，這是一個靈活的制度，可以阻止在戰前造成諸多仇恨的貨幣競貶。凱因斯還幫忙建立了國際貨幣基金組織和世界銀行。

凱因斯是「布盧姆茨伯里派」（Bloomsbury Set）的一員，這團體的成員還包括了維吉尼亞・吳爾芙（Virginia Woolf），他並與俄羅斯芭蕾女舞者莉迪亞・樂甫歌娃（Lydia Lopokov）結婚。他支持皇家歌劇院，確保英國藝術委員會資金來源無虞，並且是現代主義繪畫的收藏家。他非常成功地替劍橋國王學院管理投資，並透過股票投資為自己賺了一大筆錢。一九四六年，他由於心臟衰竭和為英國談判戰後條款的壓力而去世，留下了價值四十七萬九千英鎊的房產，換算今日貨幣價值大約一千八百萬英鎊。

2007

震撼主義

The Shock Doctrine

「自共產主義垮臺以來，自由市場和自由人民被包裝成一種單一的意識型態，且聲稱這是人類最好的意識型態，也是唯一可以防止充斥著亂葬坑、殺戮戰場和酷刑室的歷史重複出現。然而，在南錐體地區〔智利、阿根廷、巴西〕，那裡也是不受拘束的自由市場當代信仰首先從芝加哥大學的地下室工作坊逃脫，並應用於現實世界之處，然而此意識型態卻沒有帶來民主；它是以在一個又一個國家中推翻民主為基礎。此外，它不但沒有帶來和平，還系統性地謀殺數以萬計的人，並讓10至15萬人飽受折磨。」

總結一句

如果沒有民主加以校驗，資本主義就會變成強制性的意識型態。

同場加映

張夏準《資本主義沒告訴你的23件事》（06章）
米爾頓・傅利曼《資本主義與自由》（11章）
弗雷德里希・海耶克《知識在社會中的運用》（16章）
保羅・克魯曼《下一個榮景：政治如何搭救經濟》（21章）
丹尼・羅德里克《全球化矛盾》（37章）

20

娜歐蜜．克萊恩

Naomi Klein

一九九〇年代，娜歐蜜．克萊恩成為反資本主義運動的代表人物，並成為「新自由主義者」的夢魘。她將新自由主義或新保守主義定義為企圖消除公共領域、全面的企業自由以及「骨瘦如柴的」公共支出三位一體的政策。她認為，無論應用於何處，你都會得到一個新的菁英階層，它將政客和企業權力合併在一起，從而將公共財富大量轉移到私人手中，並且讓不平等的情況加劇。然而具有諷刺意味的是，國家並沒有消失，而是出現了「一種侵略性的國家主義，為永無止境的國防支出提出合理辯駁」，同時伴隨著更多的監督和公民自由的萎縮。

她的「災難資本主義」一詞指的是「在災難性事件之後對公共領域進行精心策畫的襲擊，並將災難處理視為令人興奮的市場機會」。第二次伊拉克戰爭被布希政府用來當成一種手段，將確保美國安全的措施加以私有化，使一些人在這個過程中變得非常富裕，而右翼智庫則抓住卡崔娜颶風來臨的機會，接管紐奧良的公立學校系統。這本書的標題來自米爾頓．傅利曼的一九八二年版《資本主義與自由》中的一段，其中傅利曼似乎在說，震撼發生的時間點（無論是來自於政治或是自然發生）正是絕佳良機，得以引入平常不會嘗試的極端資本主義措施。在克萊恩看來，這種對「清白」的渴望並非經濟學家的天真願望，而是帶著邪惡的政治涵義。她認為，從拉丁美洲到俄羅斯，意識型態資本主義是建立在政治震撼的背後，而不是透過民主。正如同共產主義需要專制主義將其終結，「基本教義資本主義」也需要侵蝕民主以實現其目的，以公共和私人部門的菁英陰謀集團取而代之。兩種形式的政治經濟都是意識型態，要不是以暴力告終，就是以暴力來維護意識型態。

我將重點放在她對於拉丁美洲實行自由市場資本主義的分析上，但克萊恩也將她的想法應用於波蘭、中國、南非和俄羅斯。《震撼主義：災難經濟的興起》是一場毫不避諱的論戰，包含所有辯論所涉及的證據揀選，然而這本由深入研究所寫成的書籍不但令人信服，並且可能讓你質疑你所相信的事物。

震撼與敬畏：智利和芝加哥的男孩們

對艾森豪政府的國務卿約翰・福斯特・杜勒斯（John Foster Dulles）和他的兄弟新中央情報局的負責人艾倫・杜勒斯（Allen Dulles）而言，新興的「發展」國家（將資本主義與積極的政府角色相結合）成了馬克思主義代表。在冷戰地緣政治現實中，他們兩人決心推翻這些國家。一九五三年，中央情報局策畫推翻了伊朗的摩薩台（Mossadegh）政府，以沙阿取而代之，次年，中央情報局在瓜地馬拉發起政變，擺脫民主選舉當選的雅哥布．亞本茲（Jacobo Arbenz）。

但是一些右翼的美國經濟學家，比如芝加哥大學的西奧多．舒爾茨（Theodore Schulz）認為，只有在大學中教授自由市場資本主義，才能戰勝「粉紅」（略帶左翼政治觀點的）發展經濟學。舒爾茨在美國國務院的支持下祕密進行了一項計畫，讓芝加哥大學教授教導學習經濟學的智利學生。克萊恩說，從一九五六年到一九七〇年，美國納稅人付費將數十名智利人送到芝加哥，接受教育以成為自由市場的「意識型態戰士」。智利學生被教導蔑視他們國家創建社會安全網、提供全民醫療保健和教育，以及保護國家產業的努力，轉而擁抱貨幣主義、放鬆管制、私有化和自由貿易。一九六五年，福特基金會的資金使該計畫擴展到所有來自拉丁美洲的學生，包括巴西、阿根廷和墨西哥。

在智利一九七〇年的選舉中，薩爾瓦多．阿葉德（Salvador Allende）的政黨贏得了一個國有化的社會主義平臺，其中將涉及公平補償外國所有者。但美國公司（包括管理大部分智利電話網絡的大型銅礦開採商和ＩＴＴ）將阿葉德視為社會主義收購拉丁美洲的開端，並與美國當局合作，展開逐漸削弱總統威信的經濟「骯髒招數」行動。

一九七三年，由皮諾契特將軍（General Pinochet）領導的軍事政變不僅殺死了阿葉德本人，還殺死了其他三千多名「顛覆分子」。有八萬人被關進監獄，二十萬人被迫逃離自己的國家。由於商業利益，軍方和中情局一直在合作推翻阿葉德，與此同時，芝加哥大學訓練有素的年輕經濟學家正在草擬大規模重整智利經濟的計畫。這些計畫編纂在一份名為《磚》（The Brick）的五百頁文件中，內容涉及國有企業的私有化、放鬆金融管制以及終結價格控管等使麵包和食用油成本降低的措施。幕僚告訴皮諾契特，遵循這些措施將能看到通貨膨脹的結束，而他在很大程度上採納了這份計畫。

事實上，一九七四年的通貨膨脹率達到了三七五％，是阿葉德時期的兩倍。進口關稅的終結意味著該國充斥著廉價進口商品，當地公司倒閉，失業率飆升，飢餓成為嚴重問題。但是，當米爾頓・傅利曼於一九七五年三月訪問智利時，他認為智利政府在消除國家對經濟的干預方面做得還不夠。需要更多的「休克治療」才能將智利推向正確的路線。除了與銀行的談話和大學講座，傅利曼還與皮諾契特本人進行了四十五分鐘的會談。在致總統的後續信函中，他主張進一步減少二五％的公共支出，並完成自由貿易。「漸進主義是不可行的。」他寫道。「芝加哥男孩」塞爾吉奧・德・卡斯特羅（Sergio de Castro）被任命為新的財政部長，將五百家國有企業私有化並結束最後的貿易壁壘。在隨之而來的蕭條中，麵包的價格飆升，但人們再也無法進行民主投票要求軍政府下臺了。它施行恐怖統治。公立學校被教育券系統取代，不但社會保障私有化，且幼兒園和墓地也被私有化。

到一九七六年，一直是戰後發展示範的阿根廷、烏拉圭和巴西抄襲了智利的「改革」，這些改革在各種情況下，都導致芝加哥學派的經濟學以及美國支持的軍事政府的發展。

智利奇蹟？

克萊恩指出，經濟學家經常預示的「智利經濟奇蹟」，一直要到一九八〇年代中期，也就是在政變發生十年後，才開始發揮作用。皮諾契特被迫將許多公司重新國有化，並解僱了曾經擔任政府關鍵職位的德．卡斯特羅（de Castro）和其他「芝加哥男孩」。阻止智利徹底崩潰的唯一因素是皮諾契特拒絕將智利國家銅業公司（Codelco）私有化，這間公司掌握智利大部分的出口收入。

克萊恩認為，如果智利經濟確實變得平穩並且成長，那並不是因為它成為傅利曼和海耶克模式的自由市場天堂，而是因為它成為一個政治、商業和土地所有者勾結以保持權力的「社團主義」國家。由於國有企業的私有化，有一些人變得非常富裕，而勞工則身處劣勢。

克萊恩認為，芝加哥學派下的智利，預示在接下來的幾十年中世界其他大部分國家將會發生什麼事：資產投機的瘋狂、私有化的猖獗、中產階級的空洞化，以及由於自由貿易協議所導致的產業消失和逐漸增加的不平等。全世界各種形式的「休克療法」只是讓一些人迅速賺了很多錢。舉例來說，一九九三年在俄羅斯發動的未遂政變，讓鮑利斯．葉爾欽（Boris Yeltsin）有機會將反對派領導人關入大牢，並實施「創造該國臭名昭著寡頭政治的國營企業低價賤賣私有化」。天安門廣場的震撼，為共產黨創造出在不提供勞工權利或政治自由配套的情況下，推動市場經濟發展的空間。

充滿折磨苦痛的紀錄

克萊恩說，問題在於，如果沒有這種會產生重大政治後果的變化，你就無法在一個國家提倡大規模的經濟變革。很可能傅利曼只遇過皮諾契特一次，但他的人馬多年來一直在訓練拉丁美洲人，他們固執地想用智利和其他國家作為他們理論的實驗室。當這些理論被政府採納，其中包括殘酷無情的論調時，傅利曼不能僅僅這麼說：「這就是政治。」傅利曼認為自己是一名結束智利瘟疫的醫生，他指的是「通貨膨脹的瘟疫」，然而克萊恩指出，去除疾病的說詞，卻讓醫生可以做出任何事情。她引用了作家愛德華多・加萊亞諾（Eduardo Galeano）的一句話作為書中其中一章的標題：「人們在監獄中，因此價格可以免費。」任何被認為是智利左派的人，從經濟學教授到記者再到學生，都被解僱、監禁或殺害。

世界很快就知道了皮諾契特的處決和酷刑中心，並且滿懷怒火，但批評者將他的**經濟**計畫另置對待。即使軍政府當時負債累累，它還是在一九七六年下令謀殺人在紐約的阿葉德前財政部長奧蘭多・萊特列爾（Orlando Letelier）。就在萊特列爾死於汽車炸彈前一週，他曾寫了一篇文章表示，傅利曼無法以他只是向皮諾契特政權提出「技術」建議這個理由來辯駁。

還應該指出的是，自由市場經濟學家弗雷德里希・海耶克（Friedrich Hayek）以過渡性的獨裁統治為理由，極具爭議地為智利的皮諾契特政權進行辯護，他同時也是其自由市場改革計畫的顧問。

總評

克萊恩的敘述中有些令人不安的事實描繪。首先，在阿葉德統治下的智利幾乎不是她所聲稱的民主社會主義天堂，不斷出現政治和經濟動盪以及超高通膨。此外，智利最終的經濟成功也不僅僅是芝加哥學派政策的結果。在皮諾契特多次改變經濟路線、重新將企業國有化並且實施昂貴的「社會主義」社會計畫之後，才見證了「智利奇蹟」。正如經濟學家布拉德‧德隆（Brad DeLong）在部落格一篇文章探討智利「誰是對的」時所說：「這個時期智利的歷史可說是『自由市場』奇蹟，亦可說是『國家建設』的奇蹟。」

克萊恩認為智利的實驗是新自由主義接管的第一部分，而「災難資本主義」則導致了一個更加不平等、風險更大、通常也更惡劣的世界。然而正如約翰‧諾伯格（Johann Norberg）在〈克萊恩主義：災難論戰的興起〉（The Klein Doctrine: The Rise of Disaster Polemics，二〇〇九）中所論證的那樣，經濟自由主義無論在何處應用，都傾向於全面增加財富。他問道：你想在哪裡生活？是社會主義古巴的失敗狀態，還是智利這個南美洲最好的經濟體？

克萊恩並不否認市場帶來了繁榮；她的憤怒是為了資本主義的新自由主義形式，它似乎只在槍管之下前進。她關於意識型態的觀點很重要。如果我們充分了解由左派意識型態所解放的恐怖情況（例如史達林和毛澤東時代的共產主義），我們也必須非常小心別去支持極端自由放任的資本主義，如果它要求暫停政治自由，即使只是「暫時」這麼做，這便打開了通往侵犯人權難堪場景的大門。她講述了一個阿根廷電視工作人員在軍政府（和自由市場）時期意外發現仍在使用酷刑室的故事，當時有三萬人「失蹤」。當一個閃閃發光的新購物中心建在它上頭時，那個駭人的房間被人用牆圍了起來。

娜歐蜜・克萊恩

克萊恩於一九七〇年出生於蒙特婁。她的父母於一九六七年搬到加拿大，以逃避越南戰爭的徵兵。在多倫多大學，她成為學生報的編輯，並且在完成學位前便離開學校，到多倫多《環球郵報》（*Toronto Globe and Mail*）工作。

克萊恩一直是美國外交政策直言不諱的批評者。她參與了在G20高峰會上的占領抗議和示威活動。她的第一本書是《NO LOGO：顛覆品牌統治的反抗運動聖經》（二〇〇〇，見《一次讀懂政治學經典》）；她最近的一本作品是《天翻地覆：資本主義vs.氣候危機》（*This Changes Everything: Capitalism vs. the Climate*，二〇一五）。

2007

下一個榮景：政治如何搭救經濟

The Conscience of a Liberal

「新政不只是創造了一個中產階級社會。它還透過賦予工作的美國人真正的政治權力，並結束富裕菁英的主導地位，使美國更接近其民主理想……換言之，自由主義不只是關於福利國家：它還涉及民主和法治。」

總結一句

日益加劇的不平等不僅僅是技術變革或全球化的結果，而且是政治價值和決策可以翻轉的產物。

同場加映

羅伯・J・戈登《美國成長的興衰》(14章)
約翰・梅納德・凱因斯《就業、利息與貨幣的一般理論》(19章)
娜歐蜜・克萊恩《震撼主義》(20章)
海曼・明斯基《穩定不穩定的經濟》(28章)
托瑪・皮凱提《二十一世紀資本論》(32章)

21

保羅・克魯曼

Paul Krugman

保羅・克魯曼是一位超級巨星級的經濟學家，他總是滔滔不絕地在《紐約時報》自己的專欄中發表長文。然而，他今天寫的許多問題——意識型態劫持政治、保護福利國家、工會的作用、種族在美國扮演的角色、創造經濟成長的最佳途徑——都在《下一個榮景：政治如何搭救經濟》獲得更深入的探討。

英文版書名《一個自由主義者的良心》（*The Conscience of a Liberal*）是改自貝利・高華德（Barry Goldwater）一九六三年《一個保守主義者的良心》（*The Conscience of a Conservative*）這部美國政治「新右派」宣言。在一九六四年的總統競選中，高華德對決林登・貝恩斯・詹森（Lyndon B. Johnson）未能獲勝，但他的許多想法都在後來被隆納・雷根（Ronald Reagan）所接受。透過《下一個榮景：政治如何搭救經濟》，克魯曼試圖為中左翼做到高華德為右翼所做的事情——除了一點，即如下所述，克魯曼根本不認為他的觀點屬於左派，而是主流。

克魯曼將美國的問題大部分歸咎於本質上使不平等加劇的政治和經濟意識型態。他回憶說，這與戰後幾十年形成鮮明對比，當時有種尋求為所有人帶來繁榮的政治共識。

不好過的舊時光

克魯曼花了一些篇幅提醒讀者，在一八七〇年代到一九三〇年代間，那些在羅斯福新政之前不是太好過的美國舊時光是什麼樣子。他將其描述為「財富和權力極度不平等的土地，在這片土地上，名義上民主的政治體系未能代表大多數人的經濟利益」。

當時還有一種強烈的反政府意識型態。稅收是邪惡的，市場總是正確的，中央集權的政府被描繪成歐洲的瘟疫。確實，生活水平正不斷提高——克魯曼承認，在此期間，許多地區「生活品質都有著大幅度改善」（詳見羅伯・J・戈登的評論），然而大多數美國人的生活都顯示出經濟不安全的情況。如果你生病、殘疾或失去工作，抑或如果你老了沒有孩子來支持你，你將面臨貧困。當時沒有社會安全網，因為稅收非常低：富人只支付了一%的收入，相較於今日的二〇%。

克魯曼問道，那麼，為什麼當時沒出現更多的政治要求來幫助生活比較艱困的人呢？有個原因是政治權利受剝奪。一九一〇年，一四%的成年男性沒有資格投票，因為他們是非歸化移民，而南方黑人當然受《吉姆・克勞法》（Jim Crow laws）規範，被剝奪了公民權。結果是：四分之一的人口，也幾乎是最貧困人口，被切斷了參與政治過程的途徑。

克魯曼指出，「隨著經濟體益發成熟，中產階級社會不會自動出現，而必須透過政治行動來創造。」只有在大蕭條之中，富蘭克林．羅斯福的當選以及他的「新政」，其中包括一九三五年提供聯邦失業和養老保險的《社會保障法》（Social Security Act），使得美國不平等的情況較為減輕。克魯曼認為，新政「透過賦予工作中的美國人真正的政治權力，並結束富裕菁英的主導地位，使美國更接近其民主理想」。

大蕭條

在戰後時代，新財富充斥美國。一九二〇年代極度不平等和政治兩極化似乎已成為過去。大多數人可以負擔得起體面的生活，擁有自己的房屋和汽車，以及穩定的工作，所有這些都為普通美國人提供了「新的尊嚴感」。在一九二〇年代，工人生活在對老闆的恐懼之中。現在他們有體面的薪酬、安全的工作環境，以及健康和就業保險。普通人的工資和條件良好，這件事可以追溯到一九三五年羅斯福的《公平勞動關係法》（Fair Labor Relations Act），該法案支持勞工自我組織和工會強化的權利。一九二〇年代的階級意識消失了，因為富人稀少罕見。克魯曼寫道，一個家庭可能有一輛雪佛蘭，另一個家庭可能有凱迪拉克，但「人們可以去哪裡，以及他們能做什麼事，則沒有太大的差異」。為什麼當時的富人少得多？一言以蔽之，稅收。在一九二〇年代，所得稅從未超過二四％。羅斯福將之提高，且稅收在一九五〇年代和一九六〇年代保持在高檔，以支付福利提供和冷戰所需。

克魯曼指出，標準經濟理論認為，你不能擾亂供需法則，而且任何縮小薪酬差異的嘗試都會適得其反。高額的利潤稅會破壞激勵機制並導致商業投資崩潰，而工資的大幅增加則會導致大規模失業。事實上，這一切都沒有發生——無與倫比的政府干預恰逢持續到一九七〇年代石油危機的經濟繁榮。

克魯曼指出，供給學派（即減稅）經濟學家發現這樣的情況令人不安，他們試圖重寫歷史。對他們來說，繁榮始於雷根。但在雷根、布希和克林頓政府時期的收入成長，與從第二次世界大戰到一九七〇年代中期的收入成長相比，相距甚遠。克魯曼的觀點是，雖然大蕭條仍然在集體記憶中占據重要地位，但「大壓縮」（大部分歸功於政府的行動，美國創造了偉大的中產階級並迅速地減少不平等的時候）現在已經被遺忘了。

新鍍金時代？

克魯曼承認，比起一九七〇年代早期，美國的生產力和富裕程度要高得多，但失去了那種繁榮**廣泛共享**的感覺。平均收入（國家的收入除以其人口的數量）已經上升，但這要歸功於富人財富的大幅增加，這使得數字出現偏差。更有說服力的方法是使用收入中位數，也就是既非極富裕、亦非很窮的人，而是在中間的人他們的收入。按通貨膨脹調整後，三十多歲和四十多歲成年男性的收入中位數比一九七三年低了一二%。此收入的下降解釋了為什麼在這麼多家庭中，父母雙方都必須工作，以及為什麼人們通常比上一代人工作更長的時間。

為什麼將前一%人們的收入從最高收入的一〇%中剔除？受經濟學家青睞卻缺乏證據的安全答案是，技術變革增加了對高技能人才的回報。這個答案迴避了可能的真正原因：克魯曼稱之為「制度、規範和政治權力」。

因為資金充足的右翼運動導致工會的式微，進而使得一些不平等的情況加劇。共和黨的敵視和大企業的強硬策略，致使工會人數大幅下降，從一九六〇年的三〇%降至今天的一一%。相比之下，加拿大的勞動人口仍有超過三〇%組織工會，並且收入更加平等。因此，美國不斷增長的收入不平等與技術變革關係不大，而與政治變革有很大關係。

不平等的政治

對於克魯曼而言，右翼保守派在一九七〇年代中期接管共和黨並非偶然，並且有大量證據顯示，在一九八〇年代早期，不平等的情況惡化：「先是政治變革兩極化，隨之而來的是經濟不平等加劇。」但如果這是真的，為什麼美國人兩次選舉都選擇了體現新保守主義的布希？克魯曼說，新共和黨人的一個特點，就是利用國家安全問題，來轉移人們對經濟體之中正在發生事情的注意。如果不是九一一事件，布希可能不會再次當選，而隨後的伊拉克戰爭增加了他的吸引力，直到後來情勢明朗，這件事是基於錯誤的前提。布希還試圖（並且未能）將社會安全私有化，這是與利用種族問題爭取選舉利益異曲同工的新共和黨的手法。克魯曼說，一九六〇年代和一九七〇年代的民權運動引起了「白人反衝」，後者開始專注於反對全民醫療保健和福利國家，其中美國黑人是相當大的受益者。

儘管由於保守派智庫的慷慨資助使右翼的知識影響力增強，但克魯曼引用數據顯示，美國人在一系列議題上向左移動。他聲稱，美國實際上並不是一個保守的國家，或甚至是中間偏右的國家，而是個中間偏左的國家。這種新的政治現實有部分是由移民的影響所導致。大多數新移民都是西班牙裔或亞洲人，不覺得自己與新保守主義的反政府意識型態有任何連結；他們身為非白人，直覺地被共和黨的戀白情結，以及在贏得權力過程中利用「白人反衝」的明顯意圖給排擠。

事實上，許多人認為這正是唐納．川普（Donald Trump）贏得二〇一六年共和黨提名所做的事。他激勵了白人共和黨的選民基本盤，並激勵其他美國白人出來投票，他們在一個日益多元化的美國中感覺自己受到不公正的對待。然而川普在總統選舉的最終勝利也讓人們對克魯曼的理論產生了懷疑，即美國是一個「中間偏左」的國家。看看選舉的結果，只有一半的美國人符合這種描述。

總評

許多非美國人認為，美國是那些為了表達意識型態觀點而寧願讓政府無法運作的右翼分子的避風港。有鑑於此，克魯曼認為美國在本質上是進步的想法，得有更強有力的佐證。然而，歐巴馬在二〇〇八年和二〇一二年的選舉，以及「歐記健保」全民健康保險制度的頒布，為此提供了證明。克魯曼最有說服力的一點是，他認為儘管政治有其不良影響，卻也只有政治能夠帶頭減少經濟不平等。雖然財富往往是自行產生的，但繁榮——平均地共享——則總是需要政治行動。

保羅・克魯曼

出生於一九五三年，克魯曼在紐約長島長大。他的父親從事保險工作，而他的祖父母在一九二〇年代從俄羅斯移民至此。他進入耶魯大學，並在麻省理工學院攻讀經濟學博士學位。他於一九八四年成為麻省理工學院的正教授，並在二〇〇〇年至二〇一五年間於普林斯頓大學任教。他目前是紐約市立大學研究生中心(The Graduate Center, CUNY)的經濟學教授。

克魯曼在二〇〇八年因「新貿易理論」方面的研究成果而獲得諾貝爾經濟學獎,此理論演化自李嘉圖的比較利益理論和「新經濟地理學」,或者說在全球範圍下如何組織生產;他還因其在收入不平等、總體經濟和貨幣危機等方面的研究而聞名。二〇〇七年至二〇〇八年,克魯曼不主張採取緊縮措施,而是敦促實施凱因斯主義以刺激美國經濟復甦的最傑出經濟學家之一。「一個自由派的良心」也是他在紐約時報「克魯曼政治和經濟問題部落格」的標題。

他的其他著作包含《克魯曼觀點:拚有感經濟》(*End This Depression Now!*,二〇一二)、《面對失靈的年代:克魯曼談金融海嘯》(*The Return of Depression Economics and the Crisis of 2008*,二〇〇八)、《克魯曼談未來經濟》(*The Great Unraveling*,二〇〇三)、《期望減少的年代》(*The Age of Diminished Expectations*,一九九〇),以及其他學術著作。

2005

蘋果橘子經濟學

Freakonomics

「從根本上而言，經濟學是研究誘因的學問：人們如何得到他們想要或需要的東西，特別是當其他人想要或需要同樣的東西時……誘因只是一種促使人們做更多好事而不是壞事的手段。誘因有三種基本形式：經濟誘因、社會誘因和道德誘因。」

「無論誘因如何，無論情況怎樣，不誠實的人都會試圖通過任何必要的方式獲得優勢……作弊可能是也可能不是人性，但它幾乎必然是人類文明發展上的一個突出特徵。」

「道德，我們可以這麼說，代表了人們希望世界運作的方式——而經濟學則代表了它實際上是如何運作的。經濟學首先是一門測量科學。」

總結一句

我們想要一個以道德為基礎的世界；我們擁有一個以誘因為基礎的世界。

同場加映

阿爾伯特・赫緒曼《叛離、抗議與忠誠》（17章）
理查・塞勒《不當行為》（48章）
湯瑪斯・謝林《微觀動機與宏觀行為》（41章）

22

史帝文・李維特&史帝芬・杜伯納

Steven D. Levitt & Stephen J. Dubner

二〇〇三年，記者史帝芬・杜伯納去採訪了芝加哥大學逐漸嶄露頭角的經濟學家史帝文・李維特，他當時在《紐約時報》有個廣受歡迎的專欄。令杜伯納驚訝的是，與其他所有他曾對談過的經濟學家形成對比，李維特用平實的英語說話，著實令人著迷。李維特的數學無可救藥，對總體經濟學不感興趣，並聲稱對股票市場、通貨膨脹或稅收經濟學所知甚少。杜伯納回憶，他所關注的是「日常生活中難解的謎團」。

李維特對作弊、貪腐和犯罪的持久興趣超出了經濟學的主流範疇——但其背後的思維，是基於對影響人們在日常生活中做出決定的**誘因**那種至高無上權力的迷戀。李維特解釋說，經濟學主要是「解釋人們如何得到他們想要或需要的東西，特別是當其他人想要或需要同樣東西的時候」。

李維特太著迷於他的工作和實驗以至於無法寫書，因此他只有在杜伯納一同參與的情況之下，才同意這樣做。在《蘋果橘子經濟學》中，驚人研究和華麗散文的結合產生了驚喜之作；經濟分析突然引起數百萬人的興趣。在「從現代生活的表面剝開一兩層並看到下面發生的事情」，包括在經濟學入門課程中平常不會探討的奇特好奇心時，作者們催生了一種通俗經濟學的新類型。

作弊的誘因

我們每個人都知道，我們是否有做過或者沒做過被視為作弊的行為。比起行為本身更有趣的是它背後的誘因。這本書提供了有趣的例子：為什麼老師會在學校測驗標準上作弊呢？為什麼普通工人偷貝果？

教師為何可能會作弊有幾個可理解的原因。作者們討論了「高風險考試」，在此教育措施下，如果學校測驗結果不佳，政府可以停止聯邦補助並解僱教師。如果老師的學生們在測驗中表現夠好，老師就會受到表揚，且可能會晉升甚至得到現金獎勵。有一次，加利福尼亞州提供了二萬五千美元的獎金給產出高分成果的教師。只有一個問題：沒有用於檢測教師作弊的系統，因此作弊很少被發現或受到懲罰。「作弊的老師可能會告訴自己，她正在幫助她的學生，」李維特和杜伯納指出，「但事實是她似乎更關心幫助她自己。」令人震驚的是，對芝加哥公立學校考試成績的分析發現，「班級成績低的老師最可能作弊。」最終，教師的大額現金獎金被取消，因為有證據表明「老師被認定是作弊者的班級得分更差，平均成績可以差別超過一個等級」。在獎勵誘因措施取消後，教師作弊率下降超過三〇%。此一事實讓我們得以一窺誘因的力量。

白領犯罪每年造成數十億美元的損失，但比其他形式的犯罪，白領犯罪更難以發現。舉例來說，貪汙比銀行搶劫更難被發現。緊接而來的問題是受害者究竟是誰。當你從辦公室拿一些複印紙時，究竟誰才是受害者？偶爾，我們會深入了解白領盜竊及其受害者。保羅．費德曼（Paul Feldman）是一位前經濟學家，他率先提供辦公室新鮮的貝果。他會在早上放一籃貝果，然後回來收集空籃子和人們留下的現金。不幸的是，只有八七%吃貝果的人為他們消費的東西留下了錢。人們在較小的辦公室比在大公司更誠實，而且在天氣不好的時候比在美好的日子裡更不誠實。費德曼發現士氣是一個決定性因素。當人們喜歡他們的老闆和他們的工作時，他們幾乎總是為他們吃的東西買單。此外，與我們的預期相反，在企業食物鏈上游的人反而比較不太可能付錢。這些主管是否有更強的應得權利感，李維特甚至想知道，他們是否**因為**作弊而成功登頂？然而，重點可能是，儘管透過榮譽系統付款，大多數人仍確實付了錢。

經濟學首先是測量科學，李維特和杜伯納指出，我們所測量的東西經常與期望混淆，有時甚至全然相反。他們寫道：「道德代表了人們希望世界運作的方式，而經濟學則代表著它實際上是如何確實運作。」改變一個社會的道德準則可能很困難並且需要好幾代的時間；相對來說，改變誘因則往往是一種簡單且迅速的方法，可以實現社會的正面成果。

不對稱資訊

不對稱資訊——當情境中的一方比其他人擁有關於情況的更多資訊時——是個人或組織成功的關鍵之一。無論是涉及出售房地產、人壽保險或汽車的人，或甚至像三K黨那樣增加會員的組織，擁有不對稱資訊往往是達成我們目標的關鍵。專家的優勢在於他的客戶們相信自己缺乏關鍵知識：「以資訊武裝自己，」李維特和杜伯納寫道，「如果不點破的話，專家可以利用一種籌碼發揮巨大的作用：恐懼。」然而，一旦這些信息公開，他們的優勢就會消失，籌碼也會易手。

當僱用房屋仲介代為銷售你的房子以達成最佳銷售價格時，你會期望你的利益與該房屋仲介相同。獲得的銷售價格越高，房屋仲介收到的費用也越高。李維特質疑實際情況是否真是如此。他的研究發現，仲介不是等待最高價格，而是尋求快速銷售並接受較低的費用，以便他們可以繼續進行下一次銷售。不僅如此，比起客戶的房屋，房屋仲介商以更具吸引力的廣告宣傳他們自己的房屋，並且將他們的房子留在市場上更長時間（平均十天），以達成更高的平均價格（大約三％）。「這裡的重點不是房屋仲介是壞人，」李維特指出，「而是他們只是一般人——人不可避免地會對誘因做出反應。」自從網路房地產銷售平臺誕生以來，客戶和仲介的銷售價格之間的差距縮小了三分之一。

明顯現象的背後

進行數據分析時最大的困難之一是變數之間是否只存在相關性，或者真的存在因果關係。因果關係有時可能很難找得到，並且可能來自最不尋常的來源。「戲劇性的結果往往有著長遠，甚至微妙的原因。」李維特指出。他在二〇〇一年發表的著名墮胎論文表明，一九九〇年代犯罪的大幅減少，「以經濟學家的語言來說，是合法墮胎『意想不到的好處』。」抱持著這樣一個有爭議的說法，李維特受到了媒體的持續攻擊，並「成功地冒犯了幾乎所有人」。然而，他確實為他的觀點提供了一個非常合乎邏輯且有說服力的論證。

他駁斥了犯罪率因為經濟好轉而下降的觀點。有可靠的研究表明「經濟與暴力犯罪之間實際上沒有任何關連」。死刑也沒有降低犯罪率，因為其威懾效果主要限於殺人罪。那麼僱用更多警察的效果如何？李維特說，這只占犯罪率下降的一〇%，而快客古柯鹼市場的崩潰只占了一五%。有人說，美國的老齡化導致犯罪率降低，但數據並未表明這一點，槍枝市場的監管也不是一個重要因素，因為如果有需求，強大的黑市總能滿足。李維特越過了這些顯而易見的解釋，反而暗示犯罪減少這件事，在發生前的整整一個世代就已經定了調，即一九七三年「羅訴韋德案」最高法院的判決支持墮胎合法化。

但是，女人的合法墮胎權利如何「引發有史以來最大的犯罪率下降」？李維特說，有兩個因素：童年貧困和單親家庭。他發現這些因素以及教育程度有限的母親，是兒童將迎向犯罪未來的最有力預言。促使美國婦女墮胎的那些因素也正預示著，如果她們的孩子出生，很可能會過著罪犯的生活。或者正如李維特所說：「墮胎合法化導致更少有父母不想要的小孩出生；而父母不想要的孩子則導致高犯罪率；因此，墮胎合法化導致犯罪減少。」自一九八五年以來，在墮胎率較高的州，與低墮胎率的州相比，犯罪率下降了三〇％。

李維特還調查了黑白收入和教育差距，以及嬰兒的名字。他發現「在學校表現不佳的黑人孩子不是因為他們是黑人，而是因為黑人孩子更有可能來自低收入、低教育的家庭」。有趣的是，當黑人學生來自與白人學生相可比擬的背景和學校時，兩者的測驗結果相似，這使得區分相關性和因果關係更具挑戰性。關於嬰兒的名字，李維特發現，擁有一個明顯「黑人」名字的人，其生活結果可能比名字聽起來更「白人」的人糟糕。然而，他確實暗示擁有黑人名字不是**原因**，而只是他或她的結果的一個指標。他指出，經濟學家必須非常小心地將因果關係與單純的相關性區分開來，並且應該僅止於數據引領之處。這麼做不僅更為有趣，而且還可以防止經濟學家推動某種意識型態或道德立場。

總評

李維特喜歡將自己視為正統經濟學之外的人，但也可以說他的工作只是將正統經濟學推向極端的情況。畢竟，這門學科是基於人類作為自我最大化單位的觀念而來，他們根據環境中的誘因行動，來獲得他們想要的東西。即使是在榮譽制之下，他假設八七%的人會為他們的貝果買單，因為一旦被發現了，他們將有可能受到一些社會制裁，想像一下辦公室的員工思考著：「如果我不付錢而且被發現，會發生什麼事情？」

這種對人類行為的簡化論點（我們**只是**本能的驅使或直覺，抑或**只是**社會制約下的結果）忽略了一個事實，即大多數人也有良心或道德的指南針——亞當．史密斯所謂的「公正的旁觀者」，這使得**無論是否**有人觀注，都促使著我們做正確的事。人們根據所選擇的道德規範過生活，這種道德幾乎與自我最大化無關——事實上，歷史上許多人為他們認為正確的事情而死。人們的行動來自於一系列的動機，包括對美、愛或真理的非理性追尋，這些在很大程度上超出了經濟學家常用的論述——即使是那些非常好且公正的解釋。的確，我們對誘因做出回應，但正如心理學家亞伯特．班度拉（Albert Bandura）所指出的那樣，這些誘因往往是我們把自己塑造成超越自身情況或實現某個目標的願望之中的一部分。道德目的可以是理性的最高形式。

也就是說，《蘋果橘子經濟學》為經濟學家和公眾之間的新型接觸創造了一個模板，而僅僅就只因為這個原因，這項工作便值得稱道。去把書弄到手，因為這裡由於篇幅限制無法呈現許多精彩案例，或者閱讀後續的作品《超爆蘋果橘子經濟學》（*Superfreakonomics*，二〇〇九）。

史帝文・李維特＆史帝芬・杜伯納

李維特出生於一九六七年，畢業於哈佛大學經濟學系並於一九九四年從麻省理工學院獲得博士學位。他是芝加哥大學的經濟學教授。二〇〇三年，他被授予美國經濟協會的約翰・貝茨・克拉克獎章（John Bates Clark Medal），這是頒給四十歲以下美國最佳經濟學家的獎項。

杜伯納出生於一九六三年，畢業於阿帕拉契州立大學（Appalachian State University）和哥倫比亞大學。

李維特和杜伯納的其他書籍包括《蘋果橘子思考術》（*Think like a Freak*，二〇一四）和《蘋果橘子創意百科：何時搶銀行等１３１個驚人良心建議》（*When to Rob a Bank... And 131 More Warped*

Suggestions and Well-Intended Rants，二〇一五）。他們寫了一個廣受歡迎的部落格「魔鬼經濟學」（freakonomics.com），杜伯納還主持廣播節目《魔鬼經濟學電臺》（Freakonomics Radio）。

2010

大賣空

The Big Short

「成千上萬認真的金融專業人士，他們之中大多數人在幾年前還在從事其他事情過活，然而現在卻正將他們從次級抵押貸款債券賺來的錢，投入擲骰子的賭博遊戲中。艾斯曼（Eisman）曾經比地球上的任何人更清楚，次級房屋抵押貸款行業一直是資本市場中一個微不足道的角落。在短短幾年內，它在某種程度上成為華爾街最強大的利潤和就業引擎——而且在經濟上毫無道理。」

「沒有華爾街公司能夠自行脫困，因為不再有任何買家。這就好像幾乎每個主要的西方金融機構都放置了不同大小的炸彈。導火線已經點然，無法撲滅。剩下的就只是去觀察火花的速度和爆炸的大小。」

總結一句

儘管他們擁有「宇宙大師」的形象，但投資專業人士往往無法理解他們所交易資產的風險，並帶來可怕的社會後果。

同場加映

約翰·高伯瑞《1929年大崩盤》（12章）
班傑明·葛拉漢《智慧型股票投資人》（15章）
海曼·明斯基《穩定不穩定的經濟》（28章）
羅伯·席勒《非理性繁榮》（43章）

23

麥可・路易士

Michael Lewis

人們談論銀行家的貪婪，但銀行家也是知識典範的囚徒，如果典範錯誤，則可能會造成災難性的損失。路易士的書是關於一小群人，他們不僅指出次級抵押貸款制度存在著問題，並且還積極地對作或「放空」它。所有人都是局外人，甚至是不合適的人，路易士迷人的心理描繪使本書可以說是他最棒的傑作。如同在《快閃大對決》（*Flash Boys*，二〇一四）一書中，他讓高頻股票交易曝光，在《大賣空》中，他則進行了深入的研究，並打開了一扇窗，迎向那刻意對大眾保持模糊的金融領域。事實上，路易士非常善於解釋二〇〇七年至二〇〇八年的危機，因此美國國會金融危機調查委員會多次邀請他前去發言。

亞當・麥凱（Adam McKay）二〇一五年電影版的《大賣空》很有趣，但無法複製這本書的節奏和純粹細節。故事涉及一群人物；讓我們來看看其中最重要的兩個人，史蒂夫・艾斯曼（Steve Eisman）和麥可・貝瑞（Michael Burry）。

只是幫助窮人：次級抵押貸款的演變

一九八〇年代，史蒂夫．艾斯曼在華爾街嶄露頭角，撰寫了許多關於一種新型金融公司的報告，這類公司專門為那些過去收入低或抵押品很少，以及那些沒有獲得政府抵押貸款擔保資格的人，提供住房貸款。這通常是他們進行的第二次抵押貸款，並不一定用來買房子，而是為了釋放他們現有房子的持分，因為他們需要錢，或者為了得到大額的抵押貸款，而能以較低的利息償還信用卡債務。

艾斯曼認為，這種「次級抵押貸款」市場是對不斷加劇收入不平等現象的自然反應，並且透過幫助較貧窮的美國人，讓他們能用更少的錢償付債務，進而實現社會目的。次級房貸公司則是另一回事。由於新興的抵押債券市場（將數以千計的抵押貸款匯集成可以買賣的證券），貸款人可以在他們貸出款項的同時，迅速賣掉他們所持的貸款憑證。他們沒有必要考慮借款人償還貸款的可能性，因為這不再是他們需要擔心的問題。將人們的房屋變成任何人都可以買賣的資產，這似乎大有問題。但是華爾街提供了一個公益的理由：在創造這個市場時，它會吸引大量資金，這將導致中下階層美國人所負擔的利息降低。

艾斯曼看到，次級貸款的問題在於，它是一群由肆無忌憚的角色所組成的「賺快錢行業」。一九九七年，他寫了一份揭露次級抵押貸款機構實際做法的報告，而這些機構其中的大部分隨後都破產了。然而，到二〇〇二年，一家新的次級房貸機構家庭金融公司（Household Finance Corporation）

出現了，以高利率（一二·五％）銷售次級抵押貸款，並且欺騙性地宣傳利率只要七％。集體訴訟導致家庭金融公司支付了巨額罰款，但政府沒有令其關門。家庭金融公司龐大的貸款組合被出售給英國匯豐銀行，而且首席執行官比爾·艾丁格（Bill Aldinger）非但沒有入獄，反而狠撈了一億美元。

令艾斯曼感到震驚的是，有關當局沒有採取任何措施來保護最脆弱的借款人。人們受到貸款優惠吸引，這將使他們能夠於再融資時償還他們的汽車貸款和信用卡貸款，但是此時提供的利率只是一個「誘惑利率」，前幾年很低，然後突然大幅上漲。到了這個時候，許多人就再也無法支付還款了。艾斯曼給消費金融和次級房屋抵押貸款系統起了一個名字：「搞窮人」。

到了二〇〇五年，艾斯曼正經營自己的對沖基金——前端基金（FrontPoint），專注於消費金融，當時次級房屋抵押貸款已然凱旋似地回歸。他的團隊聽說有採草莓的墨西哥移民，收入一萬四千美元，卻得到超過七十萬美元去買房，不用先付頭款。不遑多讓地，艾斯曼的保姆在紐約皇后區購買了幾間房子。

一九九〇年代，次級房貸平均每年為二百億至三百億美元；二〇〇〇年，這數字是一千三百億美元；到二〇〇五年，它達到了六千二百五十億美元，其中五千零七十億美元被轉換為抵押債券。然而現在，是浮動利率而不是固定利率使得違約的可能性更高。次貸的「貸款人」不是任何傳統意義上的貸款人，而只是貸款的「發起者」，這些貸款被統整打包一起出售給華爾街的投資銀行，包括貝爾斯登、美林、高盛和摩根史坦利，他們迅速地將這些貸款轉換為抵押債券賣給他們的客戶。這些銀行接觸次級抵押貸款市場的層面變得越來越廣。

給它一個評等，任何評等

路易士對麥可・貝瑞（Michael Burry）進行人物側寫，他是一位獨眼的神經學家，離開醫學院並在加州成立了一家對沖基金。二〇〇四年，貝瑞開始研究抵押債券市場。他在一份債券手冊的細則中注意到，在二〇〇四年的期間，被稱為「僅付利息」的抵押貸款占整體市場比重從五・八五％增加到一七・四八％。到二〇〇五年夏末，這種抵押貸款已經成長到二五・三四％。顯然，僅付利息抵押貸款吸引了償債能力較低的人，但還有另一種抵押貸款讓人們甚至不必償還利息；它使得本金繼續滾動成一個更大的雪球，這讓最終的還款更加不可能，並且幾乎可以肯定必然違約。相較於傳統的貸款做法而言，這些貸款一點道理也沒有，但重點是，不斷增加的貸款帳簿可以出售給華爾街的銀行，以製成債券。由於喜歡安全和高利率的組合，機構買家搶購債券而不質疑投資標的資產。畢竟，這些資產難道不是穩固的房地產，而這些債券不是得到了信評機構像是穆迪和標準普爾所給予良好評等嗎？

嗅到精心設計的龐氏騙局味道，貝瑞提出了賣空抵押債券的想法，也就是說，打賭當標的抵押資產的脆弱性被揭露時，它們會突然貶值。當時沒有任何機構做這門生意（誰會去跟美國房市對賭？），但他說服金融機構開發抵押債券的「信用違約交換協議」。信用違約交換是針對債券品質變差的保險政策。貝瑞了解，如果抵押貸款違約風行，那麼代表他們的債券就可能變得毫無價值，而如果發生這種情況，信用違約交換協議的擁有者可能會發大財：舉例來說，如果你已經支付了二十萬美元的保險金，你可以賺到一億美元。這是一場零和遊戲，在這樣的遊戲中，如果銀行的風險分析錯誤，它們可能會遭受嚴重的損失。

奇怪的是，出售抵押債券的銀行並沒有完成它們的作業，研究支撐抵押債券的房屋貸款品質，反而願意向貝瑞出售這種保險。他從德意志銀行（Deutsche Bank）、高盛（Goldman Sachs）和美國銀行（Bank of America）手中購買了代表風險等級最高的抵押貸款債券，這些貸款是在沒有收入證明的情況下發行的「無文件」房貸。銀行很樂意出售保險，因為它們依賴穆迪和標準普爾的評等，但這些評等並沒有適當地區分不同種類抵押債券的風險。「這就好像你替位在山谷的房子購買洪水保險，相較於為山頂的房屋購買洪水保險，結果價格一樣。」路易士寫道。BBB級債券表明，違約的機率只有五百分之一，但貝瑞評估，一旦違約率達到七％，這些債券將變得毫無價值。貝瑞認為，鑑於借款人在抵押貸款的誘惑利率兩年後會轉向利率更高的浮動利率，違約行為不僅可能發生，而且可能性極高。

貝瑞喜歡問一個問題：為什麼在二〇〇〇年科技股崩盤之後，矽谷周圍的房價沒有崩跌（正如你所料），反而繼續上漲？答案是，拋向次級房貸借款人的資金，在抵押債券作為一種資產類別崛起的推波助瀾之下，推動著房地產泡沫，使得美國經濟保持了動力。聯邦準備銀行主席葛林斯潘一直表示沒有泡沫，因此房價不可能崩跌。然而正如貝瑞在給投資者的一封信中所指出的，一九三〇年代曾見過房價暴跌八〇％的情況。他寫道，另一次崩盤即將到來，這可能會抹去美國房地產**價值的一半**。

大規模殺傷性武器

正是高盛創造了這種將會成為二〇〇八年危機鮮明標誌的有價證券商品：「擔保債權憑證」（Collateralized Debt Obligation, CDO）。就如同抵押債券匯集抵押貸款一樣，擔保債權憑證匯集了抵押**債券**。擔保債權憑證背後的想法是風險的進一步分散化和最小化，但它們實際上代表了出售它們銀行的巨大財富來源：BBB級抵押債券現在可以成為AAA評級的CDO。這是一個建立在謊言上的金融工程傑作：因為如果房地產市場惡化，次級抵押貸款的結構會保證違約案件不會像涓涓細流，而是如同潮汐般湧來。CDO被出售給德國銀行、臺灣保險公司、歐洲養老基金——那些被要求只購買幾乎沒有損失可能高評等債券的任何單位。事實上，它們購買了金融定時炸彈。

房價在二〇〇六年開始下跌，違約開始增加，但那些賣空次級債券的人，包括貝瑞和艾斯曼，無法理解為什麼債券仍保持其價值。在二〇〇七年一月拉斯維加斯的次級房貸專業人士會議上，艾斯曼終於意識到為什麼次級債券市場還沒有變糟。他與其他人購買的信用違約交換協議促使參與次級抵押貸款的銀行生產更多的抵押債券，以保持資金流入和欺騙行為的進行。幾年來，抵押債券成為華爾街利潤的驅力；現在，最重要的是讓這些利潤持續下去。

然而，隨著二〇〇七年的到來，債券價值確實開始下跌，許多債券下跌了三〇％。由ＢＢＢ級次級債券所構成的ＣＤＯ也早該崩盤，但卻沒有發生。令人震驚的是，包括貝爾斯登（Bear Stearns）和雷曼兄弟（Lehman Brothers）在內的華爾街證券交易商，它們仍在發布積極正面的報告，以便能使這些債券成為優質的有價證券，賣給毫無戒心的機構買家。正如路易士所說，他們正在銷售「以無法否認全然腐爛的橘子做成的果汁」。

塵埃落定

二〇〇七年四月初，美國最大的次級抵押貸款公司新世紀（New Century）因大量違約案件而申請破產。另一家貸款機構佛利蒙投資與貸款（Fremont Investment & Loan）則開始看到其貸款的四〇—五〇％變得糟糕。高盛則迅速將公司立場從長期持有次級抵押貸款，轉為與之對作。在二〇〇五年至二〇〇七年間，華爾街創造了價值大約二百四十億至三百億美元由次級抵押貸款支撐的擔保債權憑證，而現在這些有價債券則幾乎毫無價值。貝爾斯登對次級抵押貸款的賭注如此之大，以至於其股價在賣給摩根大通之前跌至每股二美元。雷曼兄弟申請破產，而美林證券（Merrill Lynch）在宣布於次級抵押貸款支撐的擔保債權憑證上損失五百五十億美元之後，被出售給美國銀行。

路易斯指出，貝爾斯登和雷曼兄弟之所以倒閉（如果不是政府的紓困和擔保，其他銀行也會步上後塵），是因為它們的荒謬槓桿操作。例如，在五年內，貝爾斯登已經從所擁有的每一美元資本下二十美元的賭注，來到每一美元資本下價值四十美元的賭注。即使它們的資產價值僅略為下降，崩盤實際上幾乎無法避免。

在麥可．貝瑞購買了他的信用違約交換協議時，其價值相當於他所對作擔保債權憑證價值的二％。最後，華爾街的眾銀行支付給他七五－八五％。在一個擁有五．五億美元投資組合的基金中，他增加了七．二億美元的淨利。截至二〇〇七年底，史蒂夫．艾斯曼對次級抵押貸款市場的賭注已經讓大量的金錢如同從天而降般落入他的前端基金中，使其規模擴大一倍，並且使他變得非常富裕。

總評

在二〇〇七年之後，艾斯曼對華爾街一種常見的觀點感到厭惡，這種觀點認為，正是美國公眾的貪婪導致了次貸危機。事實上，銀行鼓勵人們對他們的收入撒謊，這樣就可以從他們那裡撈錢（抵押貸款金額越大，越好出售），而沒有提醒他們如果不跟上付款會產生什麼後果。當這一切發生時，政府在哪裡？路易士講述了證券交易委員會，這個意義等同華爾街警察的監管機關，是如何地幾乎不了解大幅增加金融系統風險的各種奇特衍生性金融商品（金融工具，如擔保債權憑證），因此無法勝任其工作。同一時間，評等機構正在努力收取評等審查規費，並仰賴華爾街債券市場的收入過活。此次崩盤還暴露出華爾街銀行的巨大利益衝突，這些銀行為自己的帳戶（自營買賣）交易債券和衍生性金融商品，但也向外部投資者出售債券。這些銀行透過與自己客戶的部位對作，耍弄了他們。

財政部長漢克．鮑爾森（Hank Paulson）說服國會提供七千億美元，購買銀行陷入困境的次級抵押貸款資產，包括信用違約交換協議所虧損的巨額債務，並直接救助包括花旗集團在內瀕臨破產的銀行，它們的資產則受到保證可以調用三千零六十億美元。美國聯邦準備銀行從銀行手中購買了次級抵押貸款的壞債，因此到了二〇〇九年，「價值超過一兆美元的不良投資所帶來的風險和損失，從華爾街大公司手中轉移到美國納稅人身上」，路易士寫道。相較於很少有銀行家失去工作，也沒有人進監獄，次級抵押貸款的借款人卻無人聞問，直至違約，並且在他們重建生活時，被迫住在帳篷城和體育館裡。在與他的前老闆，所羅門兄弟前執行長約翰．古特佛里（John Gutfreund）的午餐會上，路易士得到了傳奇金融家對此危機的看法。「這是自由放任直到你陷入深深的麻煩之中。」古特佛里這麼告訴他。這句脫口而出的評論可能是此危機，以及實際上美國金融的最佳單句總結。

麥可・路易士

路易士出生於一九六〇年，在紐奧良長大。他在普林斯頓大學學習藝術史，並在畢業之後為一位藝術品經紀商工作。他曾在倫敦政經學院就學，一九八五年獲得經濟學碩士學位，之後加入所羅門兄弟公司，先後在紐約和倫敦從事債券銷售工作。

著作包含《老千騙局》（*Liar's Poker*，一九八九）、《The New New Thing：以新致富的矽谷文化》（二〇〇〇）、《魔球》（*Moneyball*，二〇〇三）、《攻其不備》（*The Blind Side*，二〇〇六）、《快閃大對決》（*Flash Boys*，二〇一四）、《橡皮擦計畫》（*The Undoing Project*，二〇一六）。作為一名財經記者，他曾為《紐約時報雜誌》（*The New York Times Magazine*）、《浮華世界》（*Vanity Fair*）、《頁岩》（*Slate*）、《旁觀者》（*The Spectator*）、《新共和》（*New Republic*）和彭博等撰稿。

2016

布爾喬亞的平等

Bourgeois Equality

「財富大爆炸（The Great Enrichment）無法……透過種族、階級、性別、權力、氣候、文化、宗教、遺傳、地理、機構或國籍等重要事項加以解釋。相反地，使我們擁有自己的汽車和投票權、自己的生活設施和小學的原因，是來自於自由主義的新思想，即鼓勵進步和部分侵蝕階級的新制度。」

「那麼，為資產階級交易，為其消費者滿意度的民主測試，以及為私人利益如此清晰地表明其成功，而感謝上帝。並且也為從商業成本和利益而來，而不是從國家的榮耀或貴族的利益抑或進入天堂的靈魂數量而來的社會收益，而感謝上帝。」

總結一句

資本主義本身並未創造現代世界的繁榮，而是一種新的平等自由主義哲學，解放了一般人的潛力。

同場加映

威廉・鮑莫爾《創新力微觀經濟理論》（02章）
羅伯・J・戈登《美國成長的興衰》（14章）
卡爾・波蘭尼《大轉型》（33章）
艾茵・蘭德《資本主義：未知的理想》（35章）
亞當・史密斯《國富論》（45章）
馬克斯・韋伯《新教倫理與資本主義精神》（50章）

24

迪爾德麗・麥克洛斯基

Deirdre McCloskey

麥克洛斯基屬於數量逐漸增加的經濟史學家其中的一分子——其他人包括喬爾・莫基爾（Joel Mokyr）和保羅・羅莫（Paul Romer），在成長和發展的過程中，他們強調思想的力量，更勝於物質投入或機構的力量。她認為現代世界（如同從亞當・史密斯到馬克思到皮凱提等經濟學家曾經說過的那樣）無法由資本的積累，無法以「從磚上砌磚，或學士學位上堆學士學位，或者銀行存款加上銀行存款」來加以解釋。磚塊、學位和金錢是必要的組成要素，然而，正是由於在法律和人類尊嚴（資產階級思想）之前一切平等，才能解釋兩個世紀以前的北歐，如何以強大的方式將這些要素結合在一起。麥克洛斯基說，這種「法律解放與社會榮譽」的結合，是繁榮的永恆源泉。它對十九世紀和二十世紀的歐洲和美國都起了極大的作用，並且如果有機會的話，將在二十一世紀的中國和印度產生同樣的積極影響。

這是基本的論點，但它在麥克洛斯基的文章裡變得非常有力。她在經濟學和英國文學方面的雙重背景，使得這本書讀來異常令人愉快、有趣且引人入勝，就好像她在一開始已經設定為只閱讀小說的人寫一本關於經濟學的書。隨著文字流淌，引用易卜生、珍・奧斯汀、契訶夫、巴爾扎克和莎士比亞，你會覺得自己不僅學到不少，而且感到歡欣愉悅。

財富大爆炸

當今七十億人口中有十億人，生活在食物、衛生設施、學校和住房都極為困乏的情況之中。這是一個悲劇，但我們不應該忘記，大多數的人，在人類歷史的絕大部分時間裡都是這樣過活，處於僅能餬口的狀況，住在受當地領主控制下的小屋裡，並看著他們的一半孩子們在五歲前死去。不久前，像濟慈這樣的英國詩人很可能因患上結核病並在二十多歲死亡，因為抗生素尚未被發明，而直到一九一七年，瑞典農村部分地區的人們在馬鈴薯作物歉收時，還可能會餓死。從你必須工作以換取它們的時數來衡量，書籍、鞋子、家具和馬匹等都很昂貴。時至今日，這些東西（用汽車代替馬匹）要不是免費或很便宜，就是很容易透過一份平常的薪水獲得。一位美國農民可以養活三百人，而預期壽命則是原先的兩倍。

二〇一六年的世界平均每人收入幾乎是一九四一年的美國平均每人收入，或是如今巴西的平均每人收入（三十三美元）。在接下來的幾代人中，世界其他地區將接近與經濟合作與發展組織（經合組織）國家類似的收入和生活水準，這些國家的每人平均收入超過每日一百美元。「我們正在前往一個非常好的物質天堂。」麥克洛斯基說。現在人們消費的財貨和勞務比一八〇〇年增加了七十倍，這樣的事實使得生產規模更大，也意味著更便宜的商品和服務。有較多的人口意味著有越來越多的人會去研究更好的藥物和運輸的問題，更何況是環境品質。相信過去的二百年來我們所看到的財富大爆炸，只是環境惡化和消費主義盛行的狂歡，麥克洛斯基說：「是一種對世上其他窮人的背叛。」

它是如何以及為什麼會發生呢？

儘管財富大爆炸將消除貧困，但麥克洛斯基認為，無論是經濟學家還是歷史學家，無論是從任何政治主張，都無法真正解釋它。他們專注於「要素」，而事實上則是**思想**和思維的轉變，才能夠從十八世紀後期開始，促使成長與生活水準的大幅提升。

現代經濟學認為，繁榮來自勞動分工、資本積累、國際貿易擴張，或交易成本降低和規模經濟成長。所有這些都發揮了作用，但從珍妮紡紗機到保險公司再到高速公路的一切，以及諸如美國憲法和英國中產階級等新的政治和社會結構，主要來自於十六世紀晚期荷蘭開始的新平等自由主義，而後來被英格蘭、蘇格蘭和新英格蘭採納。發明和創新的熱潮來自於給予平民的新自由，以及新的平等認同和權利。「使我們擁有自己的汽車和投票權、自己的生活設施和小學的原因，」麥克洛斯基寫道，「是來自於自由主義的新思想，即鼓勵進步和部分侵蝕階級的新制度。」簡而言之，更多的人被允許「有所作為」，並讓社會重視他們的努力。**為了**改善生活以及產生更佳想法而積累資本；這麼做並非這些事情的原因。麥克洛斯基指出，資本主義在歷史上一直存在各式各樣的偽裝。更具體地說，應用於貿易和政治的**自由主義**大幅增加了財富。

那時，不是建立現代世界的貴族或競租官僚，而是日常生產者對人們想要的東西做出反應，並且予以供應。我們的英雄們變成福特與他的裝配線，或賈伯斯與他的iPhone。這種轉變之所以可能發生，是因為謹慎、有效率和單純地「做有用的事」的資產階級價值觀在我們的評價中超越了偉大的貴族姿態或將軍的榮耀。對任何新事物的測試，現在不是仰賴它是否有趣或者得到了國王的青睞，而是在於它是否使數百萬人的生活變得更容易和更好。這是商業和資產階級文明的本質，與先前簡單征服、劫掠或盜竊的前資產階級倫理完全不同。資產階級典範也取決於個人的尊嚴。以前，尊嚴是一個簡單的等式，等同一個人在社會秩序中的位階、職位或身分（因此英文單字以「dignitaries」表示權貴）。有所作為和獲得認可的自由，再加上人的新尊嚴，儘管這些是我們現在認為理所當然的事情，但這種資產階級的平等在當時出現之時，極為振奮人心。

反商主義

麥克洛斯基寫道，資產階級取悅顧客的渴望可能更具道德性，比起「傲慢的貴族、嫉妒的農民，或是驕傲的聰明人」的心態，更能促進社區裡所有人的進步。知識階層——形成公眾輿論的知識分子和記者——在其道德優越性和對商業性的厭惡中，經常轉向反對技術和商業進步，偏好反自由主義的烏托邦，諸如社會主義和中央計畫、民族主義或更為單純不斷增加監管的做法。然而，麥克洛斯基說，這階層忘記了一件「十九世紀經科學證明的社會發現……即普通的男人和女人不需要來自上層的指揮，而且當受到尊重並且獨自一人時，變得非常有創造力……普通人的自由和尊嚴使我們變得富有，從這個詞的每一層涵義來說都是這樣」。

法律之前的平等和尊嚴，使更多人能享受所有現代生活的舒適（「改善大爆發」），且他們的自由無須受限。當然，處於一個人們必須參與競爭，以及拿積蓄冒險投資於失敗新事業的社會可能會非常沮喪。但至少所有競爭對手都「面臨著同樣的交易民主考驗」。那就是，人們想要這些賣出的東西嗎？最好有一種能測試管理方式的社會，而不是一種基於出生、階級、種族或性別的社會。約瑟夫·熊彼得的「創造性破壞」概念可能令人恐懼，但它比聲稱解決了人類狀況的任何社群主義制度（社會主義、共產主義）更為公平。

自由文明是一種修辭、討論和說服的文明。這意味著問題尚未解決，權力的韁繩和裝滿金錢的瓶罐以及任何可能構成社會獎勵的東西仍然待奪未定。在廣告和公關領域，最好有比柏拉圖的「真理」、馬克思的「意識型態」、德希達的「解構主義」，或者其他一些所謂的知識關鍵詞更好的修辭，來表達一個更美好、更清晰、更純潔的世界。

總評

在受麥克洛斯基所欽佩的亞當・史密斯世界觀之中，人們並非當今正統經濟學所想像的那種自我最大化的機器，而是當看見利潤時純粹從事商業交易的人類。生命的其餘部分是關於追求或培養各種美德，包含信仰、正義、勇氣和愛。史密斯讚賞現代經濟世界中的人們在需要賺錢的同時，仍然是公民、配偶、父母、鄰居和朋友。麥克洛斯基認為，事實上，當代的「商業文明」並沒有破壞人文精神。相反地，它的繁榮使數以億計的家庭和個人能夠生存並維持自己的生活。麥克洛斯基認為，「貪婪是好的」這樣的道德觀，是一種資本主義的諷刺漫畫，與亞當・史密斯、約翰・斯圖亞特・彌爾或阿爾弗雷德・馬歇爾所觀察到交易的道德政治經濟截然不同。

麥克洛斯基的觀點是，資本、技術或資源本身向來就不夠用。必須存在一種道德環境，允許個人將每種這類「要素」的潛力推向其創造性極限。這需要個人自由，並在創建之時正確識別價值。這種平等是造成財富和生活水準不斷提高的真正原因。

迪爾德麗・麥克洛斯基

麥克洛斯基出生於一九四二年。她在哈佛大學學習經濟學，而她的父親羅伯特則是那裡的政治學教授。一九七〇年代，麥克洛斯基在芝加哥大學成為經濟系副教授，後來成為歷史系副教授，而在一九八〇年至一九九九年之間，成為愛荷華大學經濟學和歷史學榮譽教授。從二〇〇〇年以來，她一直是芝加哥伊利諾大學的經濟學、歷史、英語和傳播學教授。

除了她的「布爾喬亞」三部曲，包括《布爾喬亞的美德：商業時代的倫理》（*The Bourgeois Virtues: Ethics for an Age of Commerce*，二〇〇六）和《布爾喬亞的尊嚴：為什麼經濟學無法解釋現代世界》（*Bourgeois Dignity: Why Economics Can't Explain the Modern World*，二〇一〇），麥克洛斯基是《經濟寫作》（*Economical Writing*）這本經典的作者，此書為經濟學家提供清晰的寫作指南，也是《經濟學的修辭》（*The Rhetoric of Economics*）一書作者，這本書指出該學科融合了科學與人文，並且涉及說服的藝術。

在她職業生涯的大部分時間裡，麥克洛斯基被稱為「唐納・麥克洛斯基」，並在一九九五年改變了性別。她的著作《穿越：回憶錄》（*Crossing: A Memoir*，一九九九）涵蓋了她生命中的這段時期。她是ＬＧＢＴ平等和權利的倡導者。

1798

人口論

An Essay on the Principle of Population

「人口，當未受到抑制時，便會以幾何速率增加，而生活所需卻僅僅以算術速率增加。」

「那麼接下來難道不應該由一位細心的人類歷史審查人員去驗證，在人類曾經存在或現在存在的每個時代和每個州，人口的成長必然受到各種生活所需條件的限制。」

總結一句

限制人口成長對繁榮至關重要。使之失去控制將讓我們置身險境。

同場加映

大衛・李嘉圖《政治經濟學及賦稅原理》(36章)
阿馬蒂亞・森《貧困與饑荒》(42章)
E・F・修馬克《小即是美》(39章)
朱利安・西蒙《終極資源2》(44章)

25

托馬斯・馬爾薩斯

Thomas Malthus

有些著作因捕捉到時代精神而成名，有些則因為它們駭人聽聞地違背了這種精神。托馬斯・馬爾薩斯匿名出版的《人口論》屬於後者。在人口成長未加控制的情況下，他對人類進步的可能性秉持悲觀的態度，據說這促使湯瑪斯・卡萊爾（Thomas Carlyle）將經濟學稱為「令人沮喪的科學」。達爾文也受到馬爾薩斯想法的影響。馬爾薩斯引人注意的生存自然鬥爭幫助達爾文設想了一種讓物種得以適應和繁榮的機制（自然淘汰）。

在馬爾薩斯之前，人口成長一直被認為是一種天賜的祝福，但悲觀務實的馬爾薩斯卻將性欲視為塑造人類的重要驅力。威廉・戈德溫（William Godwin）或羅伯特・歐文（Robert Owen）等社會改革者可以提出他們喜歡的所有計畫，以改善窮人的命運，但這只是在譁眾取寵。所有社會問題的根本原因很簡單：太多的人分食可獲得的定量食物。馬爾薩斯決心將人口問題置於政治經濟學的中心；他的想法激起公眾和政府的關注，導致一八〇〇年《人口普查法案》（Census Act）的通過。

《人口論》以一種華麗、不科學的風格寫成，這種寫作形式在經濟學的早期很常出現。事實上，馬爾薩斯和他的摯友大衛・李嘉圖一樣，都不是專業的經濟學家；他是一位英國聖公會牧師和業餘愛好者，試圖讓世界變得更美好。即使他的前提有些錯誤，但他對經濟思想的影響極為深遠，或許和亞當・史密斯或馬克思一樣偉大。正是馬爾薩斯這種無法養活眾人的憂慮，孕育出諸如中國的一胎化政策（這種政策目前正在逐漸減少中），而他的精神出現在任何環境高峰會上，在這些會議中，人口過剩被視為資源枯竭的罪魁禍首。

人口、食物和價格之間無可辯駁的關連性

最初，馬爾薩斯發表了兩項他聲稱無可駁斥的聲明：首先，「食物對於人類的存在是必要的」；其次，「兩性之間的激情是必要的，並且將幾乎保持現狀地維持下去」。人們對性和互結連理的渴望在幾千年內沒有改變，並且在未來也不太可能減少。這就是問題所在。因為「生計水準」（或者說人們以其收入來滿足其需求的能力）只會逐漸增加，然而人口如果不加以控制的話，則會以「等比級數」的方式增加。

馬爾薩斯指出，北美人口每存在二十五年就會增加一倍，因為它實際上擁有無限的耕地來支持這種成長。但是英國的情況卻截然不同。即使假設土地的產量在同一時期內變成兩倍，也會「與我們對土地品質的一切知識相悖」，馬爾薩斯說，即土地產量可能會在五十年內變成四倍。因此，他想像在

橫跨七十五年的時間內，英國的人口將從七百萬增加到二千八百萬，接著再達到五千六百萬，但因為農業產出無法再增加一倍，隨後再增加一倍，而只能逐步增加，於是糧食供應將會出現短缺，只夠養活二千八百萬人。如果英國的人口沒有受到抑制，那麼就可能出現大規模的饑荒。

馬爾薩斯聲稱，歷史上沒有任何一個國家沒有試圖以某種方式限制人口成長，要不是透過阻止下層階級的早婚，就是將婚姻限制在較優渥的階層，因為擔心他們無法維持生活水準。他描繪了一個男人正在權衡是否要結婚並擁有一個家庭的景況。他能否以他自己所享受的生活水準養育家人？如果辦不到，他對婚姻的延遲自然會抑制人口成長。缺點是，為了滿足他的自然需求，他將會轉向妓女。從這樣的推導過程中，馬爾薩斯得出結論，對性的渴望只會導致兩件事的其中之一：貧窮或「惡習」。

他解釋道，當食品價格上漲與低工資相結合時，貧困就會發生。由於人口過剩導致勞力供給過多，因此出現了低工資的狀態。土地所有者盡其所能地壓低勞力價格，以便在收益多的時候，保留更多的利潤。勞動者為了能有些工作做而感到幸運，然而他的家人卻僅能勉強餬口。還有另外一個原因導致農業產出增長速度比人口成長的速度慢：馬爾薩斯模仿大衛．李嘉圖的租金和土地使用理論，指出對邊際土地加以耕作理論上是解決糧食供應問題的答案，但是開發成本對土地擁有者來說通常不太值得。因此土地休耕，而價格上漲，窮人挨餓。

福利妄想

馬爾薩斯認為，英格蘭的《救貧法》（Poor Laws）是一種透過地方行政區來分配資源的社會救濟制度，具有兩種影響。首先是增加依賴性並減少個人責任。當窮人知道他們總是能獲得一些基本的食物供應，會讓他們覺得有能力養育更多的孩子。然而，由於糧食生產的數量無法跟上人口成長的速度，導致價格上漲，人們變得更加依賴可獲得的救濟。與當今關於提供福利的辯論相呼應，馬爾薩斯大聲疾呼：「一個不能支持家庭而結婚的勞工，在某些方面可能被視為他所有勞工同儕的敵人。」

《救貧法》或許能夠幫助處於真正迫切痛苦中的人們，但也減少了下層階級的幸福總和，主要是因為道德風險的問題（我將承擔不合理的風險，因為最後將由其他人買單）。如果廢除《救貧法》，馬爾薩斯說，人們會獨立做出更好的「家庭計畫」決策，而國家也會變得更好。

痛擊理想主義者

馬爾薩斯在《人口論》中用了大量篇幅來反駁法國啟蒙思想家孔多塞侯爵（Marquis de Condorcet）和社會哲學家羅伯・戈德溫（Robert Godwin，按：應該是William Godwin〔威廉・戈德溫〕，作者這邊似乎寫錯）關於人類進步和「人類有機完美性」的流行觀念。

對於馬爾薩斯來說，這些概念幾乎沒有考慮到自然的事實（對性的渴望和對食物的需求），並且剝奪了個人的責任。馬爾薩斯笑稱人類的本質正在發生變化。至於說幫助窮人，這充其量過於天真，最壞情況則相當危險。他認為透過慈善團體或立法幫助窮人，實際上卻是以增加貧困人數使情況變得更糟，這樣的想法令十九世紀早期英國熱衷於對時事發表意見的閒聊階級感到恐懼，他們渴望對工人階級的可怕條件「做些什麼」。然而，也許對於沉默的大多數人來說，這種想法似乎有個完美的邏輯，由狄更斯的《小氣財神》（*A Christmas Carol*）中的角色史古基（Ebenezer Scrooge）表現出來。史古基拒絕給窮人錢，理由是金錢僅能勉強讓他們糊口，而且會使「人口過剩」的情況更加嚴重。

馬爾薩斯神學

作為客觀的社會科學家，在《人口論》的最後，馬爾薩斯似乎記起他是一名牧師，並為世界上的邪惡和不平等提供了冗長的神學說明。

馬爾薩斯寫道，上帝創造了一個讓人類享受的豐富世界，這樣的想法過於簡化了。事實上，神已經形成了一個「自然法則」，即「人口應該比食物成長得更快」，並且此法則完全合情合理。如果沒有增加食物的壓力，就沒有什麼動力來開發土地、製造產品來銷售或組成產業：「男人發現為了養活自己或家庭所必須做出的努力，經常喚醒他們原本可能已經處於休眠狀態的能力。」相比之下，在人類發現樹上長滿豐富食物的世界部分地區，那裡的人沒有誘因去耕地、種植莊稼、發展畜牧業或推動文明普遍發展。

這個偉大的歷史過程創造了贏家（那些用他們的頭和手養活自己的人），以及那些屈服於先天人類懶惰的人。自然界中發現的變種，包括人類在內，都在為達成更高的神性美好而努力，如同河水中的一般水流不會與貧窮和惡習形成的一些漩渦和渦流相衝突。這取決於個人想要過正直而豐富的生活，以實現造物主的旨意。

總評

一八〇三年，馬爾薩斯出版了一篇經過實質修訂的《人口論》（以他的名字命名），其中記錄了各國限制人口的嘗試（他曾到歐洲各地收集人口數據），並且更加強調「道德約束」（不是避孕）和晚婚，以減少出生的孩子數量，而非諸如饑荒或貧困等天擇的方式。在後來的版本中，馬爾薩斯也略去原文中的神學篇章，可能是因為這些章節中，對於命中注定存在生存鬥爭的概念似乎過於苛刻。

對馬爾薩斯的主要批評是，他沒有預見到農業的巨大進步，打破了人口、勞力和糧食供給之間的關連。當一臺拖拉機或收割機可以完成二百名勞動者的工作，而化肥和化學品可以在先前被認為是邊緣土地的上頭達成極高產量，糧食安全不再是一個大問題。此外，在大部分的國家，自馬爾薩斯時代以來，養活一個家庭所需的每週工資比例穩定下降。

環保主義者認為這個星球上有八十億至一百億人，但他們可能犯了與馬爾薩斯所犯過的相同基本錯誤：重要的不是人數，而是他們使用的資源持續變得更容易生產，成本更便宜。就像馬爾薩斯沒有將技術納入考量一樣，他們也沒有。

托馬斯．馬爾薩斯

馬爾薩斯於一七六六年出生於薩里（Surrey），過著舒適的生活。他的父親丹尼爾（Daniel）是一位彬彬有禮的知識分子。受家庭和私立學校混合的教育後，馬爾薩斯取得劍橋耶穌學院的入學許可，他入學後，在拉丁語、希臘語和數學等科目的表現都很出色。在他二十多歲時，他成為了耶穌學院的一員。他渴望進入英國聖公會教堂，儘管有些言語障礙，他仍在一七八九年被任命為執事。

一八〇四年，馬爾薩斯與堂妹哈麗特．埃克瑟爾（Harriet Eckersall）結婚，次年被任命為東印度學院的歷史和政治經濟學教授，並在那裡教課。他待這個職位上，直到他的生命結束。他很受學生們的喜愛，綽號「Pop」或「Old Pop」（指人口）馬爾薩斯。在公開辯論中，他幾乎在每一個經濟問題上反對大衛・李嘉圖，包括租金理論、價值和需求理論，但他們仍然是親密的朋友。馬爾薩斯認為經濟衰退是由需求不足所引起（凱因斯是崇拜者）。

其他著作包括《高價供給原因調查》（*An Investigation of the Cause of the High Price of Provisions*，一八〇〇）、《探究租金的本質和進展》（*An Inquiry into the Nature and Progress of Rent*，一八一五）、《政治經濟學原理》（*Principles of Political Economy*，一八二〇）和《政治經濟學定義》（*Definitions in Political Economy*，一八二七），這些書籍試圖使經濟學變得更加嚴謹。馬爾薩斯於一八三四年去世。

1890

經濟學原理

Principles of Economics

「正如化學家的精細平衡使化學比大多數其他自然科學更加精確；經濟學家的這種均衡，儘管粗糙和不完美，卻也使得經濟學比任何其他社會科學的分支都更加精確。但當然，經濟學無法與精確的自然科學相提並論：因為它涉及不斷變化和微妙的人性力量。」

「因此，儘管『金錢』或『一般購買力』或『對物質財富的控制』確實是諸多經濟科學群聚的中心；之所以如此，不是因為金錢或物質財富被視為人類努力的主要目標，也不是因為提供經濟學家研究的主要主題，而是因為在我們這個世界中，這是一種大規模測量人類動機的方便手段。」

總結一句

經濟學的目的不僅僅是研究財富，而是研究人。賺錢、儲蓄和投資的習慣提供了這樣的數據以供研究。

同場加映

蓋瑞·貝克《人力資本》(03章)
弗雷德里希·海耶克《知識在社會中的運用》(16章)
約翰·梅納德·凱因斯《就業、利息與貨幣的一般理論》(19章)
保羅·薩繆森&威廉·諾德豪斯《經濟學》(38章)

26

阿爾弗雷德・馬歇爾

Alfred Marshall

一九〇三年，阿爾弗雷德・馬歇爾在劍橋大學開設了他的「經濟學學士學位考試」（Economics Tripos），這是一個三年制的大學學位，也是世界上第一個致力於這門學科的學位。在此之前，經濟學一直被當成道德科學或哲學學位的一部分來教授，或是被納入範圍更廣的「政治經濟學」標題之下。人們認為這個主題「僅僅是技術性的」，與貿易和商業有關——並且因此不是適當教育的一部分——是一種一直持續到一九六〇年代和一九七〇年代的偏見。在電視影集喜劇《部長大人》（*Yes, Minister*）中，首席官員漢弗萊・阿普爾比爵士（Sir Humphrey Appleby）引用了一個拉丁語或希臘語的片語，而他的部長老闆看起來很困惑，這為在牛津大學受教育的漢弗萊爵士提供了一個絕佳機會，他洋洋得意地說：「部長，你念倫敦政經學院，不是嗎？」

然而，馬歇爾預感經濟學將成為現代世界的核心，並且為劍橋奠定在這門學科領先半個世紀的基礎（伴隨新倫敦政經學院設立——即「the LSE」——經濟學只會更加普及）馬歇爾早期職業生涯中的經濟學，仍然奠基於李嘉圖和亞當・史密斯的理論，而他則認為必須從「租金和玉米價值」轉變為依據實證經驗為基礎的科學。確實，這種想法與史密斯和李嘉圖的古典立場變得如此不同，以至於「新古典經濟學」的標籤顯得有些左右為難。馬歇爾發起或推廣了幾個如今仍在教授的基本概念（參見下面的「馬歇爾概念」），並且率先透過曲線和圖表來表達經濟的概念。

馬歇爾的願景是經濟科學，這門學科可以說明經濟體在細節上如何運作，並為後來的經濟學家（例如他劍橋的學生凱因斯）鋪設一條道路，將這門建立在自然均衡信念基礎上的學科，轉變為想採取更積極、更具政策驅動的立場，以尋求特定的社會成果——如充分就業。馬歇爾確實有社會企圖，這使他比同時代人更進步：他致力於減輕貧困，並將教育擴展到中下層和工人階層。然而，作為一個維多利亞時代的社會保守分子，馬歇爾並沒有阻止將道德傾向投注於他的經濟學，就如同馬爾薩斯強調窮人的自我控制，好讓他們不會有個過大、無法維持生計的家庭一般。

馬歇爾是個始終如一的學者，閱讀這本書可能會讓你想起你在大學裡忍受的那些囉嗦教授。據說凱因斯曾經說，經濟學家應該乾脆放棄文章的正文，直接閱讀馬歇爾的注腳。儘管如此，馬歇爾以清晰的散文體寫作，也是這本書如此成功的原因。它從原始版本的七百五十頁，成長到第八版和一九二〇年最後一版時的八百七十頁，對學生來說，幾十年來它一直是相當穩定的文本。

經濟學的目標為何？

對於馬歇爾來說，經濟學相對於其他社會科學的顯著優勢，在於它的許多面向都是可以量測的。了解人們的收入、消費、儲蓄和投資是人類行為的窗口，可以透過圖表的曲線，顯示出需求和供給。金錢的真正意涵，是它為實現「各種目標，無論是高尚還是低下，不管是精神抑或物質」所賦予的力量。人類受到一系列事物的驅使，包括社會認可、保護個人家庭的願望、責任和愛國主義，以及減輕他人痛苦的渴望。他們的許多決定與「最適」一詞相距甚遠。因此，將經濟學單純視為追尋私利的科學是錯誤的。

馬歇爾概念

十九世紀的經濟學家從傑瑞米．邊沁（Jeremy Bentham）的功利主義中借用很多觀念，將人們視為尋求快樂和避免痛苦的機器。經濟學中經常使用的「效用」是一個乾澀的詞，掩蓋了它的真正涵義：任何為我們帶來更多快樂或利益的東西。社會被想像成數以百萬計的個人各自尋求最高效用，忍受工作的負效用，以購買他們想要的商品和服務。與此同時，公司處於完全競爭的狀態，以滿足這些需求。馬歇爾採用了這些概念，並給予它們自己的詮釋。我們現在來看看他的一些關鍵想法。

供給和需求的剪刀作用

亞當・史密斯和李嘉圖曾強調生產和供給商品的成本，是商品價格的決定因素。威廉・斯坦利・傑文斯（William Stanley Jevons）認為價格主要受需求影響。相反地，馬歇爾想像供給和需求就像一把剪刀的刀片，協同作用以產生反映兩者的價格。他將供給量顯示為圖表中的上升線，表明當商品價格上漲時，公司將增加供給。他相對應的需求定律表明，當相同商品的價格下降時，意味著更多人將會購買它。供需不斷自我調整，形成相關商品的「均衡價格」，從而確保了最佳的資源配置。「馬歇爾交叉（雙剪）」在圖表上顯示了一個點，在這個點上供給需求線相交。消費者很樂意以所需的價格購買產品，生產者很樂意以相同的價格出售。

許多因素可能會影響需求，包括收入的上升或下降、人口成長等人口因素、其他商品的價格（如果食品價格便宜，我們可以在衣服上花更多錢）、廣告和期望（例如：立即購買以避免未來的價格上漲）。特定商品的供應取決於製造商對利潤的單純渴望。如果商品的價格能支付其生產成本，包括勞力成本在內，他就必定會繼續生產。

價格彈性

馬歇爾也因其價格彈性概念而聞名。

一些商品，例如燃料，需求相對缺乏彈性；人們仍然需要乘坐汽車和公共汽車到各個地方去，即使燃料價格大幅上漲，他們也會繼續將車子的油箱加滿。其他商品，像是出自設計師的手提包，需求較具彈性。如果經濟衰退，人們第一項放棄的事物就是奢侈品。在美好時光可能曾買過香奈兒包的同一個女人，現在則滿足於一個漂亮而又較便宜的包包。

馬歇爾指出，需求彈性可能會隨著時間而變化。對燃料的需求在短期內可能沒有彈性，因為人們需要他們的汽車去上班和上學，但從長遠來看，技術和資源使用的變化，例如電動汽車的成本下降，可能會使人們對於燃料的需求更具彈性。

邊際效用

雖然邊際效用的概念可以多方面地歸功於威廉・傑文斯（William Jevons）、卡爾・門格爾（Carl Menger）和里昂・瓦爾拉斯（Leon Walras），但馬歇爾在《經濟學原理》中對其進行了詳細的討論。

馬歇爾針對我們的需求加以分類，分成了「必需品」、「舒適品」和「奢侈品」。我獲得汽車的效用或實用性將會非常大，例如：當我每天必須步行五英里去上班（因為沒有直接抵達的公車路線）。開車——而不是走路——會讓我每天額外多幾個小時與家人共處或做其他事情。因此，如果我能為妻子或十幾歲的女兒買第二輛車代步，這將使生活更加便利，但實用性的提升不會那麼大，因為目前他們可以輕鬆乘坐公車去工作或到大學去。過了一段時間，我發現加薪之後，我現在可以購買一輛跑車在週末使用。雖然長期以來一直渴望擁有，但這並不是必需品。馬歇爾告訴我們，隨著每加購一輛汽車，它的實用性變得更加微不足道：第一輛汽車對我的生活產生了巨大的影響，第二輛汽車產生了輕微的差異，而第三輛汽車則差別不大（儘管很美好，但如果我明天不得不賣掉它，我的生活水準不會有任何重大改變）。這種「邊際效用」的概念可以適用於我消費的任何東西，無論是啤酒、寢具、理髮，還是教育。相較於在十五歲時輟學，高中畢業對我的工作前景有很大影響，但獲得博士學位可能不會讓我比僅擁有碩士學位更加來得富裕許多。

馬歇爾在製造業中看見了「報酬遞增法則」（law of increasing returns，類似於邊際效用）。工廠一旦建立，製造一千個蒸汽熨斗就不會比製造九百個蒸汽熨斗花費更多。事實上，由於業主已經花了一大筆錢在機械、融資、租金和勞力上頭，他或她可能只有透過賣出最後一百個蒸汽熨斗來獲利。舉個現代的例子：微軟幾乎不用花費任何成本就能再額外製造出每套MS Office軟體，因此在達到所有成本都已回收的數量之後，額外每單位的銷售就是純粹利潤，並且產品生命週期越長，利潤越大。

消費者剩餘和購買力

馬歇爾使用「消費者剩餘」(consumer's surplus)一詞，來表示一個人為商品或勞務所支付的價格，與她所**願意**支付的價格之間的差額。差距越大，福利越大。

這個概念在當今經濟情況下，特別讓人產生共鳴。線上平臺和工具(例如維基百科、谷歌搜尋和臉書等網路工具)對我們來說非常有價值，但它們是免費的，或者是成本很低。實際上，我們可以這麼說，福利可以根據我們在各種領域享受消費者剩餘的程度來衡量；這是福利經濟學的基礎。

馬歇爾還表示，可能存在著「生產者剩餘」，即公司將嘗試以更高的價格銷售產品，即使它本來應該很樂意以較低的價格出售。今天，航空公司根據一天中的時間、接近旅行時間，甚至他們指出正搜尋票價的那種人，而以不同的價格出售機票。例如：如果一家航空公司的系統知道某個人明天必須搭飛機，那麼如果在三週前可能得花費一百美元購買一個座位，如今可能得花費四百美元。

在馬歇爾的世界裡，重要的不是我們的絕對收入，而是我們能夠用我們擁有之物所購買的東西。商品的價格會上漲和下跌，有些商品價格上漲，另一些價格下跌。如果同一籃子的商品和勞務比起五年前便宜，那麼無論絕對收入或財富的變化如何，消費者都較為富裕。

完全競爭

馬歇爾發展了一個「完美市場」或完全競爭的模型，來解釋經濟如何運作。他設想了一群為數眾多的生產者和一群更多的消費者，他們都交易特定的產品或商品，並且都有著關於品質和價格的良好信息。在這樣的環境中，生產者發現很難定價，因為另一個生產商可以定更便宜的價格，並且銷售更多同樣的商品。因此，生產者通常是「價格接受者」，並且無論在任何的時間長度下，都無法賺取高於常態的利潤。這確保了市場經常「結算」，因此需求和供應保持均衡。

然而，馬歇爾沒有考慮到一個事實，即關於價格的知識並不總是完整的。如果公司發展成獨占企業，大眾將無從得知若競爭較為激烈，他們可能支付的價格為何。此外，一個行業可能需要高額資本投資，或者需要躍過監管機構設定的門檻，因此限制了能夠競爭的公司數量。即使在貨幣和農業這些馬歇爾提出的例子所屬的領域中，也沒有完全競爭的現象發生。例如，政府透過補貼來形塑這些市場，或者會受到遊說者的影響。馬歇爾完全競爭模式的另一項失敗是，如今大多數產品都不一樣；事實上，製造商努力創造差異或改善商品，或是夢想新事物，這些事很少有競爭情況，或是根本沒有競爭。

總評

在評估馬歇爾的影響時，羅伯特．海爾布（《世俗哲學家》（*The Worldly Philosophers*））指出，馬歇爾對他自己時代所發生的災難性事件，包括一八九〇年代的大蕭條、俄國革命或第一次世界大戰，都無話可說。〈大自然並沒有突然飛躍〉（Natura non facit saltum）是《經濟學原理》每個版本的序言，但是如同喬安．羅賓遜（Joan Robinson）——這位也許是馬歇爾劍橋經濟學課程出品僅次於凱因斯的第二號大人物——在著名文章中所說：「『歷史』每次都勝過『均衡』。」世界不是一個走向均衡的經濟機器，而是經常且意外地受政治和社會事件震撼，這些事件改變一切，包括經濟在內。馬歇爾所看見的潔淨世界（海爾布稱之為「彬彬有禮的動物園」）對這些事件幾乎無可置喙之處。

諷刺的是，透過將經濟學變成一門更加嚴謹的正式學科，馬歇爾自己的理論能夠更容易地被測試並顯示出有所匱乏。他創造了一個將受自己的學生凱因斯挑戰的智力世界，而凱因斯知道，經濟學的推動必須充分考慮政治和市場的動盪不羈，其中心理學和預期等軟性因素與供需法則相比，對於結果所產生的影響同樣重要。

阿爾弗雷德・馬歇爾

馬歇爾出生於一八四二年，出身背景一般。他的父親是英格蘭銀行的職員，而他的母親則是屠夫的女兒。這家人住在倫敦南部工人階級居住的克拉珀姆（Clapham），但他的父親卻敦促他努力學習。他進入劍橋大學就讀，並獲得了數學的學士學位，在該年同儕中排名第二。

一八六五年，馬歇爾在布里斯托（Bristol）的一所男校短暫教學後，回到劍橋並在聖約翰學院獲得獎學金。他全心全意地投入到形上學、倫理學和心理學的研究中，並於一八六八年被任命為道德科學的講師。一八七七年，他在布里斯托大學學院擔任校長和政治經濟學教授，該校強調婦女和工人階級的教育，然而在一八八五年他回到劍橋，在那裡度過之後的職業生涯。

馬歇爾幫忙創立了皇家經濟學會（the Royal Economic Society）和著名的《經濟學期刊》（*Economic Journal*）。他向皇室委員會提供了老年貧窮、印度貨幣和地方稅收的證據，而他在皇家委員會有關勞工的工作（一八九一——一八九四）使他能夠深入研究貧窮的問題。馬歇爾認為《經濟學原理》是一項涉及貿易、貨幣和稅收等範圍更大工作的「第一卷」，但健康狀況不佳和時間壓力也表示後續幾卷從未完成。然而，他確實與他的妻子瑪莉・帕利・馬歇爾一同出版了《工業與貿易》（*Industry and Trade*，一九一九），以及對貨幣經濟學貢獻良多的《貨幣、信用與商業》（*Money, Credit and Commerce*，一九二三）。

馬歇爾於一九〇八年退休，逝世於一九二四年。他將龐大的經濟文獻庫留給了劍橋大學。

1867

資本論

Capital

「隨著這樣集中化的現象，或是少數人對多數資本家的剝削，發展成……所有國家在世界市場網絡中的糾結，也因此，發展出資本主義制度的國際性特徵。隨著資本大亨人數的不斷減少，他們霸占且壟斷此一轉變過程的所有優勢，大量增加了苦難、壓迫、奴役、惡化、剝削；但隨著這種情況的發展，工人階級的反抗也越來越大，此階級的人數總是不斷增加，並且受到資本主義自我生成過程機制的訓練、整合與組織。資本的壟斷變成了一種桎梏，束縛著與此壟斷同時出現，並在此壟斷之下蓬勃發展的生產方式。生產方式的集中化和勞力的社會化最終達到了與資本主義外在表象不相容的程度。此外在表象於是破滅。敲響了資本主義私有財產的喪鐘。剝削者被剝削。」

總結一句

當經濟體將勞工視為僅僅是物品時，它就得為自身做好面對革命的準備。

同場加映

艾瑞克・布林優夫森＆安德魯・麥克費《第二次機器時代》（05章）
張夏準《資本主義沒告訴你的23件事》（06章）
托瑪・皮凱提《二十一世紀資本論》（32章）
約瑟夫・熊彼得《資本主義、社會主義與民主》（40章）
亞當・史密斯《國富論》（45章）

27

卡爾・馬克思

Karl Marx

與較短且更具聳人聽聞的《共產黨宣言》相比，《資本論》經常被視為沉悶但有價值的傑作，是馬克思思想的基礎。這麼說其來有自。《資本論》在馬克思的心中，是他批評古典經濟學《政治經濟學批判》(*A Contribution to the Criticism of Political Economy*，一八五九）的延續，事實上，這部作品的第一章讀起來就像一本經濟學教科書，詳細解釋了諸如「使用價值」和「交換價值」等概念。

然而，這種客觀的語調很快就褪去，因為馬克思簡要描繪了英國早期工業之中男人、女人和兒童工作的恐怖環境。相對於我們進入維多利亞時代時所秉持之進步和繁榮的樂觀看法，例如塞繆爾・斯邁爾斯（Samuel Smiles）的《這輩子，可以不後悔嗎？》（*Self-Help*）中一頁一頁的例子，馬克思則揭示了資本主義的黑暗面。英國的工業革命帶來了社會解體，並將成為歐洲其他國家的樣版。馬克思告訴他的讀者：「工業上更發達的國家只向較不發達的國家展示自己未來的形象。」科技魔法與資本相結合，使英國工人和農村居民變成「白人奴隸」階級，而不是帶來更多的休閒時間和物質享受。其集權制社會將人們貶為生產要素，而整個體系都受到追求出口利潤的渴望驅動。

《資本論》的撰寫花了數年時間（主要是在大英圖書館的閱覽室），而此書也確實受到矚目。馬克思希望提供一個反對自由放任經濟學的確鑿案例，即便你是一位熱切的資本家，也很難在不思考勞工與資本這個長期存在的問題下離開這本書，以及自馬克思以來，事情是否有顯著的改變。

一切都在成形：勞動價值論

馬克思從李嘉圖那裡借來的勞動價值論認為，某事物的價值就只是投入它的勞動力。例如：一件外套是「凍結的人工」。

某物僅因其「使用價值」，或者說其作為該產品的價值（製作外套是為了穿它）而被創造，是為了區別被創造來保存價值、進行交易、買進或賣出的商品（製作外套來販售，以致富）。因為一種商品可以用來購買其他商品，而勞力是商品創造的基礎，這意味著所有勞力都具等價性。因此，一捲二十碼的亞麻布可以換成兩盎司的黃金。馬克思說，當以貨幣形式表達時，勞力成為一種社會效用，而每一種產品都變成一種「社會象形文字」。我們透過將人們的勞動價值所交換得到的東西轉換成金錢，來知道誰具有「價值」。

這聽起來實在天真。不過，結論是，你會看見社會的變遷，從自給自足的農民社會，轉變為以奴隸制為經濟關係基礎的社會。馬克思指出，如果社會中的一切都變得商品化，而勞力是商品創造的主要投入要素，人力於是就變成買與賣的標的。

金錢（變成資本）改變了一切

想像一下，一個有些存款的企業家開了一家製鞋店，並且僱用了一名皮革工人。皮革工人擁有自己的勞動力，並且無法一次性出售，因為那樣等於把自己給賣掉了。但是因為他只擁有自己的勞動力，而不是任何生產工具（例如製造鞋子的機械或皮革），所以他立即處於比擁有這些工具的企業家更低的地位；他只能兜售他的勞力，而不是此勞力生產出的產品。馬克思說，在這種「非自然的經濟關係」中，勞動者的報酬只會在特定的範圍內打轉，恰能使他保有食物、燃料和住房（「生存」），如此讓他每晚都可以恢復體力，以便第二天回來工作。他的勞力價格，將是他必須購買以保持自己和他孩子活命所有商品的總成本。

馬克思說，在現代社會中，社會關係正是圍繞著經濟關係以形塑自己，以至於一個人的儲蓄成為另一個人剝削的工具。在一個貨幣經濟體中，「社會權力變成檯面下某些人的私人權力」。馬克思指出：「古人……譴責金錢顛覆了事物的經濟和道德秩序。」這是有充分理由的。雖然某人最初的儲蓄可能是無辜的，但這些錢很快就會被當作資本，成為剝削的工具。

剩餘勞動價值：資本主義的祕密鑰匙

《資本論》包含了討論工作日長度的大量篇幅，而馬克思解釋了為什麼他對此近乎痴迷。一天中有部分時間是「必要的」勞動時間，因為它既支付了工人的生存，也支付了企業主工廠營運的成本。但是這天的第二部分則毫無必要，因為所有的成本都已涵蓋負擔；這種剩餘勞動是資本家的純粹利潤，而工人卻沒有獲得額外的報酬。因此，「勞動者……為自己工作半天，另外半天則是為資本家工作。」正是因為大多數工廠只在當天快結束時才進入利潤區，英國製造商試圖阻止法律強制規定以十小時代替十二小時。馬克思說，蓄養奴隸社會與掙取工資社會之間的唯一區別在於剝削的程度。他指出，一個國家所謂的「偉大」並不是以產生的數量來衡量，而是透過產生多少剩餘勞動價值來衡量：「資本就是死亡的勞力，如吸血鬼般，只藉由吸吮活動中的勞力而活，且存在數量越多，就吸吮更多的人。」

馬克思描述了「接力系統」，其中作坊和工廠每天二十四小時不停地工作，並且可以看到十歲的小孩為賺取每週幾先令，被要求一天工作十五個小時。在一份一八六三年關於斯塔福德郡（Staffordshire）陶器產業的醫師報告中指出，工人們患有一系列肺部疾病，他們在兒童和青少年階段的成長發育受到阻礙，並且他們變得提早老化了。火柴製造業的兒童接觸到磷，並感染破傷風。即使是明顯的良性行業，如烘焙，極度過勞也意味著麵包師很少活超過四十二歲。總而言之，資本家認為，在幾年內用盡一個工人的勞動力，然後將之拋棄以換取新血，比起給予勞工一個能夠有較長工作壽命的環境，以讓同一個工人持續在崗位上，來得更有效率。

馬克思提及一八三三年至一八六四年《英格蘭工廠法案》（Factory Acts）的歷史。他說，工業界對他們的反對是「資本精神」的特徵。然而，如果財富的動力是工廠協調大量原物料和勞力的能力，那麼將許多工人放在一個屋簷下也創造了一個機會。「隨著合作勞動者人數的增加，」馬克思指出，「他們對資本支配的抵抗也隨之增加。」隨著一種新興的集體認同感，資本與勞動之間的巨大鬥爭已然揭開序幕。

總評

對於資本主義的忠實守護者約瑟夫·熊彼得來說，馬克思將他的思想表達為對歷史宏大非個人力量的闡述，但他卻某種程度上未能看到資本主義最顯著的特徵：其活力和與人類願望之間的密切關係。馬克思忽視了這樣一個現實，即資本首先是透過智力、能量、創造力、勤奮和儲蓄建立起來的——而不是像馬克思所認為的那樣透過武力、服從和剝削積累起來。與其花時間發展「階級意識」，普通工人反而希望在社會階梯上向上爬。只要有機會讓他利用資本規則爭取自己的權益，他就會接受。馬克思沒有充分考慮技術和生產力在使普通工人購買物品更便宜方面的作用，或者透過投入退休基金投資工業股票和房地產，普通工人自己成為資本家；資本主義之所以能夠運作，是因為它確保了勞工能分一杯羹。

儘管存在缺陷，馬克思「歷史的經濟解釋」確實表明了經濟環境和生產形式如何塑造了宗教、藝術、哲學和制度——即我們所生活的社會。熊彼得承認，馬克思的一項成就是提醒人們，「正是我們的日常工作形成了我們的思想，以及正是我們在生產過程中的位置決定了我們對事物的看法。」無論是企業主、投資者還是勞工，我們在「生產過程中的位置」將是我們幸福快樂的主要決定因素，因此需要深刻的反思。我們的工作和我們與資本的關係可能不會完全定義我們，但卻是我們認為自己是誰的重要組成部分。

閱讀《資本論》可能會讓你停下來思考，你一天之中花了多少時間為自己賺取酬勞，又花了多少時間來讓你的雇主更富有——以及這是否公平。如果你的工作涉及你的判斷和知識的使用，為什麼你不應該掌控「生產方式」（你的思想），並收穫你勞動的成果？在馬克思的時代，商業是非常資本密集的，而今天有很多商業領域，人們可以在幾乎什麼也沒有的狀況下開始。技術進步與資本民主化相結合，意味著如果某個人想出一種成功產品或服務，就更容易擷取「剩餘價值」的果實。但是，要使資本主義變得人性化，所有致力於創造產品或服務的人都必須感受到他們正在獲得相應的報償。不平衡的勞資關係可能會帶來工作場所的反叛、人才流失，或者在社會層面透過投票來反抗「那一％的人」。

卡爾・馬克思

馬克思於一八一八年出生於普魯士萊茵蘭（Rhineland）的特里爾（Trier），他是九個孩子中的一個。馬克思的祖父和曾祖父是拉比，但他的自由派律師父親海因里希（Heinrich）讓這個家庭改信路德教派，以避免反猶太主義法律阻止他執業。馬克思的母親亨麗埃塔（Henrietta）來自一個富有的荷蘭猶太家族，後來這個家族開辦了飛利浦電子公司。

於特里爾文理中學（Trier Gymnasium），馬克思在拉丁語、希臘語、法語和德語方面獲得了扎實的基礎。他在波昂和柏林上大學，然後在耶拿大學（University of Jena）獲得博士學位，但由於被認為過於激進而無法獲得教職。一八四三年，他與普魯士貴族家庭的燕妮・馮・威斯伐倫（Jenny von Westphalen）結婚。他們後來有七個孩子。

一八四二年，馬克思開始為科隆（Cologne）激進的《新萊茵報》（*New Rheinische Zeitung*）工作。在它被當局關閉後，他搬到了巴黎，來到了這個社會主義思想中心，並與無政府主義者皮耶・約瑟夫・普魯東（Pierre Joseph Proudhon，以「財產就是竊盜」的說法而聞名）和米哈伊爾・巴枯寧（Mikhail Bakunin）往來，且跟隨後成為合作者的弗雷德里希・恩格斯（Friedrich Engels）成為朋友。在普魯士政府的壓力下，他於一八四五年被迫離開巴黎，然後他在布魯塞爾持續鼓動，並撰寫《共產黨宣言》（一八四八，見《一次讀懂政治學經典》）。在被比利時驅逐並被普魯士拒絕入境之後，馬克思於一八四九年移居倫敦。他從未被授予公民身分，但直到一八八四年去世前，他一直住在那裡。《資本論》的英文版直到一八八七年才出現。《資本論》的第二卷和第三卷由恩格斯從馬克思的筆記中匯集而成。

1986

穩定不穩定的經濟

Stabilizing an Unstable Economy

「確切地說，我們經濟的領導階層似乎並沒有意識到，在可能達成實際上普遍富足的過程之中，我們經濟體的正常運作會導致金融傷害和危機、通貨膨脹、貨幣貶值、失業和貧困——簡而言之，財務複雜的資本主義具有本質上的缺陷。」

「在防止大蕭條發生的同時，我們似乎擁有一個長期保持不穩定的系統。與過去每隔數十年才發生金融危機和大蕭條不同，如今危機和大蕭條的威脅每隔幾年就會出現。」

總結一句

一般認為，競爭市場經濟自然而然地創造了效率和穩定性。資本主義的繁榮、蕭條和金融危機，非但扭曲了長期投資並且增加了不平等，更顯示事實並非如此。

同場加映

張夏準《資本主義沒告訴你的23件事》(06章)
約翰．高伯瑞《1929年大崩盤》(12章)
約翰．梅納德．凱因斯《就業、利息與貨幣的一般理論》(19章)
麥可．路易士《大賣空》(23章)
羅伯．席勒《非理性繁榮》(43章)

28

海曼·明斯基

Hyman Minsky

在一九八〇年代，當大多數經濟學家正為金融創新和放鬆管制而歡呼時，特立獨行的經濟學家海曼·明斯基警告說，這些變革將資本主義轉變為早晚會發生的事故。「在一個充滿積極尋求利潤的商人和金融中介商的世界裡，」他在《穩定不穩定的經濟》中寫道，「創新者的速度將永遠快過監管機構。」市場可能在大部分時間內有效地分配資源，但影響人們生活和生計關於穩定和公平的大問題，必定仍是**政策**與**政治**的問題。經濟體的最終擁有者是公民及他們的政府，而不是銀行和公司。

當二〇〇七年至二〇〇八年金融危機爆發時，明斯基突然變得像個先知。聯邦準備銀行的珍妮特·葉倫（Janet Yellen）後來寫了一篇於二〇〇九年發表的文章〈明斯基核心熔毀：中央銀行家的教訓〉（Minsky Meltdown: Lessons for Central Bankers），而「明斯基時刻」此一術語（由基金經理保羅·麥卡利〔Paul McCulley〕所創，以解釋一九九八年俄羅斯金融危機時，債務爆炸的同一時間，資產價格也正在下跌）現在則適用於美國，此處的金融創新掩蓋了次級抵押貸款債券市場的風險。

金融體系：幫助還是阻礙？

明斯基指出，第二次世界大戰後的二十年，一九四六年至一九六六年，其特色是持續成長和相對穩定。金融體系強健且能抵禦危機，並為成長中的經濟體服務。然而，從一九六〇年代後期開始，通貨膨脹逐漸增加，失業率上升，利率也提高。破產事件正同步增長，伴隨著能源危機和都市問題。一九六六年的信貸危機之後緊跟著是一九七〇年的金融「近乎危機」(near crises)，接著是一九七四年至一九七五年、一九七九年至一九八〇年和一九八二年至一九八三年，每一次的情況都比前一次更糟糕。明斯基認為，戰後幾十年美國金融體系緩慢地發生變化，基礎逐漸受到侵蝕，並「易受危機影響」。他認為一九八二年是半永久性金融動盪時代的開端。

明斯基認為，在大多數情況下，分散的市場是大多數經濟體實現成長和穩定的最佳方式，但有一些重要的提醒。金融和信貸是這臺機器中的石油，因此是需要強力監管的公共財。信用過少或是過多，可能將某個市場修正轉變為蕭條。如果資產價值處於投機和崩潰的持續週期中，並且就業率像溜溜球一樣上下波動，那麼這種情況對資本主義經濟來說極為嚴重。商業週期的不確定性，意味著人們不會如同他們在更平靜的系統中那樣進行長期投資。由於更不穩定的經濟提供了從投機中賺錢的機會，因此投機開始主導長期投資和企業。

明斯基思想的核心是，「經濟系統不是自然系統。經濟是透過立法或發明和創新的演化過程所創造的社會組織。」制度自然地發展，然而新事件需要新的制度，或是對現有制度做些調整。在凱因斯之後，明斯基認為制度和政策必須努力實現三個面向：經濟效率、社會公平和個人自由。

與穩定同行

在戰後凱因斯主義的經濟共識中，穩定與繁榮被認為有兩個重要因素：福利國家（或明斯基稱之為「大政府」），以及作為最後貸款人的中央銀行。一九七〇年代和一九八〇年代初的金融危機都導致經濟衰退，但它們並沒有造成蕭條，因為政府以資格權益方案（類似社會保障）、支付赤字的證券（類似債券）來穩定經濟，並藉由中央銀行採取行動捍衛並穩定該系統。在每種情況下，通貨膨脹的上升成了權衡取捨的結果。

到了一九七五年，美國政府在福利方面的支出，比政府在財貨和勞務上的支出多了二〇%。這聽起來令人震驚，但事實上，如果你有很大一部分國家可支配所得（比如說一五%至二〇%）獨立於私人企業（且在經濟衰退期間，當失業保險增加時，有更高的比例），它自然會對經濟產生穩定的作用，因為無論情況如何人們都會繼續消費。如果政府處於赤字支出模式，強健的可支配所得也意味著在不景氣時，企業利潤得以保持，甚至增加。具有自動大規模產生赤字潛力的大政府，「在經濟潛藏的螺旋式下降時，在下頭墊了一層頗高的基底。」這在企業和家庭債臺高築的世界中變得尤為重要，因為這意味著公司和家庭可以繼續為這筆債務提供服務，而不會破產或違約。

在大政府透過其赤字支出來穩定產出、就業和利潤的同時，聯邦準備銀行和與之合作的私人機構透過購買金融資產或接受其作為抵押品，來穩定資產價值和金融市場，否則這些金融資產根本無法售出——或即使它們被出售，也只能獲得極低的報酬。在購買這種「部位」時，機構將這些資產轉換為無風險資產。

受到一九〇七年恐慌的推波助瀾，「最後貸款人」的功能成為一九一三年建立聯邦準備系統的關鍵原因。這個功能的明顯問題是，涉及金融投機的一些風險減少了。這反過來又使金融體系更加不穩定，因為銀行可以參與「賭場資本主義」，它們知道如果一切都出錯，它們將可能會獲得紓困。

不穩定性如何增長

明斯基認為，跟隨在經濟繁榮期之後出現的實質恐慌、通貨緊縮和蕭條，並不像邁向繁榮時期那些年的經濟變化那麼重要。「不穩定浮現了，」他說道，「因為相對平靜的成長期轉變為投機熱潮。」公司、銀行和其他金融仲介商會對越來越成功的經濟情況做出反應。各式各樣的企業都會增加風險投資的曝險部位，這些投資在繁榮的光芒中，似乎沒有任何風險。在「平靜擴張」期間，銀行尋求透過發明新形式的貨幣、證券和金融工具來賺取更多利潤。如果投資活動運作良好，對資產的需求會增加，價格也會上漲。

然而，這種充分就業伴隨穩定價格的平靜均衡不會永遠持續下去，因為金融創新將一直致力於將資產價格提升到超出經濟均衡的要求。因此，金融創新成為資本主義的關鍵不均衡因素，將經濟從健康但適度的成長，轉向投機熱潮。對實體經濟本身而言，金融業開始移動「過快」。繁榮的景氣將投資環境從穩定的長期投資視野，轉變為適應短期收益。

明斯基將這兩種資本主義進行區分。較舊的類型主要由自己擁有公司的人組成。公司和資本資產的交易有限。較新的類型，即我們現在所生活的「企業資本主義」經濟，大規模地擴大了買賣的範圍，包含了公司、債務，以及由它們所生產出的資本資產。本質上曾是實體財貨和勞務市場的金融化使現代經濟更加複雜許多——風險也更大。凱因斯注意到，資本主義經濟得以確保運行，是透過運用有關安全邊際的既定經驗法則來進行借款和貸款。但明斯基指出，「過去成功的歷史往往會削弱企業和銀行家所需的安全邊際。」由過度自信和傲慢所產生的災難性賭注總是經常發生。如果影響僅限於下注的公司，事情就不會那麼糟糕了，但一般來說通常是社會大眾最終得為紓困付出代價。

債務並非都是一樣的

明斯基區分了三種類型的借款人：對沖借款人，他們能夠由目前的現金流，隨著時間推移，償還所借款項的利息和本金；投機借款人，有能力償還貸款利息，但必須定期地重新借入本金；還有龐氏借款人，他既無法支付利息也無力償還本金，但卻根據他以貸款融資購買的資產價格將會繼續上漲來獲得貸款，這樣他就可以在某個時候出售資產，還清貸款，並且仍然獲利。

第二種和第三種借款標示著直至二〇〇七年房地產泡沫的特徵，當時房地產的價格是如此穩步上揚，以至於償還貸款的想法開始顯得古怪。人們用自己的房屋淨值作為自動提款機，而非償還抵押貸款——但當房價開始下跌時，未償還的債務終於顯得事關重大，而大規模違約開始發生。由於銀行和貸款人吃盡苦頭，他們甚至停止向有良好財務狀況和前景的人提供貸款。

該怎麼辦？

明斯基從凱因斯那裡學到的是，市場是解決許多不太重要的決策和分配的良好機制，但無法倚賴其解決諸如公平、效率和穩定等問題。明斯基幾乎令人震驚的結論是，「資本主義存在著缺陷，主要是因為它資本處理不佳」。因為政府需要抵消私人投資的波動，以使利潤和就業保持穩定，明斯基認為，政府必須具備一定的規模，約占GDP的一六—二〇％，或相當於私人投資的正常水準。他呼籲建立一個不僅僅是最後貸款人的活躍央行，而是積極引導銀行和金融機構的發展，以防止週期性的不穩定。

在其著作的尾聲，明斯基警告私人銀行的利益衝突，它們原本的目的是要為客戶和存款人的利益而行事，但它們總是試圖從這些被迫的大眾那裡賺錢。由於銀行的自然利潤誘使它們對風險越來越高的貸款感到極大興趣，他建議強制要求股東權益與資產比率，以限制投機性銀行活動的風險。當然，這就是二〇〇八年金融危機後，隨著更大的資本緩衝實行，世界各國政府必須採取的措施。

總評

明斯基總結道，金融創新可能會使不穩定成為資本主義的永久特徵，而正是不穩定帶來了失業、貨幣波動、通貨膨脹和緊縮以及貧困。政策制定者呼籲改變稅法或中央銀行的運作，但這些事情實際上只是在瞎攪一氣。信貸緊縮、通貨膨脹螺旋和銀行業危機被認為是由於「衝擊」和「錯誤」，而不是需要公共政策解決的系統性原因。明斯基說，不應該允許新古典主義「均衡」的信徒接近政府的決策槓桿，因為「有意義的改革不能由一個本身就是現有情況設計者的顧問或行政菁英來完成……**只有批判資本主義的經濟學才能成為資本主義成功政策的指南**」。

真正的任務是對金融體系進行結構性改革，但即使在當時，明斯基也警告說：「不穩定，會在一系列改革之後停息，但經過一段時間後，將以新的形式出現。」一個真正可持續的資本主義，需要政府永遠不要將金融置於生產經濟的需要之前。否則，將會有更多的「明斯基時刻」來臨。

海曼・明斯基

明斯基出生於一九一九年，他在芝加哥度過成長歲月，而他的白俄羅斯移民父母在那裡積極參與勞工和社會主義政治。他畢業於位在紐約市的高中，但回到芝加哥攻讀數學學士學位。他在哈佛大學取得經濟學碩士和博士學位，他的老師包括約瑟夫・熊彼得和瓦西里・列昂季耶夫（Wassily Leontief）。

他從擔任凱因斯經濟學家阿爾文・漢森（Alvin Hansen）的助手展開他的教學生涯，後來加入卡內基科技大學（現在的卡內基・美隆大學）和布朗大學（一九四九—一九五八），之後在加州大學柏克萊分校任職。從一九六五年到一九九〇年，他是聖路易斯華盛頓大學的經濟學教授。

明斯基的其他著作是《約翰・梅納德・凱因斯》（*John Maynard Keynes*，一九七五）。他於一九九六年去世。有關更多信息，請參閱蘭德・瑞（L. Randall Wray）《明斯基時刻：如何應對下一場金融危機》（*Why Minsky Matters: An Introduction to the Work of a Maverick Economist*，二〇一五）。

1949

人的行為

Human Action

「如果不注意經濟學對當權者進行自負的挑戰此一事實，就不可能理解經濟思想的歷史。經濟學家永遠不會成為獨裁者和煽動者的最愛。與他們同在時，他總是那個惡作劇者，他們越是深信他的異議具有充分的根據，就越是恨他。」

「它（國家）保護個人的生命、健康和財產免受本地流氓和外部仇敵的暴力或欺詐侵擾。因此，國家創造並保留了市場經濟可以安全運作的環境……每個人都是自由的；沒有人受到暴君的影響。個人自願將自己融入合作體系之中。市場指引著他，並向他揭示了他能以何種方式最適切地促進自己和其他人的福祉。」

總結一句

相較於政治經濟的傳統模式，市場經濟的勝出是歷史上最重要的事件，讓個人的力量得到釋放。

同場加映

米爾頓・傅利曼《資本主義與自由》（11章）
弗雷德里希・海耶克《知識在社會中的運用》（16章）
迪爾德麗・麥克洛斯基《布爾喬亞的平等》（24章）
艾茵・蘭德《資本主義：未知的理想》（35章）
約瑟夫・熊彼得《資本主義、社會主義與民主》（40章）

29

路德維希·馮·米塞斯

Ludwig von Mises

如果有一個自由市場經濟學的博物館，那麼主要的展示不應該是弗雷德里希·海耶克、米爾頓·傅利曼或艾茵·蘭德，而該是在他們所有人之前的人：奧地利政治經濟學家路德維希·馮·米塞斯。

他的巨著《人的行為》是在資本主義風雨飄搖並受到馬克思主義和法西斯主義的攻擊時寫成，他覺得有必要為他認為唯一可行的經濟和政治制度提供令人信服的哲學理由。促使他行動的是在一九三〇年代「社會主義計算辯論」中所提出的想法，即「市場社會主義」（計畫經濟和有限市場的混合）是未來的方向。馮·米塞斯認為，如果沒有支撐自由市場的價格體系，你就無法計算。

《人的行為》，或其原始的德國版本（*Nationalökonomie: Theorie des Handelns und Wirtschaftens*，一九四〇），花了馮·米塞斯五年的時間待在日內瓦寫作，旨在提供一個完整、統一的經濟學理論，後來被稱為「奧地利學派」。在正常情況下，這樣一本書（它有四卷並超過八百頁）可能會讓馮·米塞斯成為眾人矚目的焦點，但在一九三八年德國併吞奧地利的德奧合併之後，他的想法和反法西斯主義使他處於危險之中。當他在瑞士的期間，納粹洗劫了他在維也納的公寓，而他的瑞士出版商不能在德國出售這本書。他和妻子決定移居美國，最終卻因禍得福。隨著一部全新、增補後的英文版《人的行為》於一九四九年出版，馮．米塞斯的觀點獲得了比他留在歐洲時更廣泛的受眾。奧地利經濟學移植到美國之後，找到了它精神上的家園。

奧地利學派的影響在一九七四年達到了一個轉捩點，當時馮．米塞斯的弟子海耶克獲得了諾貝爾經濟學獎。在凱因斯主義經濟學帶來的停滯性通貨膨脹（經濟停滯與通貨膨脹相結合）盛行的時代，馮．米塞斯、海耶克和傅利曼的思想長期處於經濟學的邊緣地帶，現在則已經成為主流思潮。

經濟學為我們做了什麼

馮．米塞斯指出，在整個歷史中，社會問題被認為是道德問題。你所需要的只是開明的統治者和善良的公民，就能向前推進。但很明顯，市場現象有其自身的邏輯，而「好」和「壞」、「公平」和「不公平」的舊標籤，與經濟往來毫不相干。市場競技場裡的成功，運作上似乎獨立於道德意義上的「應該」如何。因此，要了解社會，你必須研究在經濟領域中人類如何行動。經濟學如實地對待人，而非其應該，或是可能如何。

在幼兒時期，經濟學作為一門學科，具有關於追求財富和利潤的形象；生活的其餘部分毫無疑問地絕對**不是**經濟學的範疇。但馮．米塞斯非常感興趣的是選擇和偏好，或者是一般的人類行為。在這樣的架構下，經濟學就僅是普遍科學「人類行為學」或人類選擇一般理論的一部分。

在他寫作時，社會主義者認為經濟學家是「資本的追隨者」，卻沒有意識到經濟學，或者最低限度是人類行為的真正科學，在文化上是中立的。人們無法將經濟領域的行為描述為中產階級、西方或猶太，一如無法用這種方式描述物理學理論。事實上，試圖以這種方式描繪經濟學的社會主義者、種族主義者和民族主義者從未成功，馮．米塞斯指出，因為它構成了一套超越文化和時間的法則，因此比諸如種族、國家或社會進步等宏觀理論更加可靠和有用。

經濟學的批評者認為它並沒有終結飢餓、失業、戰爭或暴政。馮．米塞斯寫道，他們沒有回憶起古典經濟學家在揭露已建立的習俗、法律和庇護上的不合理性和腐敗方面發揮至關重要的作用，並促進自由的價值和政府形式，使技術和創新從桎梏中解脫，在此過程中使社會變得更富裕，且比原先可以成為的樣貌更好。正是由於經濟學家們主張商業的社會利益：競爭是好的；舊的生產方法不應受到保護；機器可以創造財富而不是破壞財富；政府不應該阻礙創新。自由放任政策與工業革命恰然相逢並非偶然；政治自由主義正是工業革命的基礎。

馮．米塞斯認為，決定人類應該追求的目標或最後結果，並非任何科學的工作，科學的工作只是描述事物是如何在現實中運作。在經濟學中，政府的工作不是去說人們應該採取什麼行動，而只是成為接生人類聰明才智的絕佳助產士。

人類行為

人類行為的目標是消除某種不安，這種不安可能是任何事物，從對食物或性的渴望，到對一個同伴困境的關注，而這種行為的需要就是建立文明的基礎。人們生於某種特定的環境中，重要的是他們如何在環境中行動，以達成他們的目標。人類不僅僅是其環境的玩物，而是可以透過他們的行動來改變他們的環境。馬克思說的全是關於「歷史的力量」，彷彿個人沒有按照自己的意願做出選擇似的，但對於馮．米塞斯來說，是個人懷抱夢想並踏實築夢，而不是「社會」。政府只為提供基礎人身保護及防禦而存在，必須約束政府透過控制來「提升」其公民的渴望。自由市場狀態的美妙之處在於每個人都可以選擇自己的道路。任何其他形式的政治經濟都是錯誤的，因為「沒有人能夠頒布命令，宣告什麼事物應該讓另一個人更快樂」。

經濟學這門學問「不是關於財貨和勞務」，馮．米塞斯說，「這是關於活人的行為」。它關切理性勝過意識型態。因此，馮．米塞斯把那些必須對可能的未來進行理性計算的企業家，置於他哲學和政治經濟的中心。

理性的紀律

在「對理性的反抗」章節中，馮．米塞斯認為，馬克思主義、種族主義和民族主義都是試圖忽視或取代理性的意識型態。「一個理論僅受理性審判。」他說，而如果證明正確，則必須對資本家或馬克思主義者有效，一如對美國人和對中國人皆為有效。

經濟法則在古羅馬或印加帝國與今天一樣有效。沒有文化、宗教或政治的「特殊情況」。每一位領導人和政府似乎都擁有權力的自負，但事實上，「經濟歷史是政府失敗政策的長期紀錄，因為它們的設計大膽而無視經濟法則。」服務於強國的顧問和哲學家提出了許多經濟上以不負責任的方式行事的計畫，但這些計畫總是顯得窒礙難行。有鑑於此，馮．米塞斯寫道，一位真正的經濟學家「永遠不會成為獨裁者和煽動者的最愛。與他們同在時，他總是那個惡作劇者，他們越是深信他的異議具有充分的根據，就越是恨他」。

總評

所有意識型態都涉及難以抗拒的思想純淨。社會主義者認為，**要是**世界能擺脫不穩定的市場力量，並且將財富由貪婪的人那裡重新分配，那將會是一個很好的地方。自由主義者則聲稱，**要是**政府讓步，並且讓個人統治，我們將生活在天堂。

而真相總是更加微妙，正如馮・米塞斯在成為美國公民之後所發現的那樣。他在那裡大紅大紫，但這只是因為有個由大量稅收支撐的強大國家，為許多的自由和保護權益提供保證。對於那些一直認為國家並非文明發生的原因，而無論國家為何，文明早已發生的人來說，有趣的是，他作為哲學家的復興歸功於政治自由，而不是資本主義本身。他在後來的《人的行為》版本中承認了這一點。這樣的悖論讓人想起馬克思（在光譜的另一端），他之所以能夠像學者一樣生活，是因為他有錢的夥伴恩格斯和妻子燕妮富裕家庭的慷慨贈與。

儘管如此，按類似於馬克思《資本論》對社會主義影響的方式，本書以奧地利學派偉大紀念碑的姿態巍峨卓立，此學派是資本主義意識型態的極端。如果你認為政府已經悄悄進入了太多的生活領域，或者認為在呼籲建立更大的「社會」或社群主義（communalism）的情況下，個別機構已然被遺忘，那麼閱讀馮・米塞斯就是解藥。

路德維希・馮・米塞斯

馮・米塞斯於一八八一年出生於倫貝格（Lemberg），此處後來成為奧匈帝國的一部分，現在則是烏克蘭的利沃夫（Lviv）。他的家人後來搬到了維也納，他在那裡學習經濟學和法律，並於一九〇六年畢業。他開始在維也納工商會工作，從一九一二年起擔任其首席經濟學家。在第一次世界大戰期間，他是奧地利－匈牙利作戰行動的砲手和經濟顧問。他還曾擔任奧地利財政大臣恩格爾伯特・多爾福斯（Engelbert Dollfuss）和奧托・馮・哈布斯堡（Otto von Habsburg）的顧問，後者的皇室家庭在一九一八年失去了權力。

最初德文版的《人的行為》是馮・米塞斯在日內瓦高級國際關係學院擔任國際經濟關係主席時編寫而成。他於一九四〇年在洛克菲勒基金會的幫助下來到美國，並於一九四五年至一九六九年在紐約大學擔任無薪訪問教授。他在紐約大學的一名學生是穆瑞・羅斯巴德（Murray Rothbard），他後來寫了自由主義經典《人、經濟與國家》（*Man, Economy, and State*，一九六二）。從兩人是奧地利金融管理部門的同事起，他便認識海耶克，並且他也是紐約知識界的一分子，圈內人物包括艾茵・蘭德。一九四七年，他共同創立了提倡自由市場的朝聖山學社（Mont Pelerin Society）。

其他著作包括《貨幣與信用原理》（*The Theory of Money and Credit*，一九一二）、《自由與繁榮的國度》（*Liberalism*，一九二七）、《萬能政府與官僚體制》（*Omnipotent Government and Bureaucracy*，

一九四四）和《反資本主義心境》（*The Anti-Capitalist Mentality*，一九五七）。馮・米塞斯於一九七三年去世。

2010

死亡援助

Dead Aid

「顯而易見的是，民主並非援助支持者維持經濟成長的先決條件。相反地，經濟成長是民主的先決條件；而經濟成長所不需要的一件事就是援助。」

「儘管聽起來有點鐵石心腸，但比起在依賴援助的經濟中遇到經濟困境而挫敗絕望，最好是在蓬勃發展的經濟中帶著期望面對經濟困難。」

總結一句

援助就像一種藥物，且就像任何藥物一樣，販毒者和成癮者很難戒掉這種習慣。

同場加映

張夏準《資本主義沒告訴你的23件事》(06章)
尼爾．弗格森《貨幣崛起》(10章)
娜歐蜜．克萊恩《震撼主義》(20章)
赫南多．德．索托《資本的祕密》(46章)

30

丹比薩・莫約

Dambisa Moyo

正如尚比亞經濟學家丹比薩・莫約所說的那樣，「援助的流行文化」（讓貧窮成為歷史、現場八方、千禧年發展目標、波諾、鮑勃・格爾多夫）為關於非洲的發展「有些事情正在做」的信念，提供了一個出口。我們遭受贈與請求的狂轟猛炸，因為唯一能阻止人們死亡或過上更好生活的就是我們的慷慨。有一種深刻、幾乎無可置疑的假設，即富人有責任以這種方式幫助窮人。莫約說，援助是「我們這個時代最重要的想法之一」，所以需要勇氣來質疑當初那些支持援助典範的大型機構、政府、跨國慈善機構和名人。

但援助實際上有效嗎？當許多其他發展中國家在過去五十年中晉升繁榮的行列時，為什麼許多非洲國家大多失敗或被拋在後頭呢？

莫約強調，她沒有任何反對緊急和人道主義援助的意思（並補充說明對於樂施會和無國界醫生組織的喜愛），但指出相對於政府對政府的移轉性支付以及世界銀行和其他金融機構援助的規模，這種援助實際上「無關緊要」。這種援助的很大一部分是以低於市場利率的貸款形式，以及很長的還款期。鑑於這些簡單的條款，以及貸款經常被免除的事實，在非洲領導人的頭腦中，直接補助金和貸款之間的界線已經變得不那麼明確了。因此，莫約將優惠貸款和補助款置於同一「援助」的項目之下。

《死亡援助》是論戰性而非學術性的作品，因此會被人批評採取挑選過的事實以符合其論點，但莫約提供的證據令人不安。大量流入的援助金減少了儲蓄的誘因，增加通貨膨脹和腐敗，並阻止了建立機構和產業及吸引外來直接投資（FDI）的艱苦工作。然而，她的書「並非叫人絕望的忠告」。事實上，她說，對援助妄想的深刻覺悟是種解放，且是非洲繁榮的開端。

援助的簡史

在一九五〇年代和一九六〇年代，三十一個非洲國家實現了脫離殖民統治而獨立，未來看起來一片光明。然而，舊的殖民國家迫不及待地想要在他們投注了大量資源的國家中，保持金融立足點，而援助看起來是達成此一目標的好方法。還有一個地緣政治的面向：冷戰的情勢要求新獨立的國家選擇他們效忠的對象，這意味著在政治經濟學的資本主義或社會主義模式之間做出選擇。美國和蘇聯都很樂意支持獨裁者，從伊迪．阿敏（Idi Amin）到塞繆爾．多伊（Samuel Doe）到蒙博托．塞塞．塞科（Mobutu Sese Seko），而援助是拉攏該國站在同一陣線的重要手段；是否有任何實質發展正在發生則是次要的。

從一九六〇年代起，援助不斷增加，並且有種朝向資助大型工業和基礎設施項目的傾向；到了一九七〇年代中期，援助的一半用於建設道路、港口、汙水處理系統、電力和水利項目。這樣的情況又由新的重點項目所取代，涉及農業和農村發展、住宅供給、教育、健康、大規模接種、成人掃盲和營養不良的預防。到了一九八〇年代初，重點再次轉變，改成減輕貧困；援助資金的一半用於此，而前十年這部分只占了一〇%。為什麼轉變？成長和工業化的策略大多失敗了，而由於石油價格衝擊使利率上升，情況變得更糟。許多非洲國家所擁有的是浮動利率的援助貸款，這些債務現在帶來嚴重後果，特別是隨著富裕國家的高利率導致經濟衰退，因此對貧窮國家的出口品需求下降。大多數債務都進行了重組以避免違約，從而避免全球金融危機，但這樣的結果只是更進一步依賴援助。

儘管援助的金額創紀錄地高，非洲澈底失敗的經濟促使人們轉向新自由主義的想法。現在，走向繁榮的唯一合理途徑似乎是自由放任的經濟學，正如「亞洲四小龍」以市場為中心和外向型政策所證明的那樣。與此同時，在英國和美國，經歷了多年社會主義的緩慢發展之後，米爾頓．傅利曼和芝加哥學派經濟學的思想已經被採納，而且似乎運作良好。這些知識分子如今在全世界吹響了發展經濟學的號角，採取了涉及新的財政和貨幣嚴謹性的「穩定和結構性調整」制度，並確定了一個國家的進出口比率。結構調整意味著更大的貿易自由化以及取消關稅和補貼。世界銀行和國際貨幣基金組織率先建立了一個積極的新制度，將援助與自由市場解決方案連繫起來，包括減少國家的作用，使國有化產業私有化，以及削減公務員。

得到美國財政部支持的「華盛頓共識」，在貧窮國家運作的方式上產生如此巨大的變化，以至於此一共識就意味著「休克治療」，這是借用娜歐蜜．克萊恩的話來說。它有用嗎？各國現在可以按照自己的條件自由地取得成功，但莫約指出，他們也可以自由地失敗。隨著龐大堆積如山的債務等待償還，他們失敗的可能性很大。出現了一種悲慘局面，即支付給富國的貸款利息，使外國援助的流入金額相形見絀。與此同時，腐敗的現象仍然有增無減。莫約講述了薩伊總統蒙博托（Mobutu）的故事，這位總統才剛在與雷根總統的會晤中獲得了有關他的國家五十億美元外債的更佳條件，隨後馬上租了一輛協和式客機，將他的女兒載到她的象牙海岸婚禮上。

隨著千禧年的到來，人們有一種感覺，如果非洲的債務可以被寬恕，它最終可能得以實現繁榮。在二〇〇五年的銀禧債務運動會議上，坦尚尼亞總統姆卡帕（Mkapa）表示，這是一個醜聞，「我們被迫在為人民提供基本健康和教育以及償還歷史債務之間做出選擇。」這種情緒只會增加西方人對貧窮的道德絕望感，並且讓給予、給予、再給予的訊息不斷有新的動力持續下去。許多債務確實被取消了，但依賴援助的文化仍然存在。質疑援助模式本身並不具有政治上的正確性，即使，正如盧安達總統保羅．卡加梅（Paul Kagame）所指出的那樣，經過了五十年和二兆美元的投入之後，「在經濟成長和人力發展方面幾乎沒有任何表現」。

是個關於制度化和民主化的問題？

莫約對非洲的困境的可能解釋進行研究。

第一個想法是，非洲豐富的自然資源和良好的土地並沒有被證明是個巨大優勢——事實上，這是一個詛咒。歷史表明，依賴自然資源的國家將理解，其經濟繁榮或蕭條取決於商品的價格，而在更可持續的領域幾乎沒有投資。有些人認為，殖民主義所殘留下的事物阻礙了非洲國家的發展，甚至有一種陰險的暗示，指非洲人自己明顯尚未達到發展所需的紀律。另一種觀點認為，非洲受到一千個不同部落身分認同的阻礙；光是奈及利亞在其一．五億人口中就有四百個部落，而事實上，部落間的敵對狀態往往導致戰爭和種族滅絕，例如一九九〇年代的盧安達。然後是「制度化」的論點：由道格拉斯．諾斯（Douglass North）和丹尼．羅德里克（以及更近期的《國家為什麼會失敗》的戴倫．艾塞默魯和詹姆斯．羅賓森——見《一次讀懂政治學經典》）證明了這一觀點，即缺乏明確的產權、缺乏對行政權的約束和普遍地治理不善是非洲萎靡不振的根本原因。最後，還有民主化論點：民主將成為非洲的救世主，因為它揭露了效率低下和腐敗，並使領導人無法挪用國家財富。正如阿馬蒂亞．森在《經濟發展與自由》中所說，民主領導人有強烈的動機來避免經濟災難以獲得連任。

莫約沒有太多時間討論這些論點；它們是藉口而不是原因。她說，民主的支持者一開始就弄錯了方法。思考一下智利，此國只有在明顯非民主領導人皮諾契特領導下發展出明確的產權、正常運作的機構和促進經濟成長的經濟政策**之後**，智利才轉變為民主國家。西方人認為，這些國家是異常的，儘管不是民主的，但不知何故取得了成功，但莫約說，一個令人不安的事實是，多黨民主實際上可能阻礙發展，至少在一個國家的成長初期是如此。「沒有人否認民主具有至關重要的價值，」莫約說，「只是這是個時機的問題。」對於身處貧困的非洲家庭來說，是否可以投票這個問題並不是什麼至關重要的事情。真正重要的是能否將食物放在桌面上，而這需要成長的經濟和些許的穩定。「顯而易見的是，民主不是援助支持者維持經濟成長的先決條件，」她寫道，「而經濟成長所不需要的就是援助。」

國際發展協會（The International Development Association）是一個成功發展中國家的俱樂部，包括中國、土耳其、智利、哥倫比亞、韓國和泰國，而在非洲，則有波札那和史瓦濟蘭。莫約指出，這些國家向來不貪圖援助；所有國家都將援助金額維持在低於GDP的一〇％。波札那在一九六〇年代所獲得的援助，確實高達GDP的二〇％，但該國的成長和穩定（它的每人平均所得是其他撒哈拉以南非洲地區的四倍）來自經濟開放、貨幣穩定、財政紀律和政府誠信。到了二〇〇〇年，援助在波札那國民所得中的占比僅為一．六％。「波札那的成功，」莫約說，「是透過停止依賴援助而達成。」

援助和腐敗

莫約說，援助的一個大問題是，無論你付出多少，它都會被轉移到非預期的區域（「更多的補助意味著更多的貪汙」），或是援助扭曲了當地市場，並影響了處於脆弱成長階段的當地企業。援助資金的流入減少了儲蓄的誘因，並中斷了建立機構和行業的繁重工作，從而減少了出口。

莫約提及經濟學家比爾·伊斯特利（Bill Easterly）的一項研究，該研究得出的結論是，如果尚比亞曾將所有收到的援助金明智地投資，其目前的每人平均所得將在二萬美元左右，而不是今日的五百美元。非洲領導人對炫目的計畫有著濃厚的興趣，但莫約說，計畫越大，領導者越有機會與特定人士簽約，而不是選擇最好的供應商。如果貪腐所得是在本國花掉（例如在中國和印度尼西亞），情況還不會那麼糟糕，但非洲那些由劫掠而得的資金和租金通常最後會出現在外國銀行的帳戶中。

外國援助透過提供現金來支持惡質政府，使其得以維持運作並增長權力。這些政府對於法治、認真的發展政策和財政紀律毫不尊重，如此一來意味著地方投資枯竭，且無法吸引外國投資，這使得貧窮的惡性循環持續存在。一九九七年世界銀行的一項研究發現，其貸款的七二%用於那些在履約和履行貸款條件方面紀錄不佳的國家。

如果對非洲最貧窮國家的援助繼續被誤用和濫用，那為什麼捐助者還是繼續給予資助？第一個原因就是放貸的壓力。世界銀行僱用了五千人，國際貨幣基金組織二千五百人，而其他聯合國機構五千人。再算上慈善援助機構、非政府組織和政府援助機構的二萬人，你就有了一個長期存在熱衷援助的的行業。

莫約還認為，非洲政府對大型援助者比對他們自己的中產階級還負責任，然而只有不斷增長的中產階級才能納稅，才能使一個國家真正經濟獨立。當政府因為可以依賴援助資金而停止收稅時，人與國家之間的連繫就會崩潰。且自然而然地，由於收入減少和國家成長衰退，援助使一個國家在本質上更適合革命和戰爭。反抗團體可能會在一個政治旗幟下組織起來，但大多時候他們想掌握國家，以便他們能夠侵吞援助資金。

援助的替代方案

如果援助不管用，那什麼才有用？

莫約認為，解決方案的一部分是債券，即一個國家由國際市場籌措資金以支付基礎設施或服務，並在一定時期內給付投入資金的利息。事實上，養老基金、共同基金和私人投資者對非洲債券有著健康的胃口，尋求比他們在國內獲得更高的回報，或是讓他們的投資組合多樣化。債券較有可能引致債券發行國的負責任行為，因為應付利率高於援助貸款（因此有誘因充分利用這些資金），並且在付款違約情事發生時，存在著懲罰性條款。債券的成功發行，賦予了非洲國家所渴望的國際市場信譽。他們可以從接受一籃子的援助方案，轉變為具有信用評等，並且有能力籌集更多資金，而不是不得不乞求施捨。非洲債券市場仍有很長的路要走（二〇一五年市值僅為七十億至八十億美元），但這提供了另一種替代援助的選項，使各國能夠適當地參與國際金融體系並增加所負的責任。

還有另一個領域可以對非洲的命運產生巨大影響。儘管非洲充滿了世界需要的商品和資源，其在全球貿易中的比例卻是太不像樣的一%（在一九五〇年代為三%）。非洲國家由於富裕國家給予農民每年價值數千億的農業補貼而損失慘重。歐盟補貼占歐洲農民收入的三分之一以上，而歐盟對糧食進口的關稅可高達三〇〇%。美國農業年度補貼高達二百億美元。貿易改革，而非援助，將使世界對於非洲來說變得截然不同。

總評

對於中國在非洲的角色，出現了諸多的批評，主要是因為它沒有附加上世界銀行、國際貨幣基金組織和聯合國各機構總是不變地將援助、補助和貸款與勞動、環境和人權條件掛勾的要求。然而，許多非洲領導人更願意成為中國政府和中國公司的合作夥伴，而不是被告知該做什麼的債務人。莫約指出，與利他主義的援助議題相比，中國當然是自私自利，但如果普通的非洲人也從中國投資中獲益，誰在乎呢？再怎樣也比援助模式下停滯和衰退的年代來得好。

事實上，非洲國家可以選擇與一些大國進行交易，特別是日本和印度，從而掌握對自己命運的控制權。正如塞內加爾總統韋德在二〇〇二年所說：「我從未見過一個國家透過援助或信貸而能夠自我發展。已經發展的國家——在歐洲、美國、日本，或諸如臺灣、韓國和新加坡等亞洲國家——全都已經相信自由市場。這不是什麼玄之又玄的事。非洲在獨立後採取了錯誤的道路。」

丹比薩・莫約

莫約於一九六九年出生於尚比亞的路沙卡。她一開始在尚比亞大學攻讀化學學位，但後來轉學到華盛頓特區的美國大學，並於一九九一年畢業。她在世界銀行工作了兩年，參與了「世界發展報告」，並在高盛擔任研究經濟學家近十年，從事債券市場、對沖基金和全球總體經濟業務。

莫約擁有哈佛大學約翰・甘迺迪政府學院的公共管理碩士學位和牛津大學（聖安東尼學院）的經濟學博士學位。她是巴克萊銀行、巴里克黃金、雪佛龍和希捷科技董事會的董事。她經常在諸如達沃斯世界經濟論壇和亞斯本研究所（the Aspen Institute）等會議上發表演說。

其他著作包括《西方迷失之路：西方的經濟模式是錯誤的》（*How the West Was Lost: Fifty Years of Economic Folly-And the Stark Choices that Lie Ahead*，二〇一一）、《當中國買下全世界：全球資源布局戰的

最大贏家，如何掌控世界商品的供需網絡》（*Winner Take All: China's Race for Resources and What It Means for the World*，二〇一二）。

1990

治理共有財

Governing the Commons

「若說人們可以在世界上觀察到什麼……那便是無論是國家還是市場，都無法使個人在長期有效利用自然資源系統方面取得一致性的成功。此外，個人所處的社群依賴於既不是國家也不是市場的機構來管理某些資源系統，並且長期而言獲得一定程度的成功。」

總結一句

水和森林等自然資源並不一定需要政府或法律運作良好。對資源有長期利益的利害關係人可以相互監管。

同場加映

羅納德・寇斯《廠商、市場與法律》(07章)
弗雷德里希・海耶克《知識在社會中的運用》(16章)
湯瑪斯・謝林《微觀動機與宏觀行為》(41章)
E・F・修馬克《小即是美》(39章)

31

伊莉諾・歐斯壯

Elinor Ostrom

我們經常聽到一些自然資源，例如漁場，遭受到破壞或枯竭的威脅。政府指責漁民過度捕撈，而漁民反過來說過多或不良的監管是罪魁禍首。無論哪種方式，人們使用「公地悲劇」這樣的說法，其中的強烈情感幫助那些支持強力中央政府監管的人提出他們的理由。

事實上，伊莉諾・歐斯壯說，無論是國家還是市場都不是許多自然資源問題的答案；很長一段時間以來，人們一直在解決這些問題而不仰賴任何一方。她是第一個整理數千個來自全世界、橫跨許多學門研究案例的人，含括農村社會學、人類學、史學、經濟學、政治學，森林學和生態學，這些案例呈現了人們如何創建自治機構管理「共用資源」（CPR）。

她指出，「共用資源問題都是參與者本身無法避免地產生次佳結果的困境，並且在某些情況下會帶來災難性的後果」這種假設，導致了許多不符合當地實際發生情況的模型。在人們只是想自行組織起來妥善管理資源的情況下，也沒有一個理論框架來指導人們該怎麼做。《治理共有財》提供了這樣的理論，並幫助她在二

○○九年獲得了諾貝爾經濟學獎，這是首次有女性獲得此項殊榮。

公共財不必得是悲劇

從亞里斯多德到霍布斯，許多人都注意到人們為追求自身利益而長期犧牲整體利益，並且當資源是免費的時候，就沒有人重視。在著名的一九六八年《科學》雜誌文章中，加勒特・哈丁（Garrett Hardin）舉了一個例子，即牧民藉由使用共同牧場於短期內獲利，而在導致最終過度放牧的過程中，只分擔了一小部分費用。這種「今天使用，明天再擔心未來」的態度使得他們正在使用的資源遭到破壞。「公地悲劇」的警告不僅與自然資源枯竭有關，並且還與人口過剩、區域戰爭和超支政府等問題有關。

歐斯壯說，這種想法假定人類在面對自己的自私驅動時無能為力，並且認為若任由人類自行決定，他們將會破壞全球的自然資源。顯而易見的解決方案似乎是嚴格的政府監管和高壓逼迫，但即使假設政府擅長做這件事，也很少有人關注創建和維持政府機構去監督和管理自然資源的巨大成本。另一個被提出來防止公地悲劇的解決方案，是用私有財產權取代所有常用資源。例如，公共的草地將一分為二，每位牧民都被授予所屬那一半的權利。現在，他們將不會相互競爭，而是進行一場與大自然本身對抗的遊戲。牧民開始看到任何收益都有更大的成本，因此相應地調整他對資源的使用，以保持土地的價值。這麼做似乎合情合理，直到人們意識到，每塊土地都是涵蓋了許多土地的較大自然資源**系統**的一部分。而且即使私有化可以在陸地上運作，該如何分割海洋呢？

總而言之，高度監管和私有化模式都對假定政府扮演核心的角色，無論是作為法律的起草者，還是作為產權的監管者，但這樣的角色對於公眾而言，總會產生真實且往往被低估的成本。

看看替代方案

歐斯壯的替代方案，是創建制度（通常既不是國家也不是私人，但可能涉及兩者的要素）以管理特定資源，但這個過程緩慢，而且往往很困難，同時也要考慮其使用歷史和所涉及的人員。各方參與設計合約，其中反映了他們對資源的緊密在地知識及當前狀態。雖然這一過程將涉及衝突，但不必訴諸司法系統來取得優勢或試圖制定法律，通常會帶來較低的成本。成功的過程還涉及搭便車者的問題——每個人都享受資源而不為其維護做出貢獻。

締約各方經常同意使用並遵守私人仲裁員或監督員，並且共同負擔成本。歐斯壯指出，這種安排已經在商業活動中使用，體育團隊也必然會遵守裁判的判決。退一步而言，當當事人和仲裁員都在現場，並且能夠查看並回報任何違反既成協議的事項，國家管制的手段可能就太過了。當然，自行監管的方法可能會出現許多問題，就如同中央管制和私有化一樣，但自行監管是讓資源使用者感到擁有所有權的一種選項。

歐斯壯舉例說明了為管理共同自然資源而發展出來的機構，包括瑞士瓦萊州（Valais canton）的山村特伯爾（Törbel），其安排可以追溯到十三世紀，用以規範五種公有財產的使用：高山牧場、森林、非生產性土地、灌溉系統以及穿過私人和公共土地的小徑和道路。所有公民都可以對村莊法規進行投票，這些法規規定了共同土地的正確和錯誤使用方式、安排糞肥的分配、維護高山道路和小屋，以及為各家庭分配一定數量的樹木用以建築和取暖。在瑞士和德國的阿爾卑斯山區，有各式各樣的此類協議，但充分遵守了讓私有財產能進行農業活動，以及讓公有財產能保持草地和森林的基本原則。這些社區，經由長期的經驗，知道什麼樣的土地適合私人所有、什麼樣的土地不適合。

洛杉磯和那裡的水

歐斯壯將這本書的一大部分，用來書寫她針對所生長的洛杉磯市其地下水使用管理機構演變的研究。由於周圍的山麓和山脈，洛杉磯的水一直排入地下沙子和礫石床，因此除了地表水之外，還創造了寶貴的資源。然而，隨著城市的發展，含水層被過度使用，水位開始下降到低於鄰近的太平洋水平面。這增加了海水填滿水井的可能性。在這樣一個乾燥的城市，這是一個滴答作響的環境定時炸彈。

法律規定，一塊土地的所有者（「上覆土地所有者」）只有權使用在該土地下流動的水。然而，這項權利沒有提供太大的安全性，因為抽取地下水顯然會受到鄰居更快速取水的影響。如果雙方就此向法院提起訴訟，則每個人都將被指定依「比例」使用，這通常意味著削減兩者的權利。私人和公共水公司被允許在沒有重疊土地所有者使用的區域抽取「剩餘的」水，而且當它們規模越大，擁有的權利就越多。然而大多數時候，沒有人真正知道是否存在剩餘的水，以及該區域的「安全產量」是多少。儘管有這些法律，但該系統相當於開放共用資源的取得，其中提取者不必將其行動對他人產生影響的成本計入。這種「抽水競賽」的最終結果可能是過度開發和鹽化，從而破壞了發展中城市的根本基礎。

由於他們面臨著訴訟和漫長且昂貴的法庭程序，在雷蒙德（Raymond）和洛杉磯西部區域取水的各方，包括市政府供水商和業界，共同達成協議，協議中限制水的總抽取量到一個能夠防止鹽化和枯竭的安全產出量，而法院則任命一位水務主管以確保協議得到遵守。協議的另一個影響是看到水權市場出現，適切地將資源的成本和收益納入考量。

這種比例使用協議是由「沒有人留下當傻瓜」的想法所推動，與先前的抽水競賽制度形成鮮明對比，在抽水競賽的情況下，某位用戶多提取的水來自於另一個人的損失。然而，一旦協議所創建的模型建立，地下水水位再次上升到健康水準，水的使用者和生產者獲得了用水的安全性，並且法律成本下降。結果是利害關係人更了解他們正在使用的資源，而且資源得到更好的管理，並經由稅收（支付監控和任何法律費用），他們得到更大的控制權。

保持在地化

歐斯壯承認，人們建立自治共同資源機構的能力，將取決於他們所生活的政治體制所允許的自主權利。在許多地方，資源的使用不是考量當地用戶或整體國家的利益來管理，而是由相互勾結的腐敗官員和私人組織競租。或者，國家官員認為缺乏管理共用資源的安排，而事實上，當地人民之間存在著長期非正式的使用期限和界限。在許多發展中國家，森林被國有化，理由是當地人民無法以產量豐富且可持續的方式管理森林，即使他們已經世世代代這樣做了。尼泊爾的「私人森林國有化法案」旨在「為整個國家保護森林」，但由於當地人認為他們失去了對自己森林的控制權，導致了任意和破壞性砍伐。如果他們不再是所有者或監護人，那麼他們自己成為搭便車者拿走他們能夠拿走的一切，似乎是理性的。只有當尼泊爾政府於一九七八年改變這項政策時，重新造林的現象才開始發生。

總評

可以說，共用資源的協議通常不如競爭市場在驅動效率方面的表現來得好，因為它們代表系統不受價格信號的驅動。對於個人而言，關注共用資源協議規則的策略，似乎比簡單地調整和利用市場價格變化的做法，更加模糊和不確定。另一方面，如果協議的一方僅參與短期利潤最大化以反映市場價格，則可能意味著對資源的嚴重損害。實際上，失去資源的可能性也許會使人們更想在崩壞之前從中提取資源。然而，什麼是「自私」則取決於一個人的時間框架；我是想今天從資源中提取一些東西，還是我想把它以良好的情況交給我的孩子？歐斯壯指出，這些涉及時間、家庭、風俗和地點的決定在短期內似乎效率不高，但從更長的時間框架來看，它們確實是理性的，並且有可能提出比市場的解決方案或國家強制的解決方案更好的結果。

伊莉諾・歐斯壯

歐斯壯於一九三三年出生於洛杉磯。她的母親是一位音樂家，而她的父親則從事舞臺布景設計。在比佛利山高中畢業後，她在加州大學洛杉磯分校主修政治學，並在企業工作了幾年，之後才回到學校攻讀碩士和博士學位。

一九六五年，她的丈夫在印第安納大學獲得了政治學教授職位，而她在那裡得到一個工作機會，教授「美國政府」，並於一九七四年成為教授。這對夫婦建立了政治理論與政治分析工作坊，該工作坊如今仍然提供有關民主制度、誘因機制和自行治理方面的研究和教學。二〇〇六年，歐斯壯在亞利桑那州立大學建立了機構多樣性研究中心。

歐斯壯在許多國家進行田野工作，並獲得了國家科學基金會、安德魯梅隆基金會、福特基金會、聯合國和美國地質調查局的研究資助。她被《時代》雜誌列入「一百位最具影響力人物」名單，該雜誌指出：「實際上世界上所有最緊迫的問題都需要採取集體行動。無論是環境保護、國際金融體系或是不平等的面向，歐斯壯的工作揭示了社會必須遵循的方向，以避免濫用共享資源。」她於二〇一二年去世。

2014

二十一世紀資本論

Capital in the Twnety-First Century

「因此，在人類歷史的大部分時間裡，不可避免的事實是資本回報率始終比產出（和收入）成長率至少高10到20倍。實際上，這個事實在很大程度上是社會本身的根本基礎：就是此一事實讓某一類企業主將自身投注於他們自己生計之外的事物。」

「未來的世界很可能會結合兩個昨日世界最糟糕的部分：來自財富繼承的極度不平等和以績效及生產力作為辯護的高度工資不平等（這樣的說法很少具有事實依據）。因此，菁英極端主義可能導致超級管理者和收租者之間的競爭，從而損害那些非此二者的人。」

總結一句

除非政府採用新形式的稅收和增加社會流動的方法，否則我們正在走向自19世紀以來從未見過的收入不平等程度——以及可能出現的政治動盪。

同場加映

羅伯・J・戈登《美國成長的興衰》（14章）
保羅・克魯曼《下一個榮景：政治如何搭救經濟》（21章）
卡爾・馬克思《資本論》（27章）
赫南多・德・索托《資本的祕密》（46章）
丹尼・羅德里克《全球化矛盾》（37章）

32

托瑪・皮凱提

Thomas Piketty

如同許多暢銷書一樣，沒有人真的預期《二十一世紀資本論》可以賣得這麼好。這本厚達七百頁的作品在二〇一三年以《二十一世紀的資本》（*Le capital auXXIsiècle*）在法國出版時並沒有引起轟動，甚至沒有成為該年排行榜前一百名的書籍。而是亞瑟・戈德哈默（Arthur Goldhammer）所翻譯的英文版本引發了公眾的想像，並令人難以置信地把它變成了一本經濟學暢銷書。為什麼呢？

皮凱提的世界觀當然不同於形塑經濟共識的美國東岸學者。不平等問題長期以來一直是法國政治辯論的一部分，但它現在也已經成為美國和英國的熱門議題——而這是一本深度學術研究，如皮凱提所說，在「長期以充滿偏見且缺乏事實根據為基礎的領域」中進行。特別是，皮凱提試圖揭露正統經濟學的謊言，即「潮水一漲，眾船皆高」。事實上，他認為，只有人類歷史上相對較短的時期，即「黃金三十年」（或第二次世界大戰後三十多年），當時國家政治傾向於勞動而不是資本。他認為，由於這一時期早已結束，只有重大的公共政策宣示（試回想GI法案對社會流動性的影響作為例子），可以拯救西方國家不受菁英階層（「超級管理者」）

和繼承財富的富人所統治。

皮凱提在他的介紹中寫道，作為法國人的一個優點是，經濟學家在他的國家並沒有得到高度尊重，這可以防止驕傲自恃，並迫使他們與其他社會科學家合作。事實上，《二十一世紀資本論》快要可以說彷彿是為他在巴黎的知識菁英朋友們所寫，他們對於經濟學嗤之以鼻。皮凱提承認，比起其他經濟學家，他更欽佩像費爾南・布勞岱爾（Fernand Braudel）、克勞德・李維史陀（Claude Levi-Strauss）和皮耶・布赫迪厄（Pierre Bordieau）這樣的歷史學家和社會學家。他說，經濟學永遠不應該試圖將自己從其他社會科學中獨立出來，並且他不遺餘力地將文學和歷史帶入他的分析中，包括參照珍・奧斯汀和巴爾札克的小說，他說這些小說告訴我們很多關於一七九〇年至一八三〇年間英國和法國財富分配的情況，以及這樣的分配如何影響社會生活和機會的各個層面。「在我看來，」皮凱提寫道，「這本書既是歷史又是經濟學的著作。」他說：「若如大多數經濟學家所做的那樣，只觀察以十年或二、三十年為期的數據，便隱藏了資本收入與工資收入之間比率的長期趨勢。」但近十五年來，取得過去三個世紀的經濟數據變得更加容易，為皮凱提三百年的調查奠定了基礎，該調查包括一百二十多個表格、圖表和插圖，以支持所提出的論點。

就像史蒂芬・霍金的《時間簡史》一樣，皮凱提的巨著有可能成為每個人都有的書之一，但很少有人真正讀過（或聽過——有聲書的時間長達二十六小時）。這本書當然很厚，需要集中注意力，但並不是特別困難。讓它成為你今年的計畫之一，而你將獲得豐厚的回報。

當過去統治未來

皮凱提的基本問題是，資本主義是否會不可避免地導致更大的收入不平等？或者從長遠來看，競爭、成長和技術的進步是否會帶來更大的收入平等？

他花了幾頁的篇幅討論美國經濟學家西蒙・庫茲涅茨的研究，他是第一個適切衡量美國收入分配的人。庫茲涅茨一九五五年發表的論文〈經濟成長與收入不平等〉導出了「庫茲涅茨曲線」，即在工業化的早期階段，是資本而不是勞動帶來了最大的利益，因為資本能夠從新技術中獲利。但隨著工業化的成熟，社會更大部分的人能夠以更高的實際工資分享其成果：「潮水一漲，眾船皆高。」

皮凱提表示同意，但他指出，直至十九世紀後三分之一，英國工廠勞工的實際收入並未增加，那已是工業革命開始之後的好幾代了。儘管經濟成長加速，但大多數早期的收益都流入工業家和土地所有者手中。狄更斯在《孤雛淚》和雨果在《悲慘世界》中所描繪的場景在歷史上是正確的：工人階級收入停滯不前，而其他人則享受了一些奇妙的財富增長。如果第一次世界大戰沒有發生，皮凱提說，資本和勞力之間的不平等可能將繼續增加。得出現像世界大戰這麼震撼的事件，才能讓情況有所改變。

他的觀點是，庫茲涅茨曲線不是無可動搖的法則，而是一個意識型態驅動的概念，在冷戰期間將資本主義的好處灌輸給窮國。但如果庫茲涅茨曲線不是真的，那它究竟離實際情況有多遠？我們這個時代的跡象並不好；包括網際網路在內的新資訊科技為少數人創造了巨大的財富，而大多數人的工資成長卻非常少。即使技術進步，勞工於國民收入中的占比也沒有顯示出成長的跡象（事實上，有一些工作已經完全消失）。皮凱提說，真正的問題是，即使在充足的教育、技能和培訓以及市場效率高的世界中，不平等加劇的情況也會發生。

他指出了一個令人不安的數學事實，即在經濟成長緩慢的時期（例如現在的富裕世界），資本在國民財富中的占比增長得更快。與其去做建立公司和投資人才的艱苦工作，富人成為收取房地產、股票和其他資本孳息的收租者還比較有利可圖。此外，如果創造的新財富不多，現有財富就會變得更加重要。當資本回報率超過全國經濟成長率時——以公式「r＞g」表示，其中資本回報率（r）大於成長率（g）——富人很容易變得更富有，即使窮人或中產階級的工資停滯不前或下降。皮凱提說，更大的財產權、更自由的市場或更激烈的競爭不會使情況變得更好，因為更完美的市場傾向於幫助資本而不是勞工。

資本捲土重來

經濟成長由兩部分組成：人口增長帶來的成長，以及每人平均生產力增長帶來的成長。在人類歷史的大部分時間裡，生產力幾乎沒有增長，只有人口增長。工業革命改變了這一切。一七〇〇年至二〇一二年期間，成長率為一．六％，其中一半是由於每人平均生產力的實際增長。這聽起來並不多，但考慮到在三十年內，只要百分之一的成長率，將使生活水準提高約三分之一。成長率為二%，則將提高一倍。

第二次世界大戰後的三十年間，由於嬰兒潮、技術進步和戰後重建的努力等因素幸運地結合，成長率非常高。但是這個人們認為是正常高成長模式開端的「黃金三十年」，如今看來似乎是規則中的例外情況。隨著世界人口增長放緩，而日本等一些國家的人口確實在下降，富裕國家要能高成長的機會很小。

但人口增長率下降與皮凱提的主要題目——不平等——有什麼關係？人口增長加快的結果之一，是它減少了繼承財富的力量。例如，如果您來自七口之家，那麼您在家庭財富中的占比可能不會很大。最好依靠自己的努力來建立財富。在快速成長的經濟體中（就生產和人口而言），與您今天的收入相比，您的父母或曾祖父母的收入不會太高。一個年成長率只要有百分之一的社會，將對一整代的人造成巨大改變。生產方式改變，創造新的就業機會，從而增加社會流動性，有利於收入而不是資本，諸如此類。相比之下，一個不發展的社會將一代一代保持著相同的社會結構以及所有權和生產模式。一個高儲蓄、成長緩慢的國家（皮凱提使用「準停滯」此一術語），隨著時間的推移，將會看到天平向資本傾斜，並且遠離工資收入。

在第一次世界大戰之前，大多數歐洲人一生都在努力為那些從來不必工作的人，以微薄的代價工作著。法國和英國最富裕的一%人口，擁有國家的一**半**財富。因此，占了人口四〇%的有產中產階級的崛起，是二十世紀發生的巨大變化之一，這導致此人口區塊獲取了歐洲三分之一的財富。這樣的情況之所以發生，部分是因為前一〇%有錢人的財富減少了一半（由於戰爭、蕭條和親勞工政府政策）。現在有更多的人不得不工作，而作為財富的來源，工資變得更加重要。

然而在二十一世紀初期，皮凱提指出，財富捲土重來，我們正在回到在十八和十九世紀所見的資本／收入比率。一九七〇年，富裕國家（美國、日本、德國、英國、法國、義大利、加拿大和澳大利亞）的私人資本存量介乎相當於國民收入的兩年和三年半之間。到了二〇一〇年，私人資本的價值落在國民收入的四至七年之間。當然，從短期來看，資本／收入比率可能會有很大變化，因為房地產和股票的價格往往是不穩定的。然而，「泡沫不談，」皮凱提寫道，「我們目睹的是自一九七〇年以來富國的民間資本強勢復甦，或者，換種方式說，一種新的世襲資本主義出現。」這個世界開始和大約一九〇〇年左右的歐洲類似，當時階級和財富的分野在第一次世界大戰之前達到了頂峰。簡而言之，一個新的鍍金年代。

不平等的結構

皮凱提強調，存在著兩種不平等。人們看到了一個「收租者社會」，其中人們基本上依靠積累和繼承的財富過活，而上層階級僱用極低薪資的人們。這是法國大革命前的舊體制（Ancien Regime）法國，或美好年代（Belle Époque）的歐洲。第二種形式實際上是由美國所發明，一個「超級菁英社會」或「超級管理者」社會，只有極少數人從他們的勞動中賺取大筆酬勞。自一九八〇年以來，美國四分之三的收入增長流向前一%的人，其中包括年收入超過一百五十萬美元的人。結果是勞動收入的不平等程度高於人類歷史上的任何時候。皮凱提說，可能正在發生的事情是，超級菁英收入者轉變為新的收租者階級，或是同時兼具兩者。這意味著，除非你繼承財富，或者你是你所在領域的某種超級明星，否則你的經濟前景充其量只會是普普通通。

皮凱提認為，不平等加劇是導致二〇〇八年金融危機的一個理由，原因很簡單，因為中產階級和下層階級的工資停滯不前，為了維持他們的生活水平，人們不得不承擔更多的債務。就購買力而言，美國最低工資在一九六九年達到最高點，以二〇一三年的貨幣價值計算收入約為十美元。到了二〇一三年，最低工資的購買力已降至每小時七美元——遠低於法國的最低工資標準，並且低於英國的最低工資水準。無可爭議的是，在一九七七年至二〇〇七年危機前的三十年裡，收入較低九〇%的美國人的收入每年僅增長〇．五%。與此同時，最富有的一〇%美國人享有六〇%的總收入成長。

價值和繼承

皮凱提指出，到二〇二〇年，法國繼承財富的占比將占總財富的七〇%，而來自儲蓄、工資或資本收益的只有三分之一。換句話說，繼承的財富在決定誰富裕和誰不富裕方面，變得比工資收入重要得多。富裕的社會並沒有變得更加菁英化，教育也沒有創造出預期的代間流動。雖然如今以十九世紀財富方式繼承的真正大型不動產數量相應減少，但仍有成千上萬中等規模和價值較低介於二十萬至二百萬美元的房地產。這些房地產的規模並沒有影響繼承人對於教育和技能的尊重，或者意味著他們可以停止謀生，但它確實意味著社會中有相當大一部分的人（皮凱提稱之為「小收租者」），他們之所以領先於他人，全賴基因樂透彩所賜。二〇一〇年，得到相當於一生勞動收入或以上遺產的人數，達到法國人口的一三%。這不是在一個真正用人唯才的社會中你所希望看到的「公平的不平等」，特別是在提倡「平等主義」的法國。

他的觀點是，一個公正的社會絕不能只關注規範市場或維護法律和秩序，而必須不斷尋求增加社會流動性，並儘量減少「出生樂透彩」的影響。

全球財富稅的案例

皮凱提認為，到二〇五〇年，全世界的成長率將下降到略高於三%，然後從二〇五〇年至二一〇〇年下降到一．五%，這相當於是十九世紀的全球成長率。與此同時，資本回報率將保持穩定在四%至五%之間，正如往昔歷史上曾經歷的那樣。因此，他認為，阻止資本壟斷勞力的唯一方法就是對資本徵收全球稅：對個人財富，或對個人所擁有的財產減去任何債務的資產淨值徵收累進稅。這種稅收需要結合新的法律和對銀行透明度的要求，以及對避稅天堂的打壓，才能阻止這個世界所面對的「無休止的不平等螺旋」。

皮凱提承認這是個烏托邦式的想法，但並非不可能實現。如果政府迴避這麼做，那他們可能會被迫透過經歷政治衝擊來應對不平等。另一種選擇是民族主義的興起，它會帶來保護主義政策和資本管制。對資本徵稅不會取代累進所得稅或財產稅，而是為了從非常富有的人那裡獲得更多的稅，而針對這些人目前主要是由收入徵稅，如此一來，他們可以很容易地減稅。他指出，你是否以九八％的稅率徵稅並不重要，主要是他們沒有繳納與其財富成比例的稅。

皮凱提留下了一個黑暗的想法給讀者：「如果你有自由的貿易和自由流通的資本和人民，但摧毀了社會情況和各種形式的累進稅，那麼在歐洲和美國，防禦性民族主義和認同政治的誘惑很可能會比以往任何時候都更強大。」經濟上更極端的政體導致極端的政治結果。

總評

批評者說，皮凱提的解決方案過於關注再分配，其實簡單的成長就可以減少不平等，或由政府努力增加生活較不寬裕者的資本（例如，透過補貼退休金的撥付或儲蓄，或者讓成家更為容易）。迪爾德麗·麥克洛斯基等經濟史學家指出，馬克思對資本主義的悲觀主義導致他對其滅亡的錯誤預言，皮凱提也是如此。或許他也錯了，將過去視為未來的指南；資本主義可能會變得比他認為的更有活力。

最近對傳說中的「大象圖」的研究指出，雖然經濟學家布蘭科·米拉諾維奇（Branko Milanovic）在二〇一二年製作的圖表似乎顯示自一九八〇年以來全球不平等現象急劇上升（想像大象的象鼻舉向空中），但現在呈現的趨勢並不如所想像的那麼陡峭。中產階級並沒有在富裕國家消失，而且在較貧窮的國家中正在快速增長。我們可能再也不會回到黃金三十年那樣收入均等的時代，但或許也不會無可避免地增加國家內部或國家之間的不平等，一如皮凱提所擔憂的那樣。我們只能希望。

托瑪・皮凱提

皮凱提於一九七一年出生於巴黎。在獲得學士學位後，他進入著名的里昂高等師範學校就讀，鑽研數學和經濟學。到了二十二歲，他由巴黎的社會科學高級研究學院（EHESS）和倫敦政經學院的雙聯學制獲得了經濟學博士學位。他關於財富分配的論文獲得了法國經濟協會頒發的「年度最佳獎」。

在美國麻省理工學院工作一段時間後，他於二〇〇〇年成為EHESS的正教授，並於二〇〇六年成為新成立的巴黎經濟學院的第一任院長。他與伊曼紐爾・賽斯（Emmanuel Saez）和加布里埃爾・祖克曼（Gabriel Zucman）一起擔任世界財富與收入資料庫的共同執行委員，該資料庫提供了本書中的一些資料。二〇一五年，皮凱提被約翰尼斯堡大學授予榮譽博士學位，但拒絕接受法國榮譽軍團勛章（France's Legion D'Honneur），並表示：「我不認為決定誰值得崇敬是政府該扮演的角色，他們若專注於復甦巴黎和歐洲的成長會做得更好。」

其他著作包括關注二十世紀法國收入不平等的《二十世紀法國的最高所得》（*Les hauts en France au XXe siècle*，二〇〇一）、《不平等的經濟學》（*The Economics of Inequality*，二〇一五）、《為什麼要拯救銀行家？》（*Why Save The Bankers? And Other Essays on our Economic and Political Crisis*，二〇一五），以及收錄他為法國《解放報》（*Liberation*）所撰寫的文章結集而成的《我們所屬困擾時代的編年史》（*Chronicles of Our Troubled Times*，二〇一六）。紐西蘭導演賈斯汀・彭伯頓（Justin Pemberton）所執導的一部根據《二十一世紀資本論》所拍攝的紀錄片，於二〇一七年上映。

1944

大轉型

The Great Transformation

「除非社會擁有某種經濟體，否則，很自然地，沒有任何社會能夠持續存在一段時間，無論長度如何；然而在我們這個時代之前，即使是在原則上，沒有任何被市場控制的經濟體曾經存在過。儘管在十九世紀學術咒語的合唱從未間斷，但經由交換中取得的收益和利潤從未在人類經濟體中占據重要的地位。雖然自後石器時代以來，市場制度相當普遍，但它的角色不過是經濟生活的偶發事件。」

總結一句

「自由」市場絕非自然力量，它十足是一項人類發明，必須服務於更大的社會和人類的利益，而不是反過來。

同場加映

利亞卡特・艾哈邁德《金融之王》（01章）
迪爾德麗・麥克洛斯基《布爾喬亞的平等》（24章）
亨利・喬治《進步與貧困》（13章）
弗雷德里希・海耶克《知識在社會中的運用》（16章）
保羅・克魯曼《下一個榮景：政治如何搭救經濟》（21章）
卡爾・馬克思《資本論》（27章）
路德維希・馮・米塞斯《人的行為》（29章）

33

卡爾．波蘭尼

Karl Polanyi

如今，在當代人的思想中，市場、定價、效率和產出的主導地位如此無可撼動，以致沒有人會因將「社會」視為僅僅是勢不可擋的全球資本主義經濟其中一項要素而受責怪。

對卡爾．波蘭尼來說，這種想法是錯誤的。市場和經濟系統十足是人類的創造，深深地融入社會當中。它們為我們所選擇的目的而服務，且並非與社會關係脫鉤。市場的崛起並不是「自然的」或不可避免的，事實上，在早期的人類文化中，可以看到基於互惠和再分配長期存在的替代選項。

波蘭尼的「大轉型」是從一個依賴社會和文化價值觀的世界，到一個受市場思維驅動的世界。市場力量在生活的各個方面的散播都產生了負面影響，而他將歷史視為一場來來回回的角力（一種「雙重運動」），在市場力量與追求社會更大保護的平衡舉措之間（例如，福利國家、健康和安全立法、工會）擺盪。他的使命是從自由放任的經濟意識型態中，將人性重新解放出來。

波蘭尼的書與海耶克的《通向奴役之路》同年出版（見《一次讀懂政治學經典》），書中不但為海耶克和馮．米塞斯的自由市場經濟，也同樣為凱因斯經濟學提出替代方案。凱因斯從未如波蘭尼那樣，形容自己是社會主義者。如今，波蘭尼可以說是「新自由主義」經濟正統觀念批評者的守護神（其中包括約瑟夫・史迪格里茲，他替《大轉型》其中一版寫了一篇長篇大論的導讀），並且被認為是經濟人類學的先驅，影響了大衛・格雷伯（David Graeber）等學者（《債的歷史：從文明的初始到全球負債時代》〔*Debt: The First 5,000 Years*〕）。他的論點不太受經濟學家和經濟史學家的尊重，他們對他的歷史描述提出質疑，但在後金融危機時代，有些人認為市場監管過於鬆散，因而他的想法值得加以分析。

人類是社會而非經濟生物

亞當・史密斯廣為人知地描寫了人類「以物易物、互通有無和彼此交易的自然傾向」。在他之後的大多數經濟學家都對此表示贊同，但波蘭尼表示，這方面的證據不足。在歷史上的大多數社會中，資源是經由共同組織而成。只有在現代，市場才能主導社會，成為參與和往來的主要形式。在此之前，至少在歐洲，「文明的進步主要是在……政治、知識和精神層面。」人們有時候並不是由物質商品本身來驅動，而是為了保護社會地位、社會主張和社會資產而獲得物質。經濟活動「僅僅是社會組織的一種功能」。歐洲封建主義也是一種再分配和互惠的制度，無論多麼不平衡，對所有人都有一些保護，沒有人挨餓。相比之下，波蘭尼（與亨利・喬治相呼應）斷言，在自由市場原則之下，一個國家越富裕，將會有越多人生活在貧困之中。

波蘭尼大聲疾呼，市場在社會中的角色被誇大了，以適應當前的意識型態。舉例來說，在中世紀的歐洲，城鎮圍繞市場興起，但當局竭盡全力確保城鎮發生的事情不會蔓延到鄉村。威尼斯、漢堡、里昂和倫敦都不是義大利、德國、法國或英國的城鎮，而是交易的轉運站，與它們的腹地相比，它們彼此之間有著更多的共同之處。「某些地點」允許進行市場化，而國家或王國的一切則保持不變，以確保其社會和制度不會改變。因此，波蘭尼寫道：「經濟系統被淹沒在一般的社會關係中；市場僅僅是制度環境裡的附屬特徵，被社會權威以比起往昔任何時候都更嚴厲的方式控制和監管。」工業革命改變了這一切。

市場宗教的起源

工業革命（波蘭尼表示，其最活躍的時期是一七九五年至一八三四年）需要對工廠、機器和建築物進行長期資本投資，而這些投資必須進行攤銷。對於以價格和單位生產為基礎的經濟體，勞力不過是成為資本報酬公式中的一個變數。「撒旦的工廠」撕裂了家庭以及貧窮階級與土地間的傳統關係；這些人分別被送往城市裡處境極糟的環境中。唯一將工業家與創造他產品的人連繫起來的一件事情是工資，而且越低越好。

波蘭尼指出，商品是任何明確**為了**銷售所生產的商品。但是人和土地都不屬於這一類。如果你將人們視為可以移動或隨意使用的商品，則會導致嚴重的痛苦和錯位。波蘭尼寫道，土地「其實只是大自然的另一個名字」，與人有著密切的關係，一旦只是為了獲取金錢收益而不承認其非經濟狀況和價值加以濫墾濫伐，這種情況也同樣會發生。預示著環境運動的到來，他發現土地的商品化只會導致汙損的地景、汙染的河川和持續糧食生產的破壞。最後，社會的市場化也意味著貨幣本身就變成了商品。波蘭尼說，把錢當作一種商品，將意味著它的短缺，或者多到四處橫溢，對於商業來說，將像「原始社會中的洪水和乾旱」一樣具毀滅性。

十九世紀似乎帶來了繁榮的新時代，但社會主義工業家羅伯特·歐文（Robert Owen）和哲學家威廉·戈德溫（William Godwin）等人指出了不平等和社會異化的深化。然而，這些人無法與政治經濟學中存在的一套新「法則」的觀念相抗衡，其中包含自律市場，這些法則就如同道德或神學法則一樣無可動搖。「市場體系」開始接管社會。它的推動者將它形塑成一個自然、優雅的過程，而且任何人都無法否認其邏輯。十九世紀的自由主義似乎是一種政治信條，但它變成了僅僅是覆蓋著野獸身體的一層皮：純粹的經濟利益。

反動

事實上，波蘭尼認為，自十八世紀末以來，對市場明顯勢不可擋的前行，已經產生了自然的反動。英國的《史賓翰連法》（Speenhamland Law）就是這種反動的一種表現。

一七九五年，農奴制度法律鬆綁，為全國勞力市場鋪了條康莊大道，正符合新工業家的需求。但是，《史賓翰連法》扭轉了這一點，鞏固了斯圖亞特和都鐸王朝所建立的勞工組織系統。根據此法，人們實際上有權獲得與麵包價格連動的最低工資（「生活權」），這樣即使他們在工作，他們的收入仍可以達到這個水準（透過當地納稅人支付的費用）。在一八三四年廢除該法之前，該法在一般民眾中非常受歡迎，因為這意味著沒有人會挨餓。波蘭尼承認，它讓人們更加地依賴救濟，但它可能阻止了一場革命。當一八三二年的改革法案和一八三四年的窮人法修正案廢除了這種「生存權」時，造成了數千人貧困潦倒，特別是那些自尊心高而不願進救濟院的人。波蘭尼說，李嘉圖和馬爾薩斯「在冰冷的沉默中忽視了」這些變化的影響。

由於大多數工廠和磨坊工人的生活相當淒慘，不久之後勞工便開始組織，而改革者開始鼓吹社會立法。然而，沒有什麼能阻止對自由放任市場系統如同宗教般的信仰。由於戰爭債務、德國通貨膨脹、英國經濟衰退以及貨幣盯住黃金所需的國家通貨緊縮的壓力下，金本位崩解，因此隨著這項特徵的失敗，市場宗教只能走向衰亡。然而，波蘭尼寫道：「沒有任何個人的痛苦，沒有任何對主權的限制，被認為是對恢復貨幣健全性的巨大犧牲。」

在一九三〇年代，隨著大蕭條的到來，經濟自由主義最終被認為是失敗的。它沒有為被鎖在新形式工業組織中的人們的健康、安全或生計提供任何保障，只有透過新的立法才能使礦場更加安全，防止清掃煙囪的兒童死亡，在城鎮建立消防隊，並且創造社會保險形式。這並非如赫伯特・史賓賽（Herbert Spencer）所指責的那種令人毛骨悚然的集體主義或反自由偏見。而是一種基於單純正義和人性的「自發反應」。這些措施不是出於意識型態，而是對自由市場自由主義烏托邦原則的常識性反動。

波蘭尼認為，該制度的黑暗後裔是法西斯主義和帝國主義。法西斯主義是對該制度未能創造經濟穩定的回應，而帝國主義則輕易地提供國內諸如失業、國際收支平衡和貨幣危機等困境分散注意力的方法。歐洲社會成為工人階級和商業利益主張較勁的戰場。在美國，它以羅斯福新政的形式引起了強烈反彈，並在英國工黨政府中，建立了社會主義與資本主義的混合體。

總評

你可以說，《大轉型》十足是當時的產物，因為它專注於解釋自由放任經濟學如何導致極端的反作用——法西斯主義——進而導致第二次世界大戰。然而，人們也可以很容易地將波蘭尼的觀點應用到我們的時代。將人民抵押貸款打包成為「金融產品」（二〇〇七年至二〇〇八年金融危機的一個原因）的做法，是「市場與社會脫鉤」的一個極佳案例。

波蘭尼論點的另一面（海耶克表達得好極了），即社會自由只能通過經濟自由來實現。波蘭尼承認了這一點，並在他書裡的最後部分聲稱，即使在更傾向計畫經濟的體制內，權利法案和其他公民機構也可以保護個人自由。歷史表明這種觀點相當幼稚，因此《大轉型》在很多人耳中聽來相當空洞。不過，這本書確實提供了一個關於不受管制市場的重要警告。每當你聽到人們敦促國家是經濟的障礙時，至少要考慮生活各方面的市場化會對國家和社會產生腐敗影響的論點。波蘭尼終極且非常重要的問題是：我們是公民，還是我們只是消費者？

卡爾．波蘭尼

波蘭尼於一八八六年出生於維也納。他的父親是一位成功的匈牙利－猶太人鐵路承包商，而他的母親主持了一個文學沙龍。在布達佩斯大學，他研讀法律，並為激進分子成立了伽利略俱樂部；一九一四年，他幫助組建了匈牙利的新激進黨。在第一次世界大戰期間，他在俄羅斯前線服役。

在奧匈帝國崩解後，波蘭尼與匈牙利人民共和國關係甚深，但匈牙利於一九一九年落入布爾什維克派手中後，他被迫搬到了新社會民主的維也納。在那裡，他遇見了另一位匈牙利流亡者——政治煽動家伊奧娜．杜欽斯卡（Ilona Duczynska），兩人結婚。十年來，波蘭尼是奧地利《經濟學人》的編輯，並且從這個平臺開始批評自由市場奧地利學派經濟學，與路德維希．馮．米塞斯就社會主義社會如何運作的機制進行辯論。當大蕭條和法西斯主義的興起使波蘭尼失業時，他搬到了英格蘭，與費邊社會主義者混在一起，並透過工人教育協會得以教授經濟史來生存。

從一九四〇年到一九四二年，當他寫下《大轉型》時，波蘭尼人在佛蒙特州的本寧頓學院（Bennington College）。這本書不是立竿見影的成功，但在一九四七年，它帶來了在哥倫比亞大學教書的邀約。由於他的妻子過去身為共產主義者的歷史，她被禁止住在美國，所以波蘭尼不得不從他們在安大略省的家中，通勤到紐約。波蘭尼從福特基金會（Ford Foundation）獲得資金，用於研究前現代經濟系統，從而完成《早期帝國的貿易和市場》（*Trade and Market in the Early Empires*，一九五七）一書。他於一九六四年在安大略省皮克林（Pickering）去世。

1990

國家競爭優勢

The Competitive Advantage of Nations

「國內競爭對手之間的激烈爭鬥很常見，而且往往與國際上成功的國家工業連繫在一起……驕傲驅使管理者和勞工對國內其他公司高度敏感，而且全國媒體和投資分析師不斷地將某個國內競爭者與其他競爭者進行比較。國內競爭對手不僅要爭奪市占率，還要爭取人才、技術突破以及更概括性地說，『吹噓的權利』。」

「一個國家的產業要不是正在升級和擴大其競爭優勢，就是落後於其他國家。」

總結一句

政府為提高國家經濟優勢所能做的最好的事情，即是確保當地產業的競爭激烈，這促使企業創造出可以出口的世界級產品和服務。

同場加映

威廉·鮑莫爾《創新力微觀經濟理論》(02章)
蓋瑞·貝克《人力資本》(03章)
張夏準《資本主義沒告訴你的23件事》(06章)
珍·雅各《與珍雅各邊走邊聊城市經濟學》(18章)
大衛·李嘉圖《政治經濟學及賦稅原理》(36章)
朱利安·西蒙《終極資源2》(44章)

34

麥可・波特

Michael E. Porter

如果有個哈佛商學院的偉大人物的萬神殿，麥可・波特的半身塑像可能會放在比大多數人都高的位置。在研究公司如何自我定位以在產業內取得成功時，他進行深入研究的商業經典《競爭策略》（*Competitive Strategy*，一九八〇）和《競爭優勢》（*Competitive Advantage*，一九八五）帶來了一種對於傾向通俗文學作品的尊重。

然而，在他窮盡職業生涯觀察產業和公司的個體經濟學之後，波特被雷根總統的產業競爭力委員會任用，迫使他思考更多關於在經濟上取得成功的**國家**所扮演的角色。在美國感到受到日本企業巨大成功威脅的時候，有很多關於美國是否需要類似於日本或韓國干涉主義產業政策的討論，而波特力阻了這類國家產業政策的狂熱。相反地，他選擇關注「國家環境」，即對人力和物質資本的投資，以及讓企業得以蓬勃發展的總體經濟和法律環境。推動國家繁榮的**正是**企業而不是政府：波特在《國家競爭優勢》中寫道，「個別產業中成千上萬競爭的結果，決定了一個國家的經濟狀況及其進步的能力。」

然而，一些國家的環境當然比其他環境對公司和產業的發展更有幫助，而波特的目的是發現它們的特徵，以便能夠加以複製。綜合了總體經濟學、個體經濟學和管理學的雄心壯志，產生了一本厚達八百頁的龐然大書。雖然是寫於傳真機還是新事物且日本仍在出口打字機的時代，但這些原則至今仍然有效。

波特的動機之一就是去了解糟糕的經濟思想在戰後時期如何使數百萬人陷入貧困，並使一些國家成為無法實現潛力的島嶼。從一開始，《國家競爭優勢》就對國家經濟政策產生了實際影響。他的競爭力決定因素「鑽石」理論被紐西蘭、新加坡、加拿大採用，並且後來被應用於挪威、芬蘭、荷蘭和香港，此外，他對產業「群聚」的想法得到了美國和全世界各城市和地區的廣泛關注。

是比較優勢還是競爭優勢？

波特特別選擇了這個標題作為書名，以區別於大衛．李嘉圖所陳述關於國家**比較**優勢的現存理論。李嘉圖的理論基於這樣的假設，即一個國家在資源和勞力的天然條件，加上足夠的資本，足以讓一個國家成功地與其他國家貿易往來。波特認為，這種「要素投入」在全球化經濟中變得越來越不重要，因為並非你所**擁有**的事物使你成功，而是你**創造**了什麼。許多擁有驚人自然資源的國家仍然貧窮和未開發，而那些實際上沒有礦藏或森林，而且人口不多的國家，產生許多能夠提高國家生活水準的世界級公司。這些國家創造了一個環境，容許技術、科技和基礎建設的不斷提升。根據波特的競爭優勢理論，成功成為一種**選擇**，而不再窄化為自然優勢。

波特認為，往昔在政府干預產業和自由放任經濟學之間的選擇顯得多餘。跨越政治左翼和右翼的國家角色只是去創造一種環境，在這種環境中，每個勞工的生產力（也許是最好的財富衡量標準）不斷上升。這意味著減少貿易壁壘——一種傳統的自由主義立場——但它也意味著積極確保向公民提供高品質的教育和培訓，並在經濟中維持健康的競爭。嚴格的反托拉斯或反獨占法、嚴格的健康和安全監管以及環境法規，在競爭優勢中都很重要。全球經濟在競逐較低的勞力成本方面絕非「逐底競爭」，而是獎勵那些幫助環境並支付適當工資的國家，因為採取這些步驟，增加了對生產力的投資。

波特打破了關於造就生產力的迷思。在他看來，低工資並非競爭力的提升，而是失敗的標誌。「**儘管**支付高工資，但仍具備競爭的能力，」波特寫道，「似乎代表著一個更為理想的國家目標。」國際上的成功來自於創造和銷售高附加值的東西，這意味著領先的研究和設計、最先進的生產技術，以及技藝高超和受過良好教育的勞力。這些東西並不便宜，但是，舉例來說，製造最好的智慧型手機、無人駕駛汽車或太陽能電池板所產生的潛在利潤是非常巨大的。

成功的鑽石

波特將產業中決定國家優勢的四個屬性獨立出來：

- 生產要素：包括熟練和受過教育的勞力、基礎設施、物質資源，科學、技術和市場知識存量，以及資本資源。
- 需求條件：即特定產品或服務的需求，以及消費者識別的一般水準。
- 相關和支持的產業：可以幫助建立卓越生產群聚或生態系統的產業，特別是如果供應商的產業本身具有國際競爭力。
- 個體經濟環境：影響公司如何創建和結構化的法律和政治條件，以及它們之間的敵對和競爭程度。

這四個因素形成了鑽石的點，當每個點間彼此相互鞏固強化時，鑽石就變得更堅硬。任何國家都有機會發明或突破，但是那些擁有資本和技術發展基礎設施的國家，才有能力將該發明帶入商業應用中。同樣地，許多國家將擁有產業能力，或受過良好教育的勞力，或充沛的資金，但並非所有國家都會受到當地消費者的嚴格要求，以改善特定產品或開發新產品。例如，波特認為，德國消費者對精準度和品質的熱情，是其汽車製造商設計和生產世界上最好的汽車的關鍵因素。相比之下，美國的關鍵「需求因素」是需要數百萬輛價格適中的大眾市場汽車，而這些汽車能夠讓人們舒適地從A地到B地。

波特指出，「社會和政治的歷史與價值觀在各國之間產生了持久的差異，這些差異在許多產業中都成了產生極大作用的競爭優勢。」義大利對衣服和汽車的熱愛催生了古馳和法拉利；美國對信貸的痴迷催生了全球信用卡領導地位，特別是Visa和萬事達卡，而其對流行文化和娛樂的天分，則將電影業推向了全球霸主的地位。通常，簡單的物理條件可以塑造成功：瑞典的偏遠森林和礦山需要超級可靠的卡車，富豪和紳寶汽車供應了這些卡車，在此過程中成為主要出口商。

波特說，就國家競爭優勢方面而言，將政府的角色形塑為「鑽石」的第五個面向是個很誘人的想法；考量了國家在戰後日本和韓國公司的成功中所扮演的關鍵角色。但政府的真正角色是透過成為一個重要的採購者、透過制定推動產業往某個方向發展的標準和法規，或透過制定可以幫助產業的教育政策來影響鑽石理論既存的幾個要點。政府的作用不是要創造國家優勢，而是要提高其發生的可能性。

競爭群聚

總體而言，波特說，如果問為何整個國家都有競爭力，這是提出了錯誤的問題。相反地，我們得要詢問該國各公司正在競爭的特定產業中發生了什麼事，以及他們如何設法將生產率維持在高檔。在某個地理位置聚合公司、供應商、專業技能和支持機構——波特稱之為「群聚」——為一個國家帶來多重利益。資訊在領先的公司之間迅速流動，這些公司一舉獲得新想法和新技術。一家公司在全球市場上的成功刺激了其他公司大膽嘗試。

矛盾的是，由於全球化似乎減少了距離和地理的重要性，群聚變得更加珍貴。波特舉倫敦這座城市為例。它的銀行、貿易公司、保險公司和其他金融服務得到了無數產業的支持，包括資訊服務（例如路透社）、金融新聞和出版、法律服務、廣告和公共關係，以及國家機構，特別是英格蘭銀行。然而，如果沒有激烈的競爭，倫敦將永遠不會蓬勃發展。

波特說，競爭優勢「來自壓力、挑戰和逆境，很少來自輕鬆的生活……我們研究中最有力的實證研究結果表明，在一個產業中，激烈的國內競爭與競爭優勢的創造和持續之間存在著關連」。這違背了公認的觀點，即最好在每個產業中培養一、兩個「國家冠軍」，它們可以躍上世界舞臺，而過多的競爭則會限制規模經濟。事實上，波特發現即使在像瑞典和瑞士這樣的小國家，汽車製造和製藥等重要行業也有幾個強大的本地競爭對手，並且透過全球銷售以達成規模經濟。瑞士較小的規模可能讓人以為在關鍵產業中只有一個市場主導者。事實上，每個產業往往有好幾個——舉例來說，巧克力產業的雀巢（Nestlé）和瑞莎（Jacobs-Suchard），以及手錶產業的勞力士（Rolex）、百達翡麗（Patek Phillipe）和其他許多品牌。

「這種情況很少見，」波特寫道，「即一家公司在國內沒有面臨重大競爭時，它可以面對強勁的外國競爭對手。」在鉛筆方面，輝柏（Faber-Castell）主導了德國本土市場，因此施德樓（Staedtler）發現很難取得進展。但這種艱難的環境使其專注於國際市場。通常，某些因素的缺點會促使一個國家透過追求獨特差距的優勢來加以彌補。荷蘭如今有數十億美元收成的花卉和蔬菜種植業，儘管其選擇性因素不利於寒冷、陰沉氣候，這卻刺激了它投資溫室技術、新的花卉品種和能源保護，以及開發花卉處理和空運的價值鏈。

波特的觀點認為「是壓力而不是富足或舒適的環境支撐著真正的競爭優勢」，這樣的想法在今日與在一九九〇年一樣真實。

競爭優勢的削弱

波特說，對於個人和國家來說，停止創造新的財富並以已經創造的資本為生，這是一種自然的人類傾向。他描述了發展的「財富驅動階段」——實際上是衰退——明顯特徵是所有權集中度越來越高和競爭越來越少，以及尋求既得利益的保護。合併、接管和收購等非功能性業務活動取代了創新和生產力。確實有些創新，但收入不平等和社會移動亦逐漸增加。政府必須增加稅收，以支付在更加強勁的「創新驅動階段」成長中所提供的合理社會福利。

一九九〇年，波特擔心歐盟沒有兌現其承諾。單一市場應該釋放出新的競爭和創新，然而卻發展成為一個將日本汽車和美國電視節目擋在門外的保護主義俱樂部。「如果這些趨勢占上風，」他寫道，「一九九〇年代將證實是歐洲經濟史上朝向錯誤的那種轉折點。」看看歐洲過去二十五年來糟糕的成長表現，再拿美國、澳洲、加拿大和東亞國家來相比，你可以說他是對的。

總評

波特不是自由主義者或意識型態的擁護者，但他堅持嚴謹的反托拉斯法或反壟斷法、嚴格的健康和安全法規，以及環境法在競爭優勢中具有重要意義。全球經濟獎勵那些尊重環境和發展人力資本的國家，不僅因為這是正確的事情，更是因為為了實現這些目標而採取的措施，迫使公司在所使用的資源中投資於生產力更高的項目，這意味著更大的利潤。

或許可以這麼說，波特的書，畢竟寫在網際網路和偉大的線上公司崛起之前，如今已不再適用。事實上，這場革命的中心，矽谷，是一個自我強化「鑽石」的典型例子，其產量大於其各部分的總和，並且隨著時間的推移，這個出類拔萃的群聚往往變得更加重要。網路領域給人超越國家的印象是最具諷刺意味的，因為它恰恰是美國獨有的國內特色（風險投資的深水池、良好的大學、強大的競爭，以及計算機技術的早期採用和發展），並且實際上是加州一小部分，造就了改變世界的許多公司。位置，特別是該區域內的激烈競爭和對抗較量，至關重要。

麥可・波特

波特於一九四七年出生於密西根州的安娜堡（Ann Arbor）。高中時，他在足球和棒球方面表現出色，並獲得普林斯頓大學錄取，攻讀航太和機械工程。畢業後，他去了哈佛大學攻讀ＭＢＡ課程，隨後攻讀商業經濟學，並於一九七三年獲得博士學位。

波特是哈佛商學院威廉・勞倫斯主教大學教授，並幫忙建立了其戰略與競爭力研究所。作為一名私人顧問，他為許多國家提供競爭力方面的建議。二〇一二年，他共同創立了社會進步促進會（Social Progress Imperative），該會透過各種方式測量社會福祉，並發布年度社會進步指數排名。

著作包含《競爭策略：產業環境及競爭者分析》（*Competitive Strategy: Techniques for Analyzing*

Industries and Competitors，一九八〇）、《競爭優勢》（*Competitive Advantage: Creating and Sustaining Superior Performance*，一九八五）、《醫療革命》（*Redefining Health Care*，二〇〇六）。

1966

資本主義：未知的理想

Capitalism: The Unknown Ideal

「歷史上沒有任何政治經濟體系能夠像資本主義這樣如此雄辯滔滔地證明其價值，或使人類受益匪淺——也沒有被如此野蠻、惡毒和盲目地攻擊過。關於資本主義的錯誤信息、虛假陳述、失真扭曲和徹頭徹尾的謊言氾濫，以至於今天的年輕人對其實際本質一無所知（並且幾乎沒有辦法發現任何想法）。」

「他們所必須發現、資本主義的敵人窮盡一切努力瘋狂想要隱藏的事實，即資本主義不僅僅是『務實可行的』，而且是歷史上唯一的道德體系。」

總結一句

在資本主義中，財富是由自由、獨立的思想所創造，不涉及強制。這使它成為一個更加道德的政治經濟體系。

同場加映

米爾頓・傅利曼《資本主義與自由》（11章）
弗雷德里希・海耶克《知識在社會中的運用》（16章）
迪爾德麗・麥克洛斯基《布爾喬亞的平等》（24章）
亞當・史密斯《國富論》（45章）
路德維希・馮・米塞斯《人的行為》（29章）
朱利安・西蒙《終極資源2》（44章）

35

艾茵・蘭德

Ayn Rand

艾茵・蘭德是著名的一千四百頁哲學小說《阿特拉斯聳聳肩》（*Atlas Shrugged*，一九五七）的作者，該小說頌揚個人自由和不受政府妨礙創造財富的能力（參見《一次讀懂成功學經典》中的評論）。

《資本主義：未知的理想》，本質上是小說的非虛構版本，闡述了蘭德的客觀主義哲學，即個人動機在任何一種集體主義或部落觀點之上的重要性。這本書的力量仰賴蘭德那令人驚訝的論點，即資本主義（與馬克思的暗黑聲明形成鮮明對比）是一種在道德上優於任何其他制度的系統，建立在個人自由和提供驚人財富的基礎上——並且仍然是最容易被誤解的政治經濟體系。

她之所以寫下本書，是因為對於年輕人把每一個社會問題都歸咎於資本主義這樣的事實感到困惑，然而由於他們沒有生活在任何其他制度之下，所以這一點也不奇怪。在她寫作的時代，社會主義和共產主義擁有大批的推動者和捍衛者，但是資本主義的想法似乎在各地被踐踏並且被視為邪惡。作為一名來到美國的移民，她曾親眼目睹了定義共產主義俄羅斯的經濟苦難和對個人尊嚴的攻擊，從而很早就決定成為資本主義的捍衛者。

這本書裡的二十四篇文章一開始出現在蘭德的《客觀主義者時訊》（*The Objectivist Newsletter*）中。雖然她寫了大部分的文章，但有兩篇是由她當時的助手、後來成為美國聯準會主席的葛林斯潘所寫，還有一些則是由納達涅．勃蘭登（Nathaniel Branden）執筆，自我發展領域的讀者會知道他是《自尊心理學》（*The Psychology of Self-Esteem*）一書的作者。

本書的大部分思想都包含在第一篇文章〈什麼是資本主義？〉之中。其主要內容將在下面討論。

謹防「共同利益」

蘭德怒斥通常被認為是無可挑剔的客觀訊息來源：大英百科全書。她發現了其條目將資本主義描述為一個社會自我組織以生產「社會剩餘」的另一種方式，並沒有提到任何關於個人心智所創造的財富。相反地，財富被描述為由資源的有效配置所產生的去個人化加總。

這激怒了蘭德，因為在她的觀念中，沒有「社會剩餘」這種東西。所有財富都是由**某人**創造的，因此屬於他們。在現代社會中，很明顯可以看出誰貢獻了什麼。將財富視為社群所產生的一些社會利益是「道德墮落」。

用她的話說：

「當一個社會的『共同利益』被認為是獨立且優於其中成員的個人利益時，這意味著某些人的利益優先於其他人，而其他人的利益則被置於獻祭動物的境地。」

蘭德觀察到，當多數人的利益凌駕個人權利之上時，你可能根本就沒有權利，因為留給你的，經由合乎邏輯所得的結論，就是像前蘇聯這樣的政權，而在此政權下「所有人的較大利益」意味著為幾乎每個人帶來痛苦。在俄羅斯，人們被告知要為實現繁榮工業化國家的某些願景而服務並承受許多艱辛痛苦。艱困的情況只是暫時的；很快地他們就會超越資本主義的西方。但是，當他們等待拖拉機和發電機時，政府正花費巨資在核能以及將人類送上太空。蘭德指出，在社會主義或共產主義社會中，所獲得的一切都是以犧牲別的東西為代價。

這樣的情況在資本主義制度中不會發生。美國逐漸變富裕並非大眾為「公共利益」犧牲所造就，而是經由人們運用自己的大腦追求自己財富的自由。沒有人需要為了美國的工業化而挨餓。事實上，創新者做自己的自由導致了「……伴隨他們發明的每一臺新機器和每一項科學和技術進步而來的更好工作、更高工資和更便宜商品」。

她認為將社會視為一體同進的實體是錯誤的。相反地，提升人性的實體是**個人**。「透過研究個人，可以學到很多關於社會的知識，」她觀察道，但是「……透過學習社會，人們無法學到任何東西」。

為思想家鬆綁

文明建立在個人的思想之上，而蘭德稱呼他們為「不妥協的創新者」。她將新事物的創造描述為「對生存問題的理性應用」。繁榮需要人們擁有絕對的自由去思考，而不是被那些沒有思想的人所阻撓。經濟意義上真正最成功的文化始終是在政治上最自由的。

財產權對資本主義制度如此重要，因為會思考的人們需要能夠自由地處置他們努力所生的產品，以支持他們的生活。他們不必對部落、國家、社會或集體負責。當人們在自由市場上賺錢時，她指出，「他們並沒有從那些沒創造財富的人那裡拿走什麼。」法律必須支持他們的主體性質。自由世界的經濟進步正是因為沒有人被某種中央計畫方式強迫做任何事情。相反地，偉大的成就是透過自發的想法和行動而產生，不僅是為了追求金融財富，而且是出於個人價值。資本主義不僅可以被視為一種能夠為所有人達成最大經濟產出的實用制度，而且可以作為政治經濟學中最**道德**的制度。

價值不能由多數人或某些國家指令決定，而且始終是個私人問題。只要其他人不受他們的傷害，自由社會就允許存在無數的個人價值。國家應該參與的領域不多，但防止暴力是確保每個人追求「生命、自由和快樂」權利的基礎。

總評

大多數現今的「反資本主義者」實際上對他們所從出的制度知之甚少。他們只關注其中的一些演員（如大公司）以及他們明顯的貪婪，同時對他們所繼承的美妙自由和繁榮視而不見。他們認為，自由市場將意味著「逐底競爭」和對工人越來越大的剝削。

這些論點沒有注意到，發展中國家血汗工廠的工人通常是自行選擇去到那裡，拋下了農村貧困的艱苦生活。他們的工資可能微不足道，但他們代表了一條出路的開端；他們的情況看起來很糟糕，但與我們的祖父母或曾祖父母在他們的國家工業化時所忍受的情況沒什麼不同。蘭德收錄了一篇她同事羅伯特．休森（Robert Hessen）所撰寫的文章〈工業革命對婦女和兒童的影響〉（The Effects of the Industrial Revolution on Women and Children），其中指出十九世紀英格蘭的工廠制度讓成千上萬原先可能會挨餓的孩子擁有收入，使他們得以長大成人。婦女所賺取的收入使一個家庭擺脫了工業化時代前的生活實景，即糟糕的衛生條件和貧困，此一變化導致嬰兒死亡率急劇下降。由於製造商和希望投資他們的金融家們事業蓬勃發展，支付給各家庭父母的收入增加，童工不再出現。馬克思主義學者忽視了這些事實，寧願喚起一個工業化之前的浪漫但虛假的生活圖像。

通常對蘭德及其粉絲的指責是極端主義。就更為理智的觀點而言，她是一位超級理性主義者，將個人自由視為至高無上。對她而言，資本主義不僅僅是讓人們變得更富裕的制度，也是人們可以根據自己的最佳利益自由行事的唯一制度——而不是依據「共同利益」的某種強加的觀念。時至今日，我們大多數人享有的舒適生活被視為理所當然，因此我們亦將資本主義視為理所當然。

艾茵・蘭德

艾茵・蘭德原名阿麗薩・羅森鮑姆（Alisa Rosenbaum），於一九〇五年出生於聖彼得堡。她的父親曾經擁有一家企業，該企業在布爾什維克革命後被國家接管。她於一九二四年畢業於彼得格勒大學（列寧格勒），隨後開始上編劇課。次年，她前往芝加哥，六個月後搬到好萊塢成為編劇，並將她的名字改為艾茵・蘭德。「艾茵」（Ayn）是一位芬蘭作家姓名中的首字，「蘭德」（Rand）則是她的雷明頓打字機（Remington typewriter）的型號。在她在洛杉磯的第二天，她遇到了西席・布朗特・地密爾（Cecil B. de Mille），他提供了一份工作給蘭德，擔任一部電影的臨時演員，而她未來的丈夫法蘭克・歐康納（Frank O'Connor）就在此片場工作。

蘭德從未闖入編劇圈，但在一九三五年，她的著作《一月十六日夜晚》（*Night of January 16th*）以《受審女子》（*Woman On Trial*）之名在百老匯演出。她的第一部小說《我們活著的人》（*We the Living*，一九三六）和《頌歌》（*Anthem*，一九三八）獲得了廣泛的好評，但不是暢銷書。蘭德的命運隨著《源頭》（*The Fountainhead*，一九四三）的成功而改變，這是一個厚達七百頁的故事，描述一位現代主義建築師為了實現自己的願景而奮鬥。一九五八年，蘭德和納達涅・勃蘭登（多年來一直是她的愛人）在紐約開設了宣揚客觀主義哲學的研究中心。

蘭德曾經抨擊政府的反吸菸運動，然而她後來罹患肺癌，並於一九八二年去世。一個由花卉排成的美元符號放在她的棺木之上。

1817

政治經濟學及賦稅原理

Principles of Political Economy and Taxation

「在完全自由貿易的體制下，每個國家都自然地將其資本和勞力投入到對各國都最有利的工作上。個人利益的追求與整體的普遍利益之間有著絕佳的關連。每個國家透過刺激工業、獎勵聰明才智，並最有效地利用自然賦予的特殊能源，最有效且最經濟地分配勞力：同時，透過增加生產的總量，它擴大了一般利益，並經由某種利益和往來之間的正常關連，將整個文明世界中所有國家的普遍社會連結在一起。正是這個原則決定了葡萄酒應該在法國和葡萄牙釀造，玉米應該在美國和波蘭種植，硬體和其他商品應該在英格蘭製造。」

總結一句

貿易是世界繁榮的重要推動者，因為它使參與國能夠充分利用其資源、人才和技能。

同場加映

托馬斯·馬爾薩斯《人口論》（25章）
丹尼·羅德里克《全球化矛盾》（37章）
亞當·史密斯《國富論》（45章）

36

大衛・李嘉圖

David Ricardo

大衛・李嘉圖在倫敦證券交易所工作，他是當時財經界的知名人物之一，可說是十九世紀早期的喬治・索羅斯或華倫・巴菲特。因為他與貴格會基督教女子結婚，斷絕了他與荷蘭猶太家庭之間的金錢往來，因此他不得不從頭開始。但由於他的判斷力，比如打賭威靈頓會在滑鐵盧擊敗拿破崙（並因此眼見他的英國政府債券價值躍升），他得以見到此財富穩步增長，在他英年早逝時，他已經退休，在英國鄉下過著優渥的生活。

然而，他把他的財務才能視為理所當然，並開發了一種新的愛好。從他二十七歲那年起，當他在巴斯（Bath）度假時偶然讀到亞當・史密斯的《國富論》後，他變成對新興的政治經濟學科深感興趣，讀了一些這方面早期的思想家，包括・杜爾哥（Turgot）、讓－巴蒂斯特・賽伊和西斯蒙第（Sismondi）。他富有洞察力的文章引起了詹姆斯・彌爾（經濟學家約翰・斯圖亞特・彌爾的父親）以及傑瑞米・邊沁和托馬斯・馬爾薩斯的注意。特別是馬爾薩斯，他們成了好朋友。

由他的導師詹姆斯・彌爾（James Mill）勸哄而生的《政治經

濟學及賦稅原理》是李嘉圖的偉大作品。但閱讀這本書並不是一件很愉快的事。為了使經濟學更加科學，李嘉圖以枯燥的方式寫作，完全缺乏亞當．史密斯那種豐富和多彩的例子，並且本書的大部分內容都致力於當代的經濟辯論。然而，李嘉圖竭盡全力使他的論點清晰，因此如今的讀者可以很容易地明白這些論述。

建立在史密斯的基礎之上，透過提供關於經濟如何運作的綜合理論，這本書讓李嘉圖成為著名的政治經濟學家，從而使得他得以進入議會。他的勞動價值論席捲了他的時代，且被馬克思所接受，此外他的比較優勢理論為國際貿易經濟學奠定了基礎。

你值多少？李嘉圖的價值理論

李嘉圖觀察到，資本家通常能夠在特定經濟或產業中賺取大量利潤一段時間，並且只要這些利潤持續，他們就會享受高的「市場」價格。但他們所交易的產品很快就會恢復其「自然」價格，此價格反映了投注於生產產品或商品所需的資本，包含勞力和機器在內。事物的市場價格可能會暫時偏離自然價格，但一旦人們看到某些產業獲得了巨額利潤，資本湧入，競爭加劇，於是價格又回到自然水準，反映生產成本。

李嘉圖說，勞力就像任何商品一樣：它有自然和市場價格。有一段時間，也許是因為勞力短缺，工人可以獲得更高的工資，並且在此情況下，「勞動者的環境欣欣向榮且幸福洋溢……他有能力掌控更大部分的必需品及生活樂趣，因此能夠養育一個健康而人口眾多的家庭。」但這種繁榮有其作用。由於工人有更多的孩子，這會產生更大的勞動力並增加勞力供給，從而將勞力價格拉低到「自然」價格。李嘉圖認為，與任何商品一樣，勞力的價格不斷回歸到其真正的「生產成本」，以人類的案例來說，就是餵養、穿衣和提供給他或她住所的成本。因此，工資總是基於工人「維持生計」的生活成本，這意味著資本家會非常關心保持食品和家庭用品的低價，從而可以將他們的勞力成本維持在低檔。

李嘉圖確實承認，隨著一個國家財富的增加，普通工人將能夠用他的工資購買到更多的便利設施。「現在英國小屋中能享受到的許多便利設備，」他寫道，「在我們早期的歷史階段可能就會被認為是奢侈品。」然而，這並不意味著勞工在國民收入中所占的比例，將相對地隨資本主義利潤或土地租金的占比而增加。工人可能看起來生活好過多了，然而在沒有土地或資本的情況下，他們將被迫每週工作以支付他們的基本需求。在這種悲觀的看法下，即將勞力置於經濟體的這種位置上，人們很容易理解為什麼馬克思毫無疑惑地接受了李嘉圖的勞動價值論，因為李嘉圖的願景是一個分層的社會，其中富人和窮人以是否擁有土地和資本來區隔。

在成長的經濟中，誰贏了？李嘉圖的收入分配理論

李嘉圖希望對於財富和資源如何在社會中分配，即在土地所有者、資本家和勞動者之間，進行仔細分析。租金、利潤和工資之間的配置為何，以及它是否會隨著時間而變化？

關於糧食充足的問題是他那個時代的大問題，表現在對玉米法的激烈爭論中（即英國是否應該允許進口較便宜的糧食，還是人為地維持高價來保護地主）。李嘉圖分享了馬爾薩斯的基本見解，那就是雖然土地和種植糧食的能力有所限制，但人口則沒有上限。因此，隨著經濟的成長，土地所有者處於非常好的地位。李嘉圖說，農業用地的租金水準取決於其生育率。當所有良好的土地都被使用之後，人們開始耕種不那麼好的土地，並且隨著人口的增長，最優質土地的租金上漲，溢價隨之產生。這就是他的差別租金理論。

對李嘉圖來說，利潤只是企業主在向工人支付工資和向土地所有者支付租金之後的剩餘。他的利潤理論認為，整個經濟體的利潤率將會保持驚人的穩定，因為只要一個領域或行業被視為享有高額利潤，資本就會進入該行業。這產生的影響是有更多的商品產出，從而壓低價格，因而使利潤降低。在此同時，利潤相對較低的行業將會出現資本流失。由於現在生產的商品較少，那些仍然留在行業中的企業可以收取合理的價格，並且見到利潤再次上升。

這是對經濟處於起步階段時經濟如何運作的理性闡述。但是李嘉圖陷入了與當時其他經濟思想家

相同的陷阱，將馬爾薩斯的人口過剩論和稀缺理論視為既成事實。對李嘉圖而言，很明顯的是，隨著一個國家對食物的需求因人口的增加而增長，將會對農業用地的存量感到壓力倍增。農地租金會增長，導致食品價格飆升，相對來說（根據工資的生存理論）這將意味著工業家不得不支付更多工資給勞工。隨著利潤下降（以及土地租金上漲），投資的動力會消散，導致經濟蕭條。

李嘉圖的解決方案是廢除玉米法，這將使得更多的穀物進口，從而降低糧食價格，因此使工資下降。這麼做將意味著更高的利潤，以保持經濟活躍，以及更多的土地和機械投資。李嘉圖贊成廢除玉米法並不奇怪，因為他不是一個依賴土地租金的貴族地主。地主和資本家之間的爭鬥激烈進行，而李嘉圖相信擁有土地的貴族階層將會取得勝利。最終，拿破崙的失敗意味著糧食價格下跌，玉米法最後終於被廢除。擁有土地者對於英國經濟的控制已然被打破。

和馬爾薩斯一樣，李嘉圖對於人口超過食物供給以及土地所有者凌駕工業家的看法，最終看來是錯誤的。事實上恰恰相反。農業變得越來越有生產力（由於農業機械和植物科學），各國透過進口，供應更多的糧食以滿足需求（多虧自由的國際貿易）。這將我們帶到了李嘉圖最為人所知的貢獻。

國際貿易和比較優勢

亞當・史密斯指出，絕對優勢只是一個國家能夠比其他國家更便宜地製作東西（並在國際市場上出售）的能力，這要歸功於其勞力、氣候、地形或其他因素。李嘉圖的例子是，由於氣候的關係，葡萄牙比英國更容易釀造葡萄酒，而英國可能更適合養羊，並將羊毛變成衣服。如果這兩個國家相互交換過剩的羊毛和葡萄酒，那麼每個國家的情況都會好轉。

但是，如果英國在葡萄酒**和**羊毛生產方面都做得更好呢？想必與葡萄牙交易的原因將不復存在？李嘉圖反直覺的答案是，即使英國在絕對意義上兩者都更佳，但它仍然更適合專注於羊毛或葡萄酒。專注於羊毛將使其在生產中效率更高，而葡萄牙，即使它在生產葡萄酒方面不如英國，透過專業化，它可以提高其效率和**比較**利益。

正如李嘉圖所說，結果是基於國家比較利益的專業化，提高了全球效率。這就是國際貿易行得通的原因。畢竟，如果葡萄牙留在羊毛生產中，那麼它就會有不將資源投入葡萄酒生產的機會成本，而葡萄酒生產是葡萄牙所擅長的項目。葡萄牙若將其國家資源的一半用於羊毛生產，那麼這些資源就無法注入原先可能投資的葡萄酒釀造。

李嘉圖的理論也解釋了為什麼一個沒有任何絕對優勢的國家，仍然可以在世界經濟中進行貿易且有利可圖，因為雖然可能有十幾個國家在生產小麥、羊毛、汽車或服裝上較為優越，但對這些國家來說，沒有從事他們**真正**擅長的事業，諸如ＩＴ服務、商業航空或生物技術，就得付出代價。

李嘉圖的理論在自由貿易世界中運作良好，在此理論之中，國內和國際政治不算是一個因素，但事實上，出於政治和社會原因，各國仍然繼續生產它們不再具有任何實質優勢的東西（農業是顯而易見的領域），而且它們對這些產業的保護扭曲了國際經濟。但不僅僅是富裕國家這樣做：大多數發展中國家只能如此成長，可以這麼說，透過在高關稅壁壘下創造進口替代產業，這讓它們得以創造就業機會和產業。李嘉圖的理論還假設資本將流向具有某項比較優勢的行業或國家。但他承認，資本只是理論上具有流動性；人們更喜歡在國內而不是在國外投資。

比較利益理論的另一個問題是，當一個國家只專注於價格波動很大的一兩種商品時，這件事可能是災難性的。例如，一八〇〇年愛爾蘭與英國的聯盟，導致了愛爾蘭原本受保護的紡織工業市場頓開。在無法與英格蘭的紡織品生產競爭，且糧食生產欠佳的情況下，愛爾蘭人民就只能種植當地的馬鈴薯作物。當馬鈴薯枯萎病來襲時，造成一百萬人死亡。李嘉圖的回答是，自由貿易讓各國實現多元化並且發展製造業或服務業，這些行業透過更進一步的專業化，有更高的機會使價格保持穩定——但顯然，這種調整過程得經過許多年或數十年才會發生，而在此同時，可能會產生很大的社會成本。

李嘉圖的貿易理論突破了重商主義的觀點，即國家以犧牲其他國家為代價而變得富強。相反地，相互交易的國家都覺得他們能「討價還價」，因此所有人都可以同時成長。李嘉圖的貿易理論仍然是重要反對論點，用以對抗支持經濟民族主義和保護主義的論述。正因了解他的模式在本質上至今仍然管用，促成了一系列旨在降低關稅和保護主義的國際自由貿易協定。由於各國可以看到開放的貿易體制帶來了不斷提高的生活水準，並達成了相當好的資源配置，李嘉圖的理論仍然是經濟學的重大成就之一。

總評

在他去世後的幾十年裡，李嘉圖所提倡的兩件事，降低的保護主義和基於比較優勢理論的國際貿易增長——構成十九世紀英國的權力和財富的基礎，並為國際經濟學創造了範例。如今，李嘉圖的面貌反映在每一個新的貿易協定中，這些協議使世界在經濟上更加緊密地連繫在一起，但仍保存著民族國家的力量。對李嘉圖的主要批評，來自於他未能看見土地作為財富來源是如何變得越來越不重要，以及地主貴族菁英是如何地讓位給新的工業階級和不斷增長的金融力量。

《政治經濟學及賦稅原理》是一項為期甚長且細節繁瑣的工作，有許多關於稅收和金錢的章節。在他那個時代，稅收是一個至關重要的問題，因為英國不得不設法為對抗拿破崙的戰爭提供資金，然後在戰爭結束後留下了堆積如山的債務。為了支付帳單，國家可以提高稅收或發行更多公共債務，但此二者都不是李嘉圖所熱衷的方式。他認為，一個國家徵稅越多，有資本的人就越有可能將資金轉移到其他地方，此動機勝過了人們想在國內投資資本的渴望。然而，發行債券籌集資金也產生了負面影響。一筆二千萬美元的戰爭貸款意味著二千萬美元「從國家的生產資本中撤出」。在社會平等方面，李嘉圖認為稅收應略微公平，特別是對奢侈品的徵稅。他說，部長可以對「馬匹、馬車、酒、僕人以及富人的所有其他享受」徵稅，而不會損害用於生產目的的國家資本存量。透過金融家的純粹邏輯，而不是社會良知，他被引導到此一更加公平的位置。

大衛・李嘉圖

在他的荷蘭籍塞法迪猶太人父母從阿姆斯特丹移民而來的十二年後，李嘉圖於一七七二年在倫敦東部出生。十四歲時，他開始在父親的證券經紀公司裡工作，而他的貨幣套利技巧幫助他取得了成功。

當李嘉圖二十一歲那年決定與貴格會基督徒普里西拉・安・威爾金森（Priscilla Ann Wilkinson）結婚，並放棄猶太教信仰時，他的父親斷絕了他與家族的任何金錢往來。他利用借來的資金開辦了自己的股票經紀公司，二十多歲時就賺了不少錢。李嘉圖在四十二歲時退休，並將他的時間分配在倫敦的一間房子和格洛斯特郡（Gloucestershire）的一座大型莊園蓋特康比公園（Gatcombe Park）之間，在那裡他培養了他的兒子們成為鄉紳，其中兩位後來成為國會議員。直到一九四〇年，蓋特康比公園都屬於李嘉圖家族，而現在則為安妮公主（Princess Anne）所擁有。

經由他那個時代的一種常見做法，李嘉圖於一八一九年在議會（愛爾蘭的波塔靈頓，一個他從未造訪過的地方）買了一個席位。作為一名議員，他是當時經濟和金融問題的重要貢獻者，他致力於小政府、低稅收、宗教寬容和言論自由。

李嘉圖於一八二三年去世，留下了大約七十萬英鎊的遺產，相較於他那個時代的其他收入和財富，這筆錢相當於今天約十億英鎊。

2011

全球化矛盾

The Globalization Paradox

「給政府太多的權力，你就會得到保護主義和封閉經濟。給市場過多的自由，你就擁有一個不穩定的世界經濟，並且從那些市場原本要去幫助的人們身上，幾乎得不到任何社會上和政治上的支持。」

「我們不能同時擁有超全球化、民主和民族自決權這一切。我們最多可以有三分之二。如果我們想要超全球化和民主，我們就需要放棄民族國家。如果我們必須保持民族國家並且也想要超全球化，那麼我們必須忘記民主。如果我們想要將民主與民族國家結合在一起，那麼就只能跟深刻的全球化說再見。」

總結一句

全球化涉及各國政府對國家的關注與貿易和金融的全球化本質兩者之間的深刻矛盾。

同場加映

利亞卡特・艾哈邁德《金融之王》(01章)
張夏準《資本主義沒告訴你的23件事》(06章)
娜歐蜜・克萊恩《震撼主義》(20章)
麥可・波特《國家競爭優勢》(34章)
大衛・李嘉圖《政治經濟學及賦稅原理》(36章)

37

丹尼・羅德里克

Dani Rodrik

當反全球化的抗議者在一九九九年擾亂世界貿易組織的西雅圖會議時，他們似乎非常地非主流。貿易自由化存在著顯著的勞工和環境問題，但大多數國家政府認為，實現繁榮的唯一真正途徑是消除貿易壁壘和國家交易成本。如果世界能夠變得更像一個大市場，那麼大家一致認為，每個人都會贏。

然後事情發生了變化。英國大眾投票決定離開歐盟，法國的瑪琳・勒朋（Marine Le Pen）稱「全球主義者」是一類陰險的物種，而川普則站在反全球化平臺上爭取美國總統大位，呼籲重返高關稅壁壘以保護美國的就業機會，廢除與加拿大和墨西哥的北美自由貿易協定，並且退出TTIP和跨太平洋夥伴關係貿易協定的談判——每一種現象都表明了哈佛大學的丹尼・羅德里克所說的「國家主權與全球化之間的緊張關係」。

雖然《全球化矛盾》的出版早於英國脫歐、川普和勒朋，但它仍然是混亂時代的一本精彩指南。羅德里克的觀點認為，貿易政策和資本市場全球化的努力不能與國內政治隔絕，這產生了著名的「三難困境」（下文討論），此困境將繼續為當前所發生的事件提供解釋的線索。簡而言之，他的論點是全球化本身不應該是目的，而是各國實現繁榮和自由的手段。如果人們投票支持，國家則有權保護自己的機構、價值觀和法律制度。與此同時，政治家有責任強調貿易和開放的好處。

有效運行的全球化制度：布列頓森林體系

戰後世界金融秩序的兩位創建者，美國的亨利・迪克特・懷特（Harry Dexter White）和英國的約翰・梅納德・凱因斯想要建立一個鼓勵貿易的開放系統——但他們也知道忽視國內政治只會導致更多的政治和經濟的不穩定。他們幫忙設計的布列頓森林體系（以一九四四年七月各方在此聚會的新罕布夏州的度假小鎮命名）優先考量充分就業、國民經濟成長、社會保險和福利國家，而將完全自由貿易體系置後。但最大的創新是「多邊主義」，即透過包含世界銀行、國際貨幣基金組織和關稅及貿易總協定等專門機構促進國際經濟政策推行；這些機構將取代赤裸裸的霸權國家權力或帝國統治。

雖然這種以規則為基礎的制度得到了新強權美國的支持和保證，但它是非歧視性的，旨在代表和幫助所有國家。例如，關稅及貿易總協定的成果豐碩。藉由連續好幾輪談判，許多關稅得以消除，這幫助了世界貿易在一九四七年至一九九〇年間平均每年成長七％。儘管關貿總協定沒有涉及農業關稅、服務或紡織品和服裝（這些項目受到另一項協議的約束），並且在反傾銷措施方面存在大量漏洞。

各國擁有參與布列頓森林體系的自由，導致了「各種資本主義制度」（例如：法國的規畫國家、瑞典的福利國家、德國的社會市場經濟，以及日本有著高度保護經濟傳統的出口國家），在每種制度之中，各國都擁有革新自身稅收體系、福利條款以及勞力市場法律的空間。對於羅德里克來說，布列頓森林體系是一種「全球化的精簡版」，允許完全的國家主權，但撤除了一些國家間最惡劣的保護主義。結果是成功的，使全世界在三十年間日益繁榮。

超全球化：WTO的時代

從一九七〇年代布列頓森林體系中浮現的貨幣問題，可以看見全球化和市場一體化的新動力。到了一九九五年，在烏拉圭回合談判之後，世界貿易組織取代了關貿總協定，重點從國家優先轉向「超全球化」——一個就本身而言更為意識型態的經濟和金融全球化行為。如果關貿總協定成功地促進了世界的繁榮，那麼順著推理，進一步實現經濟自由化，消除對貿易的限制，以及從全球金融中除去交易成本，不就會讓一切更加繁榮昌盛？

共產主義的崩潰似乎只能證實政府是個惡魔，最好將其影響限制在一種最低的限度。大企業作為這場知識性勝利的一部分，大力推動降低稅收，削減工會權力並且要求放鬆管制。所有自由貿易障礙都被視為「令人嫌惡的事物等待去除」。農業和服務業已按時排入新的WTO協議。

然而，隨著時間的推移，多國政府認為世貿組織的裁決沒有充分考慮到各國的價值觀。到了一九九〇年那惡名昭彰的西雅圖世貿組織會議時，該組織被反全球化抗議者描繪為逐漸廢除勞工和環境標準的工具，同時也是新自由主義議程的一部分，用以阻礙發展中國家並且保護大企業。

還有人擔心全球化是美國收入不平等擴大的主要原因。自一九九〇年代以來，美國從發展中國家的進口量增加了一倍，與美國經濟規模相比，這些國家的工資水準遠低於美國工人。中國作為製造商的崛起意味著許多美國就業機會的蒸發。一九四一年著名的史托普—薩彌爾遜定理（分別以兩位美國經濟學家沃爾夫岡和保羅的姓命名）曾多次預測，指出與低工資國家的貿易不可避免地傷害高薪工人。這在政策上的涵義是，給予各國一些保護以免受全球市場力量的影響是合理的，但推動貿易協定的自由市場基本教義派似乎禁止這樣的事情。

亞洲和全球化：無法令人信服的事實

穩定貨幣的「華盛頓共識」加上金融自由化的市場，似乎成為一九八〇年代和一九九〇年代發展中國家政策制定者所信仰的一種宗教。但是，除了亞洲四小龍和中國所採取的混合、務實的戰略，追隨者對全球經濟持開放態度。任何推動國家干預，甚至傳統被稱為「進口替代工業化」發展模式的人都被視為保護主義者。全球化已然變為神聖而不可侵犯。

證據告訴我們另一個故事。主要由日本資助，世界銀行自己在一九九三年的報告《東亞奇蹟：經濟成長和公共政策》（*The East Asian Miracle: Economic Growth and Public Policy*）中試圖解釋，韓國、香港、新加坡、馬來西亞、泰國和印尼如何透過用本地製造的產品取代進口品並成為全球經濟中的出口商，來取得經濟上的成功。然而，除了香港，這些國家實際上並不是自由市場經濟。

羅德里克指出，中國和印度在過去二十年中取得了令人矚目的成績，僅僅因為它們遵循布列敦森林體系，而不是新全球化的規則。他們沒有完全向國際貿易和金融開放，而是維持了適合自身利益的保護主義水準，包括對國有企業的照顧和對經濟適度的國家干預。中國到了二〇〇一年才得以加入世界貿易組織，因為此時它已經建立了堅實的工業基礎，足以與世界其他地區平等競爭。工業政策逐步取消，關稅降至個位數。在同一時期，拉丁美洲和非洲全心擁護全球化的國家則經歷了更為溫和的成長，或者是停滯不前。

金融全球化：協商帶來更多的波動

一九九七年，國際貨幣基金組織正在推動發展中國家資本帳戶的自由化，這些國家對防止資金突然外流有許多限制（他們喜歡外國直接投資，但自然不希望「熱錢」資金破壞其經濟穩定）。國際貨幣基金組織認為，自由全球資本流動將導致全球儲蓄資金的最有效配置，從而提高經濟增長。

令人驚訝的是，即使亞洲金融危機爆發，仍有人提出此一論點。一九九六年，印尼、馬來西亞、菲律賓、韓國和泰國吸引了私人資本流入，金額達到一百二十億美元。次年，他們則看到資金集體外流一百二十億美元。就在幾個月之前，國際貨幣基金組織剛提及這些國家的「良好基本面」，因此很明顯市場已然完全反應過度。然而，國際貨幣基金組織和美國財政部在隨後的幾年裡，不斷壓迫發展中國家取消資本管制，甚至將之作為貿易協定的條件。

浮動貨幣非但不是一個安全閥，而且成為不穩定的根源，因為這些貨幣的波動，被透過英鎊、林吉特或泰銖獲利的貨幣交易商和投機者給放大了。到了二〇〇七年，每天有三．二兆美元的外匯交易，使實際商品和服務的全球貿易相形見絀，並讓國民經濟難以在就業產出和通貨膨脹方面制定出穩定的方針。

羅德里克承認，一九八〇年代以來，在金融自由化和資本流動大得多的時期，世界曾經大幅成長，但它仍然無法與第二次世界大戰後布列頓森林體系時代的成長率相提並論。當時各國被允許保持資本管制，抑制外國金融和投機買賣，並且堅持控制國內經濟。據說，沒有資本管制的世界會對各國產生約束，因為它們將受到市場和投機者的懲罰。但是，各國想要什麼，以及市場需要什麼，會是同樣的事情嗎？

羅德里克回溯二〇〇七年至二〇〇八年間美國大眾對經濟全球化支持的急劇下降。亞洲國家和中東「產油國」的巨額儲蓄一直在尋求更高的回報，他們部分投入了美國房地產的有價證券中。這反過來推動了不負責任的貸款，以及房地產的泡沫化和破裂。然而，由於金融全球化和跨境資產負債表的共享，該事件並未被控制在美國境內。然而，經濟學家基本上都是金融全球化的啦啦隊員，無視其帶來的危害和風險。

全球化的政治三難

羅德里克的結論是，追求民主、民族自決和經濟全球化三者無法相容。他說，這是「世界經濟的根本政治三難」。如果我們更接近全球化，就必須付出代價——國家主權對於國內政策的掌控權較少，包含勞動法規、環境標準和社會福利。如果民主是主要目標，那麼民族國家和全球經濟一體化之間就得有所取捨。

羅德里克並不認為「超全球化」應該勝過民族自決（national self-determination）和社會約定（social arrangements）。但是，與其看見各國轉為孤立鎖國，或是創造某種全球政府，這條「重新賦予各國民主」的道路是明智的選擇。「一層薄薄的國際規則為各國政府留下了充分的迴旋空間，這是一種更好的全球化，」他寫道，「它可以解決全球化的弊病，同時保留其巨大的經濟效益。我們需要智慧的全球化，而不是極大化的全球化。」

羅德里克提出這樣一種觀點，即民族國家不適合成為全球經濟中的主要權力模式，因為他們都在為自己的利益而戰，因此不會做任何事情來保護「全球公共資源」(global commons)。國家溫室氣體排放政策及其對氣候變化的影響，是典型的例子。這是國際合作之所以重要之處。然而，羅德里克認為，沒有全球經濟公共資源這樣的東西存在。每個國家都應遵循自己的優先順序。他說，這不是「狹隘主義」，而是尊重在跨國制度下通常不復存在的民主事實。

總評

在支持全球化的暢銷書《了解全球化：凌志汽車與橄欖樹》（*The Lexus and the Olive Tree*）中，湯瑪斯．佛里曼（Thomas Friedman）認為，國際資本創造了一種「金色緊身衣」，迫使各國屈服於自由貿易、自由資本市場和小政府。當穿上緊身衣時，佛里曼說：「你的經濟會成長，你的政治會萎縮。」事實上，羅德里克認為：「當全球化與國內政治相衝突時，明智者的投資資金會下注押在政治那一方。」

與受過教育和思想開闊的全球主義者相比，那些不贊成全球化的人往往被描繪成無知和小心眼。沒有比英國公投離開歐盟更能說明這種態勢。那些主要住在城市、受過教育、富裕的「專家」，給英國一千零一個好理由說明為何不該回到經濟上的國家主義。若在許多不那麼民主的國家，專家和菁英們可能早已盼到這一天的到來，但有些事情阻礙了超全球化者的夢想：民主。

羅德里克說，國際貿易和開放帶來了多方面的好處，政客應該為其提供充分理由。然而，全球化必須是一種集中於有效、以歷史為指引，並削弱意識型態的類型。這個世界不僅僅是一個大市場，而且還是一幅由政治信仰、習俗、法律和價值觀交織而成的織錦畫。市場不存在於真空中，而必須由國家政府經營、維護和執行。令意識型態擁護者不安的事實是，更大的市場也需要政府的擴張，各國政府不僅得要制定規則，而且還要保護公民免於開放市場所帶來的不可避免的風險與不安。

丹尼・羅德里克

羅德里克於一九五七年出生於伊斯坦堡。他的父親是一位鋼筆製造商，其業務受到高關稅的保護，而能夠負擔得起送他的兒子去哈佛接受教育的費用。羅德里克繼續在普林斯頓大學攻讀公共事務碩士學位（一九八一）和經濟學博士學位（一九八五）。除了在哥倫比亞大學四年和普林斯頓大學高級研究所兩年，他的整個職業生涯都在哈佛大學度過。他目前是哈佛大學甘迺迪政府學院福特基金會政治經濟學教授。

其著作包括《全球化走太遠了嗎？》（*Has Globalization Gone Too Far?*，一九九七）、《一種經濟學、多種配方：全球化、制度與經濟成長》（*One Economics, Many Recipes*，二〇〇七）和《經濟學規則：陰鬱科學的對與錯》（*Economics Rules: The Rights and Wrongs of the Dismal Science*，二〇一五）。

羅德里克與哈佛公共政策講師皮納爾・多安（Pinar Do an）結婚，她的父親是退休的土耳其將軍切廷・多安（Çetin Do an）。二〇一〇年，多安在一件所謂的企圖政變事件中成為嫌疑犯而入監，並於二〇一四年無罪開釋。這對夫婦曾為他的釋放而奔走。

1948

經濟學

Economics

「經濟工具不可或缺之處在於，可以幫助社會找到在有效率的市場機制與公眾決定的監管和再分配制度之間的中庸之道……但那些想將政府減少到只有警察和一些燈塔的人，卻正生活在夢想的世界裡。一個有效率和人道的社會需要兩者兼具的混合系統——市場和政府。經營現代經濟而不具備此二者就像是試圖用一隻手來鼓掌。」

「國際貿易取代了帝國建設和軍事征服，成為國家財富和影響力最可靠的道路。」

總結一句

市場並不總是帶來繁榮，而政府的干預往往有缺陷。要真正有用，經濟學必須建立在常識，而不是意識型態之上。

同場加映

約翰・梅納德・凱因斯《就業、利息與貨幣的一般理論》（19章）
保羅・克魯曼《下一個榮景：政治如何搭救經濟》（21章）
阿爾弗雷德・馬歇爾《經濟學原理》（26章）

38

保羅・薩繆森&威廉・諾德豪斯

Paul Samuelson & William Nordhaus

「我並不關心是誰撰寫了某國的法律或精巧編制了其高等論文，」保羅・薩繆森說道，「如果我能寫出該國的經濟學教科書的話。」

在他三十多歲的時候，出版了第一版的《經濟學》，當時他已經是一位享譽十年的傑出青年，以為其領域帶入嶄新的數學嚴謹性而聞名。學者們總是希望自己的教科書能夠成為他們學科的標準文本，但薩繆森無法想像，六十年後，在他九十歲時，他會為第十九版撰寫序言。為什麼這本書如此受歡迎？

起初，這本書的成功很大一部分原因是將凱因斯的想法帶給了美國大眾。這項工作象徵著緊抱古典經濟思想的老教授和受凱因斯啟發的年輕土耳其人之間的學術鴻溝（在一篇傳記小品中，薩繆森使用「多方面天才」一詞來形容這個英國人）。《經濟學》不是第一本凱因斯主義教科書，但它是在美國真正具有影響力的一本。薩繆森對管理經濟的可能性給予了重視，而不是單純地將其留給市場力量，這意味著該書受到保守派的攻擊，他們認為這本書偏左或偏社會主義。然而，在提升總體經濟學的過程中，薩繆森只是表達了戰後的時代精神。如果在戰爭的年代中已經看見政府在經濟中扮演這樣一個逐漸成形角色，並且戰爭緊跟著大蕭條和政府在羅斯福新政中扮演越來越吃重的角色而來，薩繆森似乎很清楚，政府力量極小化的「市場國家」是一個幻想。

薩繆森後來寫道，他在一九三二年一月二日「注定要成為經濟學家」，當時他在芝加哥大學上了他第一堂經濟學的課（托馬斯・馬爾薩斯），但因為大蕭條的緣故找不到工作，不得不花四個夏天在密西根湖的岸邊發懶之後，他轉向了凱因斯的理論。

《經濟學》一直受到學生的歡迎（已售出四百萬冊），原因很簡單：與大多數教科書相比，它有一種非正式的，甚至是自我貶抑的風格，沒有太多的數學（但絕非通俗簡化），這樣的形式成為該類書籍的樣板。書中有些帶著嘲弄意味的引用（第一部分從艾德蒙・伯克的名言開始：「騎士年代已然遠逝；詭辯者、經濟學家和計算機的時代緊接而來。」），電子版甚至還有經濟笑話網站的連結。後來的《經濟學》版本由耶魯大學的環境經濟學家威廉・諾德豪斯共同撰寫，他帶給本書一種更現代化的感受，加入包括汙染、氣候變化和排放交易計畫的章節。

超越意識型態

薩繆森為第十九版的《經濟學》寫了一篇題為「中間派宣言」的開卷序。他認為，中間主義稱頌

「一個將市場的嚴格紀律與公正的政府監督相結合的經濟體」。

對薩繆森和諾德豪斯而言事實很明顯，在二〇〇八年金融和房市崩潰之後，由於受到「遲緩但被誤導的自由主義」影響，對兩者的鬆弛監管使世界瀕臨經濟災難。中間派的方法不是意識型態的，而是看證據，過去二十年的事件清楚地表明，無論是不受管制的資本主義，還是中央計畫經濟，都不是繁榮的可行途徑。經濟如果順著海耶克—傅利曼的路線經營，可能就沒有福利制度、沒有最低工資、沒有國家公園，也沒有任何限制汙染和全球暖化的規定——但全世界「大多數」公民卻在投票支持這樣的事情。作者說，人們想要的是達成某些社會目標的法則，並結合足夠的自由，以在市場上競爭。市場系統以盈利或虧損的形式向生產者提供回饋。通過追求利潤，公司自然會生產更多人們想要或需要的東西，從而有效地分配社會資源。但效率的無形之手只有在市場本身開放且運作良好時才有效。如果存在市場失靈，人們仍得承受負外部性，例如汙染或壟斷。完全的競爭即便存在，也很少出現。

薩繆森的經濟學：「新古典綜合」

在第四版（一九五八年）中，薩繆森首先使用「新古典綜合」此一術語來描述他的方法，他認為經濟學不能再分為凱因斯主義陣營或反凱因斯主義陣營；凱因斯的思想已經成為主流經濟學的一部分。正如古典經濟學所認為的那樣，自由放任經濟中沒有任何機制可以自然地平衡投資和就業，並且若這樣的情況果真發生，那就是純粹的運氣。當私營部門不支出，政府則有必要花錢，並且由中央銀行透過操縱和設定利率來抑制通貨膨脹，並作為最後貸款人。

該書的後期版本，對國家在經濟中的角色更為謹慎。薩繆森和諾德豪斯指出，在經濟衰退時期，赤字支出很好，但它對正常時期的投資和成長產生了嚴重影響。當政府在任何一年中出現赤字時，該政府為軍隊、教育、福利和健康所提供的資金便加到長期堆積如山的債務中，這些債務當然必須由後代子孫償還。在獨立之後的前二百年，美國政府通常提出均衡的預算，但在冷戰期間，美國政府將社會和軍事開支提升到新高，並且在雷根和布希政府執政期間的減稅方案導致政府更進一步的赤字。薩繆森和諾德豪斯指出，到了二〇〇九年，美國政府出現了二十億美元的赤字，這是「自第二次世界大戰以來占GDP的最大比例」。

政府支出較高或稅收較低的財政政策肯定會刺激短期支出和投資，增加社會閒置資源的使用，但這通常需要央行升息來阻止由此類花費造成的通貨膨脹，並藉由金融市場對匯率施加壓力。因此，政府干預往往是自我破壞。

你採取的總體經濟立場取決於你是否信任由政府來管理經濟。「新古典綜合」允許市場失敗而再生（至少在短期內）有時會困擾資本主義經濟，同時充分認識到市場在優化資源利用、提高生產力和增加財富方面的卓越能力。薩繆森的結論是，大多數的時候，貨幣政策是微調商業週期以確保經濟穩定的「防衛前線」。然而，很明顯地，在二〇〇八年之後，僅僅擁有低利率無法推動美國經濟。國會投票通過的一籃子刺激計畫就是對此的認可，以及為了防止流動性危機而對銀行進行援助。在現代資本主義的宮殿中，似乎大部分時間裡人們都可以將凱因斯放到後面的房間並且遺忘。但每隔一段時間，他就被要求得穿上一件管家的衣服，然後把房子整理好。

成長與政府

總體經濟學的目標不僅僅是穩定，薩繆森和諾德豪斯強調，而且還要透過增加每個工人的產出，來創造不斷提高的生活水準。

但成長是如何發生的？作者引用了成長的「四個輪子」：人力資本、自然資源、資本、技術能力和創新。新古典成長模型表明，如果你只是像最初那樣建造更多的工廠，或者以相同的方式增加農場的數量，而不使用新技術，那麼你就進入了「長期穩定狀態」。經濟體可能會變得更大，但生活水準不會提高。你需要資本深化和技術變革來提高生產力和工資。那麼是什麼讓一個國家處於創造和採用新技術的前端，而其他國家卻落後了？薩繆森說，關鍵是競爭。如果競爭激烈，企業需要保持領先地位才能生存和發展，這通常意味著開發或採用新技術來提高生產力。

成長並不是僅像是保守派和自由主義者認為那樣「不擋住商業的道路」，而是看到市場失靈的現實可能對國家產生什麼影響。「新成長理論」（倡導者包括保羅．羅莫）指出，技術不會就這麼發生，而是需要結合私人市場力量、機構和公共政策，才能真正使整個經濟體受益。公司可以從發明中獲取巨額利潤，但如果不是政府提供資金給某些就公司角度而言不符經濟（效益）的研究，並且透過建立包含專利和版權在內的知識產權來促進創新，那麼許多創新和研究都不會出現。凱因斯所謂的「企業精神」可能具有普遍性，但持續的成長和生產力始終需要良好政府的土壤以扎根。

總評

在〈保羅．薩繆森《經濟學》的毅力〉（The Perseverance of Paul Samuelson's *Economics*）一文（《經濟觀點雜誌》〔*Journal of Economic Perspectives*〕，一九九七年春季）中，馬克．斯克森（Mark Skousen）指出，教科書接下來的版本向凱因斯主義傾斜的情況變得較不那麼明顯，並且對包括芝加哥和奧地利學派等在內相互競爭的經濟學派給予了認可。然而，這些被描述為外界「主流經濟學」的學派，綜合了新古典市場經濟學和過去六十年來主導政治經濟的凱因斯主義福利國家。因此，斯克森指出，《經濟學》提供了大量市場失靈的例子，但很少有相應的政府失靈案例。保守派還抱怨薩繆森被自由派觀點所騙，相信共產主義是一種經濟和政治組織的持久形式，可以與市場自由主義同時存在。

「經濟學首先是一個活生生的、不斷發展的有機體。」薩繆森說，《經濟學》在過去幾十年的許多變化和更迭中取得成功，很大程度上要歸功於承認這點。即使經常更新，但這項工作卻不可思議地缺乏這過去二十年間此學科革命其中的一項：行為經濟學。實際上，迪爾德麗・麥克洛斯基（Deirdre McCloskey）發明了「薩繆森方式」（Samuelsonian）這個詞來表示此學科的一種方法，即假設人類比他們實際上更加理性。儘管存在此缺陷，但在這個意識型態競爭不休的學科裡，這本書因其中庸節制而著稱。薩繆森於二〇〇九年去世，但他關於市場和政府角色的務實論述，體現在他的許多學生身上，其中包括喬治・阿克洛夫、約瑟夫・史迪格里茲和保羅・克魯曼。

保羅・薩繆森

一九一五年，薩繆森出生於印第安納州加里（Gary）的波蘭猶太移民家庭中。他們後來搬到了芝加哥，而在十六歲時，薩繆森就讀於芝加哥大學，他的同時代名人包括米爾頓・傅利曼和喬治・斯蒂格勒。

他於一九三六年獲得碩士學位，一九四一年獲得哈佛大學博士學位，他當時在約瑟夫・熊彼得和凱因斯信徒阿爾文・漢森（Alvin Hansen）的指導下學習。他的論文後來成為獲獎作品《經濟分析基礎》（*Foundations of Economic Analysis*），並於一九四七年出版。薩繆爾森隨後成為麻省理工學院的助理教授，並留在麻省理工學院直到他去世。他是美國財政部、聯邦準備委員會和美國總統的顧問，並在一九六〇年大選後，在海安尼斯港（Hyannis Port）的海灘上為約翰・甘迺迪提供了絕佳的指導。如同他的朋友和知識論戰的夥伴米爾頓・傅利曼一樣，他有強烈的願意與大眾接觸，並從一九六六年到一九八一年為《新聞周刊》撰寫專欄文章。他承認撰寫《經濟學》有部分的原因是為了錢，那時他們已有三個孩子，而他的妻子瑪麗恩又剛生下三胞胎。

《保羅・薩繆森的科學論文集》（*The Collected Scientific Papers of Paul A. Samuelson*）多達五冊，時間跨越五十年。薩繆森—史托普定理（Samuelson- Stolper theory）是其眾多貢獻之一，該理論認為自由貿易可能會導致富裕國家的工資下降，因為就業機會「出口」到低工資國家。

1973

小即是美

Small Is Beautiful

「無論多麼精彩的構想或表面上有多麼大的吸引力，毒害環境或破壞社會結構和人類自身的科學或技術『解決方案』都沒有任何好處。越來越大的機器，意味著越來越集中的經濟權力，以及對待環境越來越暴力，這些並不代表進步：它們是對智慧的否定。智慧要求科學和技術朝著新方向發展：有機、溫柔、非暴力、優雅和美麗。」

「人類很渺小，因此，小是美麗的。追求無限擴張，就是尋求自我毀滅。」

總結一句

大規模生產和消費不是規畫世界經濟的唯一途徑。

同場加映

黛安·柯爾《GDP的多情簡史》(08章)
伊莉諾·歐斯壯《治理共有財》(31章)
卡爾·波蘭尼《大轉型》(33章)
托斯丹·范伯倫《有閒階級論》(49章)

39

E・F・修馬克

E. F. Schumacher

在亨利・福特於二十世紀早期完善裝配線技術與一九七〇年之間，工業已經變得如此先進，以至於人們說「生產的問題」（為所有人創造足夠的熱能、燃料、食物、光線和運輸）已經解決了。事實上，一切都可以大規模生產，並以合理的成本，來滿足不斷成長的世界人口。然而，修馬克觀察，這種明顯的成功建立在一個假設的基礎上，即人類身處自然之外，且使用自然資源不用付出任何代價。

正如我們認為已經解決了「生產的問題」，汙染和環境惡化所產生全新、意料之外的後果變得顯而易見。新的問題源自於一個錯誤的假設，即自然資源是「收入」，而事實上它們是正在迅速減少的**資本**。修馬克指出，我們正在做這件事，因為我們「傾向於認為我們沒生產的一切都不具價值」。如果不是我們所生產，那麼就是免費的。這種錯誤的推理威脅著我們的未來，他在《小即是美》中寫道，農業、工業和社會都需要一場寧靜革命。

作為一名年輕的德國經濟學家，修馬克接受了他學到有關經濟成長的知識，並在英國和德國的戰後重建工作中發揮了作用。

但到了四十多歲，他已經變成一名激進派，其使命是揭露「只要有越來越多的財富，其他一切……就會水到渠成」這種荒誕想法。在他寫作的時候，美國只有全世界人口的六％，卻使用了世界上四〇％的主要資源。他思考著，追求「成長」何時變得如此荒謬？

由修馬克以前發表的論文結集而成的《小即是美》最初銷售得很慢，但它在逐漸興起的中產階級運動中「流行起來」，這些運動關注世界貧困、生態、替代能源使用和自我成長的永續發展，並成為萌芽階段環境運動的標誌，銷售數百萬份。

更永久的繁榮

雖然凱因斯有一種美好的想像，覺得有一天人們會對一切豐衣足食感到滿足，因此可以專注於生活的非物質方面，修馬克思考後則認為，人類追求富裕即意味著無限制的生產和消費。

修馬克斷言，現代資本主義的決定性特徵是貪婪和嫉妒。由於消費增加無法滿足他們的需求，人們會轉向自私、甚至是反社會的目的。這就是為什麼在囊橐豐盈的年代有層出不窮的社會問題，以及為什麼國內生產毛額的上升幾乎無法告訴我們所處社會的真實狀態。實際上，它可能僅僅是伴隨技術進步而來之壓迫、不平等和過度開發自然資源的指標。更好的選擇是修馬克所說的「永久性」，這是一種更加持久和有彈性的社會和經濟形式，因為它以充分認識到地球資源和人類需求的方式進化。這一切可以甘地的評論總結：「地球足以滿足每個人的需要，但不是每個人的貪婪。」

邁向新的經濟學

修馬克說，經濟學已然在我們文明中變成如此核心的位置，以至於它可能會掩蓋所有其他事物。標示「不經濟」的任何事都被視為傻瓜之舉；似乎唯一重要的事情是究竟會否帶來利潤。但對於修馬克而言，這樣的想法掩蓋了一個事實，即利潤可能無法使整個社會受益，事實上還可能會損害它。用打破眾所周知的一句話來說，對通用汽車來說的好事，對美國來說不一定是什麼好事。

關於什麼是「經濟的」評斷強烈地偏向於短期，並假設生產所需的許多投入，如清潔的空氣和水，以及良好的土壤，都是「免費的」。即使某活動對環境而言很可怕，但仍可能被人們視為具有經濟效益的活動，而相較另一項長期保存和維護相同環境的活動，則可能被視為「不具經濟效益」。

經濟學的另一項缺陷是將所有財貨和勞務簡化成買賣雙方之間的市場交易。買方不關心產品如何製造而出，而只關心價格合適與否。修馬克的見解是，市場僅僅是「社會的表面」，並沒有說明如同一處在冰山之下的「自然或社會事實」。「市場是個人主義和免責的制度化。」他寫道。修馬克創造了一個新的術語「後設經濟學」，即在自然脈絡下，財貨和勞務質量影響方面的經濟學研究。經濟學家談論「財貨」，而沒有區分它們是人造商品還是大自然所提供的商品，以及商品是否易於替換（或用今天的語言來說——「永續」)。

佛教經濟學

佛教國家認為他們可以將他們的精神遺產與現代經濟學結合起來，但修馬克問道，若能讓他們擁有自成一格的經濟學，這不是更有意義嗎？

現代經濟學家將「勞力」視為與提供勞動力的人類分開的單位。對許多人來說，工作是必要之惡，而對雇主來說，勞力只是生產的投入。因此，可以減少人類工作量的一切都被認為是好的，包括將任務分解為最簡單形式，以便從專業化中獲得收益。然而在佛教中，工作有三個目的：個人能力的發展、經由與他人一同投入共同任務來克服自我中心，以及創造能夠改善人們生存的財貨和勞務。如果遵循這些規則，那麼人們在創造產品以銷售的過程中做出無聊、傷腦筋或無意義的工作就不再是正確的，因為這意味著產品比製造產品的人更為重要。為了獲得一些閒暇時間而工作的想法也與佛教思想不同，因為生活被視為一個整體而不是分隔成片片斷斷。修馬克指出，佛教徒「認為文明的本質不是在欲望的倍增當中，而是在於人性的淨化」。如果性格是由做有意義的工作所創造，而這些工作運用和發展工作者的技能和潛力，那麼使用機器完成所有工作是沒有意義的。失業對人們來說是一場災難，不僅因為這樣使他們的收入減少了，並且因為他們突然之間沒有了生活中對自我發展至關重要的紀律因素。工作提供了秩序和意義。

佛教經濟學被定義為「以最少的消費獲得最大的福祉」。無論生產什麼，都應該以某種方式促進心性的提升。修馬克覺得這樣的想法非常理性。相比之下，由消費來衡量一國的經濟，而消費最多的人則是最富有的人，顯得極為非理性。

佛教經濟學的標誌是「質樸和非暴力」。生活在自給自足社區的人們不太可能引發或捲入大型衝突，因為他們的存在不依賴國際貿易。由在地資源為本地需求生產東西確實有其意義，而涉及依賴外國進口的生產並非善巧，而是失敗。佛教觀點使人們認為自己是所有人仰賴的生態系統中存在的數十億眾生之一。因此，為了個人利益而將這個生態系統的一部分據為己有荒誕至極。

修馬克說，我們並非面對得在現代工業成長和農村停滯之間做出選擇。在「唯物主義的疏忽大意與傳統主義的停滯不前」之間存在著中間道路，我們應該用我們的思想來找到這種「正確的生活」。

適當的技術

在「人性化技術」一章中，修馬克寫道，資本密集型「技術移轉」可能在許多發展中國家對GDP成長起到一定效果，但它也創造了一個雙層的社會，即從與新產業相關的就業和投資中受益的都會菁英，以及處境倒退的農村貧困人口。他建議用釋放人們潛力而非摧毀它的「中間技術」取代高資本技術的狂熱。與巨大的工業生產相反，這種「自助技術」或「人民的技術」可以在當地有效利用，使用少量電力或燃料，節約自然資源，需要些許或不需要任何債務，適合社會和文化行為模式，並消除了對大型工廠和基礎設施的需求。修馬克的中間技術被稱為「適當的技術」，但現在通常歸屬於「可持續發展」的傘下。

修馬克的想法是對甘地家庭工業國家願景的回應，這與印度民族主義者希望印度成為的工業強權相去甚遠。隨著全世界工業資本主義的不斷前進，修馬克／甘地的願景現在看似古怪，但修馬克認為經濟和軍事強權接踵而至的說法有其道理。如果後者不追求前者，戰爭的根源就得以消除，因為一國不再與他國爭奪資源，或破壞自身繁榮所繫的自然資源。對於修馬克而言，為獲得更高水準的社會福祉與和平，較為緩慢的發展是一個非常值得付出的代價。

總評

修馬克的思想預示著有機、低食物里程、工藝的觀點，而此觀點如今已經成為大眾消費、高能耗生活方式之外的替代選項。他在某些領域領先他的時代，但在其他領域，《小即是美》現在看來似乎顯得烏托邦。雖然他試圖用「適當的技術」來幫助窮人，但發展中國家卻將這些視為窮人次級技術的委婉說法。大多數國家希望複製使富裕世界豐饒的工業規模和技術。他也不理解技術可能意味著更適當地利用現有資源，或財富增加意味著更小的家庭。（地球的人口在本世紀增加到大約九十億至一百億之後，將會穩定下來或甚至開始下降。）他沒有看到國際移民，以及都市移居，提供了人們如果留在與外界無涉的農村所不會有的機會。

修馬克真正留給世人的是，自該書出版以來，人們對環境問題的意識不斷提升。《小即是美》提前揭示道德消費者的崛起，當廉價服飾是孟加拉國血汗工廠條件的成品，或者當只有藉由支付中國工人勉強餬口的工資才能提供低價智慧型手機時，他們會大聲抗議。他的觀點是，人類的正義和環境健康相輔相成，以及經濟學的簡潔意味著一個不那麼暴力的世界，而這依然強而有力。

E・F・修馬克

恩斯特・弗雷德里希・「弗里茨」・修馬克於一九一一年出生於波昂（Bonn）。他的父親是一位政治經濟學教授。在波昂和柏林學習之後，他於一九三〇年獲得牛津大學的羅德獎學金（Rhodes Scholarship），然後又在紐約的哥倫比亞大學獲得經濟學研究所學位。

修馬克回到德國結婚，但由於納粹主義的興起而感到震驚，他搬到了英格蘭。作為德國國民，他葬於英格蘭—威爾斯邊境的普雷斯希斯（Pres Heath）營地，但幾個月後被允許葬回他在北安普敦郡鄉下的農場。一九四三年他為《經濟學刊》（*Economica*）撰寫的關於國際清算機制的論文引起了凱因斯的注意，並且他也認英國福利國家的建構者卑弗列治勛爵為導師。一九四五年，他成為英國公民，並在英國控制委員會工作了四年，負責戰後德國重建。一九五〇年，他在英國煤炭委員會展開二十年的職業生涯。一九五〇年代中期，他在緬甸待了幾個月，在那裡他發展了佛教經濟學概念。他還曾在印度及尚比亞擔任開發顧問。

修馬克於一九七七年去世。他的另一本重要著作《困惑指南》（*A Guide for the Perplexed*，一九七七），是一本對唯物主義的哲學批判。

1942

資本主義、社會主義與民主

Capitalism, Socialism, and Democracy

「國外或國內新市場的開放，以及從藝品店和工廠到諸如美國鋼鐵公司等組織發展，都說明了同樣的工業突變過程——如果我可以使用那個生物學術語——不斷地從內部改變經濟結構，不斷地毀舊，不斷地創新。這種創造性破壞的過程是資本主義的基本事實。」

「由於資本主義企業傾向於透過其成果使進步全然自動化，我們得出的結論是，它往往使自己變得累贅多餘—在自身成功的壓力下崩解。」

總結一句

資本主義之所以能夠運作，是因為它處於不斷變化的狀態。不穩定是我們為創造財富的再生和再造所付出的代價。

同場加映

威廉・鮑莫爾《創新力微觀經濟理論》(02章)
彼得・杜拉克《創新與創業精神》(09章)
卡爾・馬克思《資本論》(27章)
路德維希・馮・米塞斯《人的行為》(29章)
艾茵・蘭德《資本主義：未知的理想》(35章)

40

約瑟夫・熊彼得

Joseph Schumpeter

雖然他的許多同時代經濟學家現在都被遺忘了，但自一九五〇年他去世以來，約瑟夫・熊彼得這顆恆星仍然持續高掛。

他吸引人們注意一件現在看來非常明顯的事：資本主義本質上是動態的。資本主義不僅僅是基於價格機制下投入和產出的機器，而是一個全然由有**想法**的參與者（特別是企業家）形塑而成、持續活動和變化的過程。熊彼得呈現出資本主義與計畫經濟不同之處，它具有非線性一面，因而無法預測。我們從未真正知道下一個大產業將會是什麼，或是下一個熱賣產品，或者下一次經濟衰退何時到來，因為資本主義是數十億人獨立思考和行動的總和。在計畫經濟中，意想不到的成功變成了從系統中解脫出來的異常現象。在資本主義中，企業家抓住小小的成功，使其成為新企業或行業的核心。關注新創，並且儘管投資很大而願意捨棄舊技術和流程，這使得資本主義如此成功和充滿活力。

然而，熊彼得的作品之中有些真正諷刺之處。他賴以聞名的「創造性破壞」一詞，源自資本主義的主要敵人卡爾・馬克思，而他論述創造性破壞的章節在四百三十一頁的作品中只占了五頁。

雖然熊彼得被認為是資本主義偉大的聖人之一，但他卻將資本主義、社會主義和民主的很大一部分用於預測系統的滅亡，並且由技術官僚的社會主義所取代。他看到企業家被大量的官僚經理人所取代，他們提供了更多的穩定性，但卻減少了經濟活力。

資本主義實際上究竟是什麼：創造性破壞和對壟斷的渴望

熊彼得的其中一項觀察是，作為一種「有機過程」，資本主義運作並非一成不變。它不僅間歇性地取得進步，而且其資源利用的不均衡和不完美，成為企業家解決市場中所察覺問題和鴻溝的刺激因素。這與古典經濟學家的均衡和完美體系相距甚遠。

如果你看一下普通工人可以買得起的東西，比如五十年前，比起他所賺的工資，你會驚訝於如今幾乎所有東西的相對價格都下降了。然而，與其說是競爭本身造就了此奇蹟（正如古典經濟學家所認為的那樣），熊彼得則認為，是大企業及其渴望創造壟斷的情況持續改善了我們的生活水準。這不僅是因為新公司可以在產品或服務突然填補了未滿足且往往未被認識的需求背後迅速發展壯大，更因為公司必須不斷重塑自身以考慮經由資本主義社會而來「創造性破壞的持久強風」。熊彼得說，資本主義的關鍵，不在於它運作現存結構和企業的方式，而是「它如何創造和摧毀它們」。

古典經濟學家，以及隨後的馬歇爾和魏克賽爾，假設我們生活在一個壟斷是例外的完全競爭世界中。事實上，熊彼得說，每個企業或企業家都試圖透過定價或產品差異來創造出一點壟斷的空間，而實現此目標是他們努力的回報。在資本主義中，壟斷不是異常，而是目標。根據古典的看法，限制性或壟斷性做法總是很糟糕，導致一個國家可能產出的減少。熊彼得說，這是個一廂情願的想法。現實情況是，這些做法，包括專利和智慧財產的保護，使公司和產業能夠充分發揮其潛力。當然，為了彌補他們的投資，各公司常常覺得他們必須阻撓或收購競爭對手，因為他們知道，另一家公司出現足以顛覆整個行業新技術的那個時刻必然會來臨。熊彼得並未說所有形式的限制性或壟斷性做法都是好的。事實上，長期把持某行業或經濟的企業聯盟可能真的會損害它。他的觀點是，經由有機出現的壟斷情況，由於有更好的產品可供許多人使用，對經濟來說可能比完全競爭的系統更加有所助益。

壟斷理論認為，與完全競爭的情況相比，壟斷的價格總是更高，而且壟斷的產出量較小。但事實通常並非如此，理由很簡單，壟斷企業憑藉其規模和利潤，開發了卓越的生產方法，並且相較於可能的競爭對手，對供應商有更大的議價能力。與競爭市場中可能達成的情況相比，這些優勢使壟斷企業能夠以更低的價格，提供更多的產品。熊彼得說，擁有壟斷地位的主要價值在於，在可預見的未來裡可以防止市場動盪，並且可以實現長期的規畫。

無論如何，熊彼得觀察到，真正的壟斷（其中產品或商品只有單一賣方）實際上在資本主義中非常罕見，通常無法存在足夠長的時間以對經濟中的總產出產生負面影響。因此，他說：「盲目的『信任破壞』，或對任何有資格作為限制貿易的東西進行控訴，並非常見情形。」此外，「特別是在製造業，壟斷地位通常沒有緩衝空間得以稍作歇息。因為這樣的地位會被奪走，所以只得透過警醒和精力來保持。」

資本主義文明

在分析了資本主義的力量之後，熊彼得採取了一個令人驚訝的轉折，用書中的剩餘篇幅指出其缺陷，並判斷資本主義終將告結。

儘管在書中前面的部分他論證資本主義在提高生活水準方面使普通工人受益匪淺，但深層問題在於人們很難喜歡資本主義。畢竟，它是一個理性、功利的體系，它篡奪了幾個世紀的封建和部落社會形式，而無論這些社會制度的經濟缺點為何，它們都為個人提供了真正的意義和地位。資本主義的無情邏輯使它看起來像是反人類；它的不斷變化造成了不安全感，進而滋生了社會動盪，而社會的原子化和個體化導致了對婚姻制度和中產家庭制度的破壞。

令人驚訝的是，正如馬克思所希望的那樣，表達出對資本主義的仇恨並非是那些工人，而是那些認為資本主義在道德上有害的中產階級知識分子。這在一定程度上是教育普及化的結果，教育的普及產生遠比具有挑戰性而等待完成的腦力工作多得多的受教育人士。他們無法看到自己的潛力實現，轉而反對制度。

資本主義的未來

在「崩塌的牆」這一章中，熊彼得勾勒出大多數人基本物質需求得到滿足的時刻。就像亙久承平時代的將軍一樣，企業家沒有什麼事情可做。他認為，聰明的人會從商業轉向其他追求。曾經過往的進步得仰賴個人天才的靈光乍現，如今則是實驗室中的一群人創造了新的未來。熊彼得認為，創新變得常規化，而經濟進步變得「去個人化和自動化」。委員會和實驗室取代了個人行動，而大企業吸收了個別企業家以及他們的小企業。

隨著這種進步的自動化，熊彼得預見經濟成長不可能繼續以其在血腥資本主義時代所進行的速度持續下去。他並不認為大蕭條和隨後的支持政府時期是資本主義的喪鐘，而只是經歷了「永久性的活力喪失」。鑑於人類希望減少不確定性和風險，以及政治人物的干預，資本主義國家不可避免地會變得官僚化，而其利益會更均勻地分配。

熊彼得對股票擁有型社會的興起感到不滿，在這個社會中，數百萬人擁有企業的一小部分正在取代直接所有權和資產控制權。這種朝向所有權分散和非物質性擁有的轉變，意味著不再有公司所有人竭盡自身全力保護和發展他們的工廠或磨坊；相反地，他們由非個人機構和他們的經理人管理，與政府結盟，以確保促成更廣泛的社會效益。資本主義國家非但沒發生革命，反而是經歷一個逐漸官僚化和國有化的過程。繁榮和蕭條持續不歇的商業週期所帶來的不平等和不安全感，將導致更大幅度的福利國家和社會保障。在這個新的安定世界中，資本主義命脈所繫的企業家將隱身大環境中，而其工作現在則由大公司來完成。

總評

熊彼得認為，資本主義及其驅動力——企業家——將會消亡，此看法是否正確？

雖然可以說戰後時代一直由大企業所主宰，正如馬克思和他所預見的那樣，但同時資本主義繼續以某種速度摧毀和創造新的產業。思考一下我們這個時代出現的亞馬遜、臉書和谷歌等網路公司。它們並非來自現存公司的實驗室，而是來自個人的構思。資本主義仍然容許騷亂，而即將來臨的巨額財富確保了人們將有動機創造出打造全新市場的產品和服務。如果動機只是技術官僚社會主義所要求的「為國家服務」，那麼這種情況是否會發生令人懷疑。

熊彼得認為，如果公司不再由個人資本家擁有，而是由大型機構或數百萬股東擁有，那麼資本主義的生命就會走到盡頭。這樣的情況沒有發生。有許多積極的投資者要求公司不斷進步或解散。而養老基金等機構的大量股權，確保了大公司有很長一段時間可以為未來投資。更多人對這些公司的好表現感興趣，而企業的官僚化防止了單一所有者—企業家的不合理行為及錯誤。

熊彼得似乎要我們取捨，是要選擇不受管制的衝動資本主義，但同時帶來巨大的財富和社會不平等，或是一種刪改後的版本，承諾社會烏托邦但卻扼抑成長的動力——企業家。經驗告訴我們，資本主義是一種良好的平衡行為，處在殺雞取卵（個體創業和創新）與改善創造性破壞的影響之間。然而，富裕國家的人民必須接受，各行各業都有其生存壽命，而且沒有任何工作安穩無虞。不安全是繁榮的代價。

約瑟夫・熊彼得

熊彼得於一八八三年出生於特里施（Triesch），該地當時是奧匈帝國的一部分，而現在則是捷克共和國的特雷斯特（Trest）。他的父親擁有一家紡織工廠，當熊彼得只有四歲時，父親便去世了。他就讀於一所菁英學校，並在維也納大學學習法律和經濟學，在那裡他受到經濟學家歐根・博姆—巴維克（Eugen von Böhm-Bawerk）極大的影響。他於一九〇六年獲得博士學位，在接下來的幾年中出版了幾本書，包括《經濟發展理論》（*Theory of Economic Development*，一九一一），並在格拉茨大學（University of Graz）獲得了教授職位。

由於熊彼得一直是帝國的支持者，在第一次世界大戰結束後，他驚訝地發現自己被任命為新社會民主黨政府的財政部長。六個月之後，他不得不辭職，而隨後的銀行職務也以失敗告終，當時他經由個人投機所積攢的一小筆財富也隨著失去職務而煙消雲散。一九二五年，燃眉之際他得到了波昂大學（University of Bonn）的一個學術職位。

一九二〇年代末期，熊彼得被邀請到哈佛大學演講。他後來成為美國公民，並一直待在美國，直到他的生命結束。他是羅斯福新政的強烈批評者，並提出史達林比希特勒要危險得多的警告，導致他被聯邦調查局視作親納粹者加以調查（沒有對他提出任何指控）。他在一九五〇年去世，當時正在他的第三任妻子、經濟史學家伊麗莎白・布迪・熊彼得（Elizabeth Boody Schumpeter）的協助下，完成《經濟分析史》（*History of Economic Analysis*）。

1978

微觀動機與宏觀行為

Micromotives and Macrobehavior

「社會組織的——我們所謂社會的——絕大部分是由制度安排構成，以克服認知的個人利益與一些更大的集體協議之間的這種差距。」

「我們正在處理的是，人們受個人動機驅動去做和他們想要共同完成的事情之間的頻繁分歧。」

「有了人，我們就會被我們追求目標和解決問題的形象所迷惑。我們可能忘記，人們追求被誤導的目標或不了解他們的目標，以及他們喜歡或忍受那種在他們的目標上欺騙他們的潛意識過程。」

總結一句

個人可以做出對他們而言是合理的決策，但會為社會帶來負面結果。

同場加映

弗雷德里希・海耶克《知識在社會中的運用》（16章）

史帝文・李維特＆史帝芬・杜伯納《蘋果橘子經濟學》（22章）

伊莉諾・歐斯壯《治理共有財》（31章）

理查・塞勒《不當行為》（48章）

41

湯瑪斯・謝林

Thomas C. Schelling

在麥爾坎・葛拉威爾、史蒂芬・李維特或提姆・哈福德（Tim Harford）等當代作家創造了一種新的「流行經濟學」類型之前，早有湯瑪斯・謝林為一般讀者著迷之處撿選出學科裡奇特和有趣的部分。

由於「透過賽局理論分析加強了我們對衝突和合作的理解」，謝林於二〇〇五年獲得諾貝爾經濟學獎（與以色列裔美國數學家勞勃・歐曼共享）。在諸如《入世賽局：衝突的策略》（*The Strategy of Conflict*，一九六〇）和《軍備的影響力》（*Arms and Influence*，一九六六）此類書籍中，他深入研究了作為冷戰核子時代一部分的影響力及威懾力算計。謝林與導演史丹利・庫柏力克（Stanley Kubrick）和小說家彼得・喬治（Peter George）的對談，產生了電影《奇愛博士：我如何學會停止恐懼並愛上炸彈》（*Dr Strangelove or: How I Learned to Stop Worrying and Love the Bomb*，一九六四）。

《微觀動機與宏觀行為》是謝林將賽局理論的原則應用於日常生活中。他將數學家約翰・奈許開創的賽局理論定義為：「當兩種可能性中的更好選項，或者幾種可能性中的最佳選項，取決於其他人將要做出或正在做出的選擇時，理性個體如何做出決定的研究。」換句話說，決策是根據其他人的選擇而決定，而他們則依次根據別人的行為做出決定。他的用語「微觀動機與宏觀行為」僅是闡述個人如何行動與「人們」作為一個整體如何表現之間的關係。

在經濟學家理論化的完全競爭市場中，數以百萬計的個人各自行動產生一個良好的集體結果，某種均衡。例如，如果有太多人駕駛會產生汙染的汽車而使它們的價格變得太昂貴，那麼人們就會轉而使用公共汽車運輸，這對整個社會都有利。但謝林指出，在現實世界中，個人做出的決定可能對他們有利，但對群體來說卻不是那麼好。即使魚群數量已經耗盡，漁民仍繼續捕魚，父母們也會在廁所裡扔溼紙巾，銀行家們甚至在房價泡沫中繼續放貸。在這每種情況下，都可能產生「均衡」（無魚海、堵塞的下水道、價格過高的房屋），但這些情況對大眾沒什麼好處。

我應該坐哪兒？

這本書首先對座位模式進行了一次著名的分析，這是由謝林作為訪問講者時的經歷所引發。當時他即將上臺演講，讓他感到困惑的是，雖然禮堂看起來塞滿了人，但前面十幾排是空的。他們並沒有保留座位，為什麼沒有人坐在這些位子上呢？

謝林研究了前方空排的許多可能原因，包括希望避免因為坐在最前排而感到尷尬或曝光，希望坐在他人附近，或者只是偏好坐在靠近後方以便快速離開。似乎人們喜歡坐在別人附近，但不要太靠近（在他們和下一個陌生人之間留下至少一把空椅子）。謝林清楚地了解，我們座位的偏好不僅僅與理性事物如舒適或有個良好的舞臺視野有關，而是由情境心理所形成。如果後排的座位沒有填滿，那麼沒有人坐在前幾排是因為擔心落單。因此，座位決定是基於**人們認為其他人會坐的地方**。

謝林的觀點是，人們為自己的利益做出的目標或選擇並不一定能為團隊、人群或群體帶來正面結果。在禮堂的那種情況下，個人的選擇導致座位分布不良：儘管人潮擁擠卻仍有空位。「每個人在適應自己的社會環境方面做得多好，」謝林寫道，「與他們共同為自己創造的社會環境滿意程度不同。」

經濟學家認為，現象，特別是市場，能夠自動達成均衡，並導致最佳結果。但是在謝林的腦海中，這種均衡只是塵埃落定時的狀態。「一個被絞死的人，身體在最終停止擺動時處於平衡狀態，」他寫道，「但是沒有人會堅稱這個人沒事。」經濟學家對各國經濟均衡的認可往往導致悲劇性結果，因為這種均衡可能是持續的高通貨膨脹、高失業率或成長遲緩的狀態。在禮堂的例子中，如果人們坐得如此分散以至於懶得移動，那麼經濟學家就會稱之為均衡。但這並不意味著這種狀態接近理想的分配。在一個經濟體中，考慮到我個人的情況，停止支出可能是非常理性的決定，但如果數百萬其他人採取相同的做法，結果可能會導致蕭條。沒有人**想要**失業或股市崩盤或者銀行倒閉，但它們卻經常發生。

群聚效應

謝林說，如果某個模型不僅呈現出機制和物理系統是如何運作，並且似乎也描述了社會和人類的現象，那麼此模型就符合簡單的標準。在核能生產中，有一個過程「變得至關重要」，即核燃料的分裂變得能夠持續自給自足。這種達到「群聚效應」的想法可見於社會和政治運動的興起、服裝時尚和疾病的傳播、兒童的命名以及新詞彙的採用。重要的是，如果某件事物被視為具備自身動力的「一件事」，那麼**其他**人就會對其熱衷。

謝林每天都會看到群聚效應的例子，從交通路口，行人只有在整個人群都不遵循號誌時才會這麼做，到課程的最後一天教授離開時：有些時候，些許鼓掌引起了雷動掌聲；而其他時候，最初的鼓掌逐漸消失，留下尷尬的沉默。簡而言之，人們在看到「其他人正在做的事情」時會做點什麼。謝林的矛盾觀察是，即使結果是普遍選擇所產生，我們不能假設它是更好的。日光節約、英制度量、標準鍵盤（QWERTY keyboard）——這些都是我們因為其他人都這麼做而附和的例子，不一定是因為它們是「最好的」。

依法隔離

謝林因其對種族隔離的分析而聞名，特別是他希望找出是什麼樣的**個人**選擇和動機導致**集體**隔離。

就種族而言，他從鄰里和公立學校中觀察到「引爆」這種現象，這是群聚效應現象的子類別。一個或兩個少數民族家庭進入一個區域，促使以前同質（比如白人）人口的一些成員離開。他們的離開為更多的少數民族家庭移居遷入創造了空間，促使更多的「多數民族」家庭離開。這個過程如同滾雪球一般，直到此處不再是一個「白色社區」。謝林的觀點認為，並非所有離開的人都是種族主義者，而人們開始離開只是因為他們擔心別人的離開會意味著他們家庭的價值會有所下降。人們不會一直等到一些實際寬容情況遭到破壞，而是在預期或擔心其將會發生時便採取行動。一九六〇年代，該原則（後來由麥爾坎．葛拉威爾在《引爆趨勢》〔*The Tipping Point*〕中推廣）可以在公立學校、大學兄弟會、鄉村俱樂部，甚至在海灘和公園中看到其運作。謝林指出，非正式隔離通常在法律隔離取消之後仍會持續很長一段時間，而且即使人們不是有意識地抱持種族主義，這種隔離現象也確實會發生。

即使可能沒有隔離政策，但無論如何它都會發生，因為人們更傾向於生活在能讓他們感受到家庭氛圍的小世界中。能夠負擔得起居住在城市中最佳區域的人通常會這麼做，並且如果是一個白人通常比黑人更富裕的社會，這意味著在沒有任何人加以設計的情況下，所指涉的區域變得大部分是白人。

謝林還指出，人們通常希望避免被貼上少數民族的標籤，所以即使他們有錢住在最好的區域，少數民族的成員也不會住在那裡。透過這種方式，在沒有任何人真正打算這麼做的情況下，郊區的隔離情形可以強化到完全隔離的程度。令人擔憂的是，這種完全的隔離變成了一種證明能夠抵抗改變的「穩定平衡」。

謝林的觀點認為，像是種族隔離等現象往往就只是發生，即使它沒有任何實際上的目的。事實上，隔離限制了選擇和機會，並使整個城市陷入困境。它似乎對某些人有利，但對整個社會進步沒有任何助益，也不會帶來「社會效率」。

總評

謝林指出，市場通常善於利用個人的自利決策並將其整合到一個更好的整體中，從而產生極佳的資源分配，但是由於人類心理和不完全或不對稱的資訊（他人比我們有更多的資訊，並充分利用），也有許多市場失靈產生。

謝林討論了喬治・阿克洛夫（George Akerlof）於一九七〇年發表的著名文章〈「檸檬」市場〉，該文章說，因為二手車買家不知道市場上哪些車是好車、哪些是「檸檬」（按：指有瑕疵的車輛），因此資訊不足導致二手車價格普遍降低。只有經銷商和其他認證的保證，才能使二手車市場不會萎縮至一蹶不振的情況。還有很多其他市場存在不平等的資訊。因為許多人可能試圖隱藏健康問題以獲得人壽保險，保險公司必須收取更高的保費來償付相當於人類「檸檬」的費用。因此，擁有長壽基因的健康人士不會費心購買保單，人壽保險市場對於那些想要預防意外死亡的人來説變得越來越無用，而這點卻是此市場最首要的目的。

當經濟學家説人們是「理性的」和「自我追求的」，他們傾向於以一種正面的方式表達，然而下面這種説法有其道理，即在任何存在大量不誠實、懷疑和故意蒙蔽的市場或社會中，個人所做出的決定可能導致糟糕的集體後果。值得慶幸的是，另一種方式也行得通：社會不僅僅是個大市場，亦是維護道德價值的結構體；如果每個人都努力比理性需求更好一點點，整個社會都會受益。

湯瑪斯・謝林

謝林出生於一九二一年，在加州聖地牙哥長大。他最初在加州大學柏克萊分校攻讀經濟學，並於一九五一年獲得哈佛大學博士學位。他在第二次世界大戰後參與了馬歇爾計畫，然後擔任杜魯門政府的顧問。一九五八年，他成為哈佛大學經濟學教授，並自一九六九年起，在哈佛大學甘迺迪政府學院任教二十年。他後來成為馬里蘭大學公共政策學院的榮譽教授。謝林於二〇一六年去世。

1981

貧困與饑荒

Poverty and Famines

「饑饉是有些人沒有足夠食物可吃的特徵，而不是沒有足夠食物可吃的特徵。」

「對食物與人口之間的比例那種迷人簡單性的關注，在幾個世紀以來一直扮演著晦澀的角色，且就如同先前曾打亂反饑荒政策一般，至今依然對政策的討論產生干擾。」

「也有需要……保障食物權的公共機構。最後一類不僅包括在問題變得嚴重時的食物分配，而且還包括透過社會安全和就業保護對應享權利進行更長期的安排。所需要的不是確保食物的供應，而是保障食物權。」

總結一句

確保即使生產條件改變，人們仍然有權獲得食物，這比生產足夠的糧食來養活世界人口更為重要。

同場加映

托馬斯・馬爾薩斯《人口論》(25章)
丹比薩・莫約《死亡援助》(30章)
朱利安・西蒙《終極資源2》(44章)

42

阿馬蒂亞・森

Amartya Sen

大多數經濟學家工作的領域會影響到生活和生計。阿馬蒂亞・森的工作則涉及關乎生與死本身的經濟學：饑荒、挨餓和食物供應。他在達卡（Dhaka）長大，他的父親是位化學教授。一九四三年，他親眼目睹了孟加拉大饑荒，並留下了深刻的印象。

儘管他後來寫了些福利經濟學的暢銷書，如《經濟發展與自由》（*Development as Freedom*，一九九九），但改變人們對饑荒看法的則是他對饑荒的早期研究。即使到了一九七〇年代，人們都還認為饑荒遵循了馬爾薩斯的邏輯，也就是有太多的人分食可提供的食物數量。當時有著關於世界糧食供應無法跟上人口成長步伐的驚人預測。森對這些預測表示懷疑，主要是因為它們的研究方法差異很大。他認為，食物取得與收入、政治和食物供應之間的關係有關，如果這些關係受到破壞，比起僅是食物不足，則饑荒更有可能發生。

飢餓和食物供應

森指出，在一九七〇年代和一九八〇年代初，人們對世界糧食供應落後於人口成長的可能性深感憂慮。這件事沒有發生，但這也不意味著消除了飢餓。確實，一些可怕的饑荒發生了，而糧食供應卻沒有任何下降。森說，人們一直以來都將注意力放在食物與人口的比例上，這是一個錯誤的想法，因為**存在**多少食物幾乎無法與**控制**食物供給的重要性相提並論。當我們談論食物供給時，我們談論的是商品，而當我們談論飢餓時，則是一個人或一個群體與商品之間的**關係**，特別是，他們對食物的所有權。

森的「權利關係」概念是指人們根據社會的社會或法律規則擁有、交換或使用某些資源的公認權利。一個社會之中可能有很多食物，但是一個人無法獲得食物的原因有很多。舉例來說，如果他的工資突然下降，並且基本食品的價格飆升，即使市場上有很多食物，他也可能會挨餓。在危難時刻（乾旱、洪水），農業勞工可能會發現沒工作可做，而農民或佃農（即使不擁有土地，而能獲得其耕作產出的人）至少不會餓肚子。相反地，即使可以購買的食物並沒有減少，美髮師可能會看到人們對此服務的需求急劇減少，因此收入也跟著暴跌。她可能會在食物充裕的情況下饑焰中燒。如果需求突然下降或皮革供應枯竭，出售涼鞋的工匠也有可能容易挨餓。從這種角度看，饑饉很少是食物不足的情況，而是在權利關係中發生了一些災難性事故。

一九四三年的孟加拉大饑荒

在一九四〇年代，孟加拉（基本上是今天的孟加拉加國上加爾各答）是英屬印度的一部分。一九四三年，饑荒襲擊了部分地區，政府對此進行了調查，根據報告指稱，死亡人數約為一百五十萬人。許多人認為實際的數字是報告中所指的兩倍。官方報告給出了饑荒的原因，諸如颶風、洪水和真菌病，而這些原因造成了稻穀產出低於正常收成水準。此外，日本占領緬甸，切斷了原本應進口以彌補短缺的稻米供應。

加爾各答（Kolkata，舊名Calcutta）是孟加拉的首都，由於它被認為戰備上具有戰略價值，故其交通方式與內陸地區也大不相同。加爾各答的商會與政府合作，啟動了一項計畫，確保所有工業勞工能獲得足夠的食物，以保持生產的繁榮。那些為政府以及鐵路和港口工作的人，將獲得相似的食品供應保護。還有一個基本的慈善食品提供系統，吸引了成千上萬的人從農村走進來。儘管如此，「赤貧者」的身軀在街頭仍然四處可見。稻米豐收最終結束了饑荒，但到了此時，成千上萬的人已然死於該城中，如果並非僅因飢餓而死，那麼也是因為饑荒所引起諸如瘧疾、天花和霍亂等流行傳染病而亡。

森拒絕接受官方給的理由，即在一九四三年，孟加拉的食物不足以供所有人食用。實際上，他發現一九四三年的供應量（加計當地的小麥和大米庫存和進口量）比一九四一年（當時未發生饑荒）**高出**一三%。所以發生了什麼事？他提供了一張表，該表一方面顯示了一九三九年至一九四三年之間的工資比較指數，另一方面則是同期間的食物價格。在一九三九年至一九四三年之間，平均工資水準指數略有上升，從一〇〇上升至一三〇。在此同時，糧食價格指數從一〇〇升至三八五，幾乎增長了四倍。因此，一九四三年，後來被證明得以躋身歷史上最大的穀物收成豐年之一，卻有成千上萬的農業勞工因缺乏食物而喪命。對某個群體（政府和工業勞工）的食品補貼使價格居高不下，此價格對其他人口而言實在太高了。農村的貧困變成自然會發生的現實，因為牛奶、魚和理髮等事物的生產者看見需求的災難性崩跌，因為沒人能負擔得起。他們接下來又因無法負擔基本食物，而加入了農業勞工的行列之中。那些在正常情況下擁有繁榮小企業的人們，現在正在挨餓。

森令人不寒而慄地將一九四三年的饑荒描述為「由公共支出擴張所引發與強大通膨壓力有關的『饑荒潮』」。他寫道，此饑荒的不公不義，成為民族主義者針對英國在印度實施帝國主義政策的批評焦點。英國政府反對其印度總督所提的最佳建議，反而一直不願意透過改變運輸方式作為緊急措施，讓更多的糧食進口到印度。「有人可以辯稱，」森總結地說道，「拉吉（Raj）在估計整體糧食供應方面確實無誤，但就饑荒理論上而言，卻犯了災難性的錯誤。」

一九七四年的孟加拉國饑荒

在一九四三年孟加拉大饑荒發生之後的三十年，洪水使布拉馬普特拉河（Brahmaputra）越過堤岸之外達三百公尺，而在一般情況下，洪水通常氾濫三十至六十公尺。稻米的價格迅速飆升，而私人和政府建立了數千個食品補給站「蘭加爾卡納」（langarkhanas），為四百萬人提供了救濟，占孟加拉國總人口的六%。隨著大水消退和稻米價格下跌，這些食物補給站被關閉了。

官方統計由飢餓所造成的死亡人數估計為二萬六千人，但實際的數字可能更高。儘管孟加拉國政府能夠為挨餓的人們提供救濟，但如果它能夠獲得更多的糧食儲備，便可以拯救更多生命。碰巧的是，該政府在糧食安全方面處於不利的情況，因為孟加拉國堅持與古巴進行貿易，故其從美國獲得的糧食援助已停止。此外，由於資金短缺，孟加拉國不得不取消了美國穀物公司的兩項穀物的大訂單。孟加拉國最終讓步並停止與古巴貿易，而美國對其的糧食援助也恢復了，但到了此時，饑荒之火已燃燒成一條死亡之路。

森呼應孟加拉國的情況指出，饑荒之年的一九七四年，孟加拉國的糧食供應實際上比過往幾年要來得多。因此，用發展經濟學的術語來說，並非糧食供應下降（FAD）型饑荒。相較而言，更重要的是工資與可運用這些工資所購買的產品之間的關連。甚至在洪災發生之前，由於需求和貨幣供給等總體經濟因素，稻米價格已經急劇上漲。對於農業勞工來說，「在朗布爾（Rangpur）和夕列特（Sylhet），補貼率（entitlement ratio）下降了五八%，麥門辛（Mymensingh）的補貼率下降了七〇%，而且由於稻米的補貼率下降，勞工將會被斷然地逼向飢餓和死亡。」

與其他種類的荒歉相同，關鍵問題是，如果勞力需求或勞力價格突然下降，某些群體容易遭受飢餓。森指出，人們還需要對貧困統計數據非常小心。「窮人」不能被視為一個整體。例如，在一九六〇年代末至一九七〇年代中期之間，儘管孟加拉國生活在貧困線以下的總人數有所下降，但生活在「極端貧困」中（即那些收入不足以達到卡路里建議攝取量的八〇%）的人數急劇增加。因此，看似樂觀的官方統計數據，相較從前掩蓋了較易受到饑荒影響的事實。

市場和民主在預防饑荒中的作用

歷史上有很多例子，包括一九七三年的衣索比亞（森也討論過此國）和一九七四年的孟加拉國，當時從饑荒襲擊的受災地區**出口**了攸關生死的食物。森說，我們不要太驚訝，因為「市場需求不是對生物需求或心理渴望的反映，而是基於交換權利關係的選擇」。如果某個地區的人民沒挨餓，但有錢可以消費，為什麼市場會不希望向他們出售食物，勝過那些陷入困頓的地區？根據市場的邏輯，這麼做完全合理。

儘管現在看來有些違背常理，但在十九世紀的大部分時間裡，尤其是在大英帝國時期，這是一種信仰，即饑荒是透過將事情留給市場自行處理而得以結束。官員甚至因採取直接行動提供救濟而被責罵。在一八六五年至一八六六年的奧里薩邦饑荒（Orissa famine）期間，管理者感到很驚訝，私人貿易沒有適當地介入以合理的價格供應糧食來結束饑荒。但是，如果貿易商認為沒有錢可賺（因為他們認為人們沒有錢來購買他們的東西），他們甚至不會為試圖供應市場而費心。

森說，顯然比起收入或購買力，較為重要的是更深層次的權利問題。由於種種不同原因，我們突然間就可能發現某種類型的工人或地區的購買力枯竭，此一事實表明，饑荒的可能性比起一般的認知要來得大。正如森在《經濟發展與自由》中所建議的那樣，民主制度為饑荒提供了相當大的保護，因為除了因發生饑荒而導致競選失敗的明顯風險外，隨著時間的推移，人們將會要求保證某種程度最低收入水準的社會保障計畫，以維持基本生活。相比之下，威權國家將始終懷著意識型態或行政上的優先權，而這些會比人們沒有足夠的食物可吃此一簡單事實來得重要。

對於英國拉吉（Raj）時期來說，情況就是如此，孟加拉的飢饉並不如戰略要務那麼重要，這使英國不願改變其運輸方式來進口更多稻米。然而，自從孟加拉國的諸組成地區於一九四七年獲得獨立並成為民主國家以來，該次大陸尚未發生饑荒。森指出，民主還有另一種防止饑荒的保護措施：新聞自由。如果沒有新聞自由，就意味著很難對正在發生的事情發出警告，否則政府將試圖掩蓋饑荒，因為這將使得其顏面無光。確實，在當今的朝鮮，只要說出「饑荒」一詞就可能會使人鋃鐺入獄。

事實是，不能將糧食安全問題留給市場或國家來解決。只有在民主國家，才能有足夠社會壓力，以確保政府將人民及其福祉置於軍事或戰略目標之前。這並不意味著民主國家就不會發生饑荒（衣索比亞在民主化之後就遭受了饑荒的打擊），但森正確地指出，民主化使得饑荒較不可能發生。

總評

像斯蒂芬．戴維（Stephen Deveraux）這樣的批評家曾經指出，森的方法太過忽視饑荒的根本原因即單純缺乏食物。有時候，饑荒確實就是乾旱或洪水帶來的後果。在其他情況下，政治危機或戰爭是觸發因素，然而確實自從森撰寫文章以來，衝突已經變得更為常態性，而成為導致饑荒的原因。氣候變遷也使得人們遠離傳統土地，並增加了難民人數。在消除饑荒方面，有些人指出土地改革（見德．索托）是消除饑荒和貧困的最基本方法，而另一些人則堅持認為自由市場、自由貿易和獲得資本至關重要。

不論有何批評，森的專著都使得對饑荒的研究成為一個正式的研究領域，並且許多發展經濟學都可以追溯到此。森對糧食安全的重視，而非僅僅是關注食物的絕對數量，此觀點現在已經應用於面對營養不足的挑戰。根據世界飢餓教育服務處的數據，在一九九〇年至二〇一四年之間，營養不足人數下降了四二％，而非洲和亞洲的農民由於機械化和作物增產的科學而變得越來越有生產力。增加食物的絕對量是件非常令人歡迎的事，但這只是等式的一半；另一半則在於貧困的政府或收入的變化是否使人們無法負擔或無法獲得食物。畢竟，在糧食安全被擺在首位且政治穩定的國家中，乾旱從來不是件生死攸關的事件。

阿馬蒂亞・森

森於一九三三年出生在英屬印度孟加拉的馬尼克根治（Manikganj）。在加爾各答的總統學院，他研讀哲學和經濟學，並從劍橋大學獲得了經濟學上更深入的各項學位，並在皮耶羅・斯拉法（Piero Sraffa）和喬安・羅賓遜（Joan Robinson）的指導下學習。一九五六年，他回到印度，在加爾各答的賈達普大學（Jadaypur University）成立了新的經濟學系。一九六〇年代初期，森在美國大學教授經濟學，然後在德里經濟學院任職（一九六三－一九七一）。隨後曾任教授職位之處包括倫敦政經學院、牛津大學和哈佛大學。

他於一九九八年獲得諾貝爾經濟學獎，一九九九年獲得印度的巴拉特・拉特納（Bharat Ratna）獎，並於二〇一三年獲得法國榮譽軍團勳章中的高等騎士勳位。他與哈佛歷史教授艾瑪・喬治娜・羅斯柴爾德（Emma Georgina Rothschild）結婚。其他著作包括《正義的理念》（*The Idea of Justice*，二〇一〇）和《集體選擇與社會福利》（*Collective Choice and Social Welfare*，一九七〇）。

2000

非理性繁榮

Irrational Exuberance

「股票市場的估值是重要的國家——真切來說是國際——議題。不論就個人或社會而言，我們所有未來的計畫都取決於我們感知到的財富，如果明天許多財富蒸發不見，這些計畫可能就會陷入混亂之中。」

「『動物本能』這個古老的詞彙……意指人類行為基本驅力的變動……非理性繁榮和動物本能的兩種變動都仍然是我們生活中的一部分。我們必須集合社會科學的全部工具來理解它們。」

總結一句

理論上，市場水準是基於資產基本價值，但其非預期的上升、震盪和下跌表明，人類的心理才是驅動力。

同場加映

約翰・柏格《約翰柏格投資常識》(04章)
約翰・高伯瑞《1929年大崩盤》(12章)
麥可・路易士《大賣空》(23章)
理查・塞勒《不當行為》(48章)

43

羅伯・席勒

Robert J. Shiller

在二〇〇〇年，美國標準普爾五〇〇指數在過去五年中出現了驚人的增長：一九九五年上升了三四%，一九九六年上升了二〇%，一九九七年上升了三一%，一九九八年上升了二六%，以及一九九九年上升了二〇%。在二〇〇〇年初，伴隨著一本新書的發行，耶魯大學經濟學家羅伯・席勒開始發表演講並接受廣播採訪。然而，當席勒提出當前價格是根植於錯誤且將無法持續時，他對普通投資者和專業投資人皆表現出的樂觀不信感到震驚。

事實證明，發行《非理性繁榮》的時機再好也不過了。二〇〇〇年三月，股票平均價格達到收益的四十四倍，結果成為市場的頂峰。隨後，科技股在該年急劇下降，到了二〇〇三年三月，該市場已跌至其先前價值的一半左右。

席勒指出，如果有這樣的暴跌，你會以為大多數投資者會被「灼傷」並退出市場，從而導致股價中長期下跌。實際上，到了二〇〇五年，本益比已經回升至一九二〇年代中期，遠高於歷史平均水準的十六，且房地產市場變得過熱。

發生了什麼事？沒有任何客觀的基本面（例如：快速成長的

收入、房屋短缺）可以說明這種過度的狂熱。相反地，席勒說，各市場被希望和信念保持在高檔，無論崩潰或回調，它們總是會再次上漲。媒體和投資專業人士（他們關注自己的利益）鼓勵大眾不要再滿足於保存自己的儲蓄只為跟上通貨膨脹的步伐，而是要把自己的積蓄視為追求最高回報的資本。

席勒的暢銷書現在是第三版（二〇一五），主題是經濟和市場的心理面向，這畢竟不是客觀現實，而是數百萬想法的創造物。要了解市場上的「非理性繁榮」或「動物本能」及其對經濟和社會的影響，負責任的經濟學家必須完整審視各社會科學，尤其是心理學。在理查・塞勒（Richard Thaler）的帶領下，席勒成為行為經濟學應用於金融領域的先驅，而《非理性繁榮》則根植於他自己在過去三十年的研究成果。

席勒此書的書名摘自平常非常謹慎的美國聯邦準備委員會主席葛林斯潘於一九九六年十二月所講的話。葛林斯潘暗示，股市投資者正表現出「非理性繁榮」，這使得全球市場感到恐慌，頓時下跌了二至四個百分點。傳統的解釋是，市場下跌是因為葛林斯潘暗示採行緊縮貨幣政策，但席勒認為，這句話產生此等影響的原因更為深遠：人們可以自己看見，除了客觀價值之外，上漲市場中強大的心理因素。

席勒屬於其職業中那些稀有人物，他顯示出了不可思議的能力預測市場的高點；任何幻想自己具備股票或房地產投機者能力的人，都應該先閱讀這本書。

我是一個信徒

大致上來說，席勒利用一九九〇年代末期和二〇〇〇年的股市繁榮，來分析市場繁榮。他問道，是否存在強大的基本因素在榮景中推升股票上漲，或者僅是個「投資者一廂情願使我們對情況的真相視而不見」的情況？他旨在無庸置疑地呈現，認為當前價格即是精確表達所有可得經濟資訊總和的「效率市場假說」是錯誤的。此理論提供有關市場效率全然誤導性的故事，並且從來沒有適當地解釋泡沫和繁榮。

人們為什麼會在高價時購買股票是可以理解的：如果價格持續上漲，那麼專家肯定會進行研究，並確認這些價格與價值相符。但席勒認為，這種研究的品質通常很差，「不會比茶葉占卜更嚴謹」，此外，一般投資人被一種啦啦隊式的媒體所吸引，這些鋪天蓋地的媒體淹沒了更為謹慎的聲音。還有一種由交易商和共同基金所推動的觀點，即從長遠來看，股票始終是表現最佳的資產類別。

在一九九四年至一九九九年之間，道瓊工業平均指數從三、六〇〇增至一一、〇〇〇，是原先的三倍，而同期個人收入和GDP僅增加了三〇%。席勒稱其為「美國歷史上最具戲劇性的牛市」，這使之前的股價上漲（包括傳說中一九二八年至一九二九年的市場和一九六〇年代初期的市場）相形見絀。當市場在二〇〇〇年崩潰時，人們終於看清「千禧年繁榮」是什麼：千禧年泡沫。然而席勒認為，由於人們仍對股票作為長期最佳資產類別抱持虔誠的信念，價格很快又會開始上漲到歷史平均水準之上。但席勒的關鍵見解是，股市的大幅下跌導致的後遺症，其持續時間比人們普遍認知的要長得多。例如：在一九〇一年股市達到頂峰之後，出現了二十年的下跌，只到了一九二〇年代的牛市，股市才再次上漲。然後，在一九二九年的大崩盤之後，不僅大蕭條幾乎持續到第二次世界大戰，而且標準普爾綜合指數一直到一九五八年才恢復到一九二九年的水準。的確，從一九六〇年到一九六六年的市場繁榮蓬勃，但是緊接而來的長期熊市，使得市場直到一九九二年才恢復到一九六六年的水準。如果一般投資人在一九六六年之後的十五年中一直停留在股市，將會蒙受損失，而且即使他在股票市場裡撐了二十年（直到一九八六年），也只能領先一．九％（經調整通貨膨脹）。

席勒納入了一張圖表，該圖表比較了本益比和股票的十年報酬，顯示出本益比越高，接下來十年的收益就越低。（二〇〇〇年，他具先見之明地暗示性寫道，在未來的十五年中「股市長期前景不佳」。）相反地，在任何特定的時間點，股票價格與收益相比越低，則未來十年的報酬就越好。不幸的是，這種「低價買進，高價賣出」的真理在市場狂熱中迷失了，因為人們相信，一個「新時代」已經開始，新技術或人口趨勢能夠說明高於正常價格的合理性。就此觀點而言，股票市場不再反映基本面，而是成為所有投資於此的人思想的表達，是一種自我實現的預言。因此，指數所達到的新高不應被視為「成就」，而僅是當前想法的一面鏡子。

此價格不正確

從理論上來說，如果市場基本上是有效率的，那麼「泡沫」就不會真正存在，因為「在任何時候，只要給予公開已知的資訊，金融資產領域總是能夠正確地定價」。然而席勒說，網際網路狂飆時期的科技股，反映出大眾「對這些公司潛力的誇大看法」。例如，網路零售商eToys之類的公司在一九九九年的股票市值，超過了著名的零售商玩具反斗城，儘管它正在虧損中，而玩具反斗城卻獲利三．七六億美元，且銷售額大於後者的**四百倍**。席勒推論，有鑑於特定股票價值被如此瘋狂地高估，因此合理推斷**整個**市場的價值可能被高估。

但是，從長期來說，某些股票被高估由誰說了算呢？這是傑里米．辛格爾（Jeremy Siegel）的論述，他指出，ＩＢＭ和麥當勞等潮流股，儘管在一九七〇年顯然價格高估，但如果您在一九七三年至一九七四年的股價下跌中堅持到一九九六年，它們的表現也會與標準普爾五〇〇指數一樣好。也許吧，但是大多數人不會堅持那麼長時間，席勒說，而且會虧本出售。

市場的傳統理性觀點認為，價格上升將總是與收益或股息成長相關。席勒不僅沒有找到任何證據，而且還說：「股票價格顯然有自己的生命力。」它們比實際收益數據所間接推算的數字更加不穩定。一定還有其他因素在起作用。

群眾的（非）智慧

席勒觀察，大多數人類思維「不是量化的，而是採取**講故事**和**辯證**的形式」。在市場中，「資訊瀑布」和回饋機制意味著資訊以自身為食並進行傳播，無論正確與否。如果股市處於高點，人們往往會認為，所有其他投資該市場的人都不會錯。他們不需要運用自己的研究和判斷，而是信任人群。

席勒將泡沫定義為「一種心理流行病」，而這種疾病的症狀就是自滿。儘管個人擔心物價飛漲，但主流觀點認為「公眾對物價可能下跌的想法不感興趣，而不是堅定地認為物價永遠不會下跌」。他指出，這樣的判斷錯誤「甚至會感染最聰明的人」。過度自信、缺乏盡職調查以及對他人判斷的過度信任會導致「以瞽引瞽」的狀況，而災難將很快來臨。

雖然《非理性繁榮》的原始版本著眼於股票泡沫，但後來的版本列入了一章講述一九九八年至二〇〇六年間美國房價急劇上漲的內容。與股票泡沫一樣，大眾普遍認為，人們可以透過房地產致富。然而，從較長的時間跨度來看，房價的上漲一直**低於**實際收入的成長，從一九二九年到二〇一三年間，每年實際收入的成長率約為二%。在過去的一個世紀中，大多數美國房屋的價格每年僅上漲〇・七%至一%。如果您的祖母在一九四八年以一萬六千美元的價格買下她的房子，並且在二〇〇四年以十九萬美元的價格賣出，那麼這**似乎**是個巨幅的增長，但在經過通貨膨脹因素調整後卻並非如此。就如同透過股票致富的想法一樣，普遍的認知是錯誤的。

席勒曾遊說保險公司提供「房屋淨值保險」，在房地產市場下跌時獲得補償，使人們減少對房屋現值的依賴。他還在芝加哥交易所建立了房屋期貨市場，這為人們提供了機會，得以就房地產市場的崩潰進行對沖交易。

總評

為什麼分析股票和房地產繁榮如此重要，畢竟這似乎是資本主義的正常現象？因為，席勒說，它們吸納了儲蓄存款和諸多資源，否則這些錢和資源本來可以用於建設基礎設施、學校、大學、社會保險以及其他類型的社會和人力資本。有儲蓄的人、有資源的大學、有為未來投資資金的慈善機構，全都需要知道當前的市場價格是否與經濟現況大致相符，或參與市場活動是否會損害他們已累積的成果。

越來越多的人依靠房地產等個人資產來保障自己的未來，而不是傳統的退休金或儲蓄，這意味著更多的曝險。普通人可以獲得巨大而令人驚訝的收益（倫敦的房屋所有者在二〇一〇年至二〇一六年間擁有的房產平均價值**加倍**），但也可能遭逢巨大且出乎意料帳面財富的下降，從而對生活水準產生後續的影響。確實，席勒指出，股票和房地產泡沫的有害影響之一是，人們認為他們不需要儲蓄。二〇〇七年，美國國民儲蓄率下降至僅為收入的二·九%。兩年後，在金融危機之中，儘管資源更加有限，但該比例已經上升到八·一%。擁有儲蓄作為緩衝的老派想法再次證明了它的價值。席勒說，現在是時候回到更為保守的投資策略了，此策略為糟糕的結果做好了準備。

羅伯·席勒

席勒於一九四六年出生於底特律，他曾在卡拉馬祖學院（Kalamazoo College）、密西根大學和麻省理工學院進修，並於一九七二年在麻省理工學院獲得經濟學博士學位。他於一九八二年開始在耶魯大學任教，目前是耶魯大學的斯特林經濟學教授（Sterling Professor）和耶魯大學管理學院財務金融教授。

在一九九〇年代初期，席勒與經濟學家卡爾·凱斯（Karl Case）一起開發了全國房價變化指數，該指數隨後成為了廣泛使用的凱斯—席勒指數（Case-Shiller Index）。由於與尤金·法馬（Eugene Fama）和拉爾斯·彼得·漢森（Lars Peter Hansen）一起進行的「資產價格的實證分析」工作，他被授予二〇一三年諾貝爾經濟學獎。從一九九一年起，席勒與理查·塞勒（Richard Thaler）一起在國家經濟研究局舉辦行為經濟學研討會。

其他著作包括《市場波動》（*Market Volatility*，一九八九）、《新金融秩序》（*The New Financial Order*，二〇〇三）、《次貸解方》（*The Subprime Solution*，二〇〇八），以及與喬治・艾克羅夫（George Akerlof）合著的《動物本能》（*Animal Spirits*，二〇〇九）和《釣愚：操縱與欺騙的經濟學》（*Phishing For Fools*，二〇一五）。

1996

終極資源2

The Ultimate Resource 2

「因此，我們再次講述了這個重要的故事：幾萬年來，人類所創造的比他們所破壞的還多。也就是說，他們尋求生產的產品與副產品的組合總體上而言是正面的。關於文明進步的一切最基本事實，都由下面所列得到證明：(1)相承世代所享有的物質生活水平不斷提高，(2)以價格加以衡量，整個歷史上所有自然資源的稀缺性都減少了，以及(3)一切成就中最非凡的是更長的壽命和更好的健康。一代傳一代的文明瑰寶證明了同一觀點，即每個世紀所繼承的遺產都比前一代更偉大；我們創造的比我們所摧毀的多。」

總結一句

即使人口增加，生活水準也不斷提高。這表明有關「稀缺性」的論點缺乏基礎。

同場加映

蓋瑞・貝克《人力資本》(03章)
米爾頓・傅利曼《資本主義與自由》(11章)
羅伯・J・戈登《美國成長的興衰》(14章)
弗雷德里希・海耶克《知識在社會中的運用》(16章)
托馬斯・馬爾薩斯《人口論》(25章)
E・F・修馬克《小即是美》(39章)
阿馬蒂亞・森《貧困與饑荒》(42章)

44

朱利安・西蒙

Julian Simon

如同大多數人一樣，身為商學院教授和經濟學家的朱利安・西蒙完全接受馬爾薩斯的觀點，即世界必須限制「爆炸性人口」：財貨和勞務的生產將無以為繼，稀缺性將導致價格不斷上漲，人們將變得飢腸轆轆，同時環境遭受到破壞。

但是，當西蒙深入研究人口經濟學時，他震驚地發現，不僅這樣的看法似乎從未變成現實，而且生活水準隨著人口增加而不斷提高。那麼由於這種「繁榮」而對環境和耗盡有限資源所產生的負面影響如何？實際上，西蒙在其早期的人口經濟學研究中指出，今天的環境品質比起一百五十年前要好得多，當時城市被燃煤煙霧所籠罩，即使在富裕國家，許多房屋也沒有連接到下水道系統，且人們通常死於疾病，然而這些疾病如今幾乎已全部消滅。西蒙還摒棄了對有限資源的信念（世界上的石油、小麥、水或其他任何東西都用光了）；他說，如果一個國家擁有相對自由的市場，那麼價格信號和人類的創造力將確保任何商品的充足供應。從以前到現在一直都是這樣，他認為我們的時代也不會是例外。

《終極資源》是他的學術研究的普及版。一九九六年的「2」

版又包含了另十五年的案例和數據，因此才是該讀的版本。這是一場激烈的論戰，而西蒙有時推理得太過頭了。他認為物種損失已被嚴重高估，甚至令人驚訝的是，幾乎沒有證據表明森林砍伐與物種損失之間存在關連性。然而，總體而言，他的論點很難反駁。弗雷德里希·海耶克在給西蒙的一封信中說，這本書為海耶克爭論多年的內容提供了實證基礎，他說此書是「非常重要的一流書籍，應當對政策產生重大影響」。

然而，西蒙在新環境模式領域中是個孤單的聲音，此領域正開始產生一些明星，例如成為艾爾·高爾（Al Gore）先驅的保羅·埃利希（Paul Ehrlich），他寫了《人口爆炸》（*The Population Bomb*，一九六八）、丹尼斯·米德斯（Dennis Meadows，名著《增長的極限》〔*Limits to Growth*，一九七二〕共同作者）以及加勒特·哈丁（Garret Hardin，推廣「公地悲劇」的觀念）。但西蒙並不是一個瘋子（他寫過許多期刊文章，包含《科學》上發表的一篇廣為引用的文章〈資源、人口、環境：虛假壞消息的過度供應〉〔Resources, Population, Environment: An Over-supply of False Bad News〕，一九八〇年六月），並否認他是「聚寶盆」經濟學家，即相信無限制的自然資源存量。他的觀點是，人類總是擁有發展所需的足夠資源，並且這些資源會隨著時間而變化，以反映新的需求和技術。重要的是，人類思想（他的「終極資源」）不應以從未真正發生過的「資源枯竭」的名義加以束縛。

人：不是問題，而是解決方案

一九六九年，西蒙訪問美國國際開發總署（USAID）華盛頓辦事處，討論了一項旨在降低貧困國家生育力的計畫。在那附近，他發現了一個硫磺島紀念館的標誌，並回想起硫磺島戰場上一名猶太牧師的話：「我們究竟在這裡埋葬了多少可能將成為莫札特、米開朗基羅或愛因斯坦的人？」

西蒙開始懷疑他有什麼權利告訴人們少生幾個孩子。因為即使孩子們最終沒有變成愛因斯坦或莫札特，他們仍然會為家人帶來歡樂，並為社區貢獻自己的力量，更不用說享受他們自己的生活了。他很高興地承認，在任何社區增加更多的人會造成問題，但是這也帶來了更多的智力和知識以解決這些問題。

當與他同時期的環保主義者正描繪著馬爾薩斯噩夢般的場景——一個擁擠不堪、煙霧瀰漫的炙熱地球，西蒙開始探問：「人口增長與人類壽命的延長，是否是道德和物質上的勝利？」地球的人口增長與經濟成長同時發生，而經濟成長為多增加的數十億人提供了食物、衣服和住所，同時使他們擁有更長壽、更健康的生活。即使是零星的饑荒、戰爭或蕭條也無法掩蓋此一事實。

資源：人們確實持續創造資源

當西蒙提出從來沒有任何自然資源匱乏的論點時，相當令人震驚，並且至今仍然對受資源稀缺觀點訓練的人產生衝擊。他也如此主張，即汙染就總體而言並未增加，且在大多數地方正在減少。西蒙一一思考了稀缺性的諸多論點，並提出反駁。

當他寫作時，媒體上充斥著關於即將發生的農業用地短缺的絕望故事，因為城市和城市的蔓延占據了整片土地。但是西蒙指出，重要的不是耕種土地的數量，而是生產力的提高。因為即使人口增加，美國農田的總面積減少，在同一土地上能夠產出的收成要高得多。新的澆水和灌溉方式意味著農場使用更少的水來種植更多的糧食，而糧食生產也變得更加密集，從而可以更有效地利用資源（例如養殖魚業和牛肉飼養場）。隨著世界人口的增加，水耕法、大型溫室、高產作物、基改作物、抗旱作物以及農業機械的進步將確保糧食價格便宜而充足。此過程將產生令人驚訝的結果：留下更多的森林和荒野供娛樂和物種保護。西蒙還主張，隨著世界人口的增加，一國土地面積上的人口密度實際上會降低，因為有更多的人想住在城市裡。永遠不會出現土地短缺，只有某些地方的土地成本更高。

在自然資源方面，西蒙主張地球不具「容受力」（carrying capacity）。當然，如果將兔子放在欄舍中，它們很快就會吃掉所有的草並餓死，但人類卻不同。對我們來說，一種資源的明顯減少促使我們尋找機會發現其他資源，或者更有效地使用現有資源。

歷史顯示了，隨著時間的推移，與平均工資相比，幾乎每種自然資源的成本都降低了，因為更多人的存在加快了新能源供應的發展。曾經，人們使用鯨油來照亮自己的房屋，但是購買它的費用和困難促使人們發現和使用地球上的原油，這推動了近代的發展。在過去的二十年中，原油安全和價格的不確定性是頁岩氣「裂解」過程技術發展的主要因素，現在該技術有望提供廉價且取之不盡的能源。

如果製成品存在任何短缺，經濟學家假設這種情況不會持續，認為各公司會迅速介入以滿足需求。但是我們不知何故認為諸如銅、鋁和石油之類的商品是如此與眾不同，因此如果其中任何一種價格迅速上漲，我們會處於「即將來臨的稀缺時代」。然而，「已知儲量」的陳述也無法預測什麼時候商品將「耗盡」。我們可以在一定程度上測量已知儲量，但是技術使我們得以一直發現新儲量。美國地質調查局（US Geological Survey）曾宣布，德州或加州已無石油。

事實是，任何東西的儲量都隨著消費而增加。原料「用完」毫無意義，因為人類的創造力總能找到創造更多原料的方法。舉例而言，銅一度只能經由開採而得；如今，相當大一部分來自回收再利用。有個老人在回顧有關稀缺性的新聞報導時，曾經對西蒙說：「自從我是個男孩以來，我們就已經快要用光石油了。」就好像變魔術一樣，任何已知的儲備數量總是保持領先需求一步。

西蒙與埃利希的打賭

西蒙的書優異之處在於讓人領會一九六〇年代末和一九七〇年代初，關於資源和環境問題的主導思維。保羅・埃利希的《人口炸彈》（*The Population Bomb*）始於「養活全人類的戰鬥已經結束。在一九七〇年代，世界將遭受饑荒——數以億計的人將餓死」，然後繼續寫道：「我還沒有見過任何熟悉這種情況的人認為印度將在一九七一年於食物上自給自足，如果有這種人的話。」

在這種危言聳聽的背景下，西蒙有了一個主意。一九八〇年九月，在《社會科學季刊》的頁面上，他邀請災難預言家的代表人物埃利希與他針對任何一種商品（包括食品）的價格打賭，他認為這些商品的價格，都會在經過幾年的時間之後下跌。埃利希迫不及待地抓住了這個機會，而且為了確保他能贏得勝利，他選擇了四種似乎很可能會急劇升值的金屬（鉻、鎳、錫和鎢），並分別購買了二百美元。發生了什麼事呢？儘管在接下來的十年中世界人口增長了八億，但到了一九九〇年九月，所有金屬的價格都下降了，而有些降幅極為顯著。埃利希寄了一張支票給西蒙。

即使西蒙很幸運，但他的重點是，經過任何一段長時間，瞥一眼任何有關人類福祉的官方統計數字總是表明，他比幸運更為正確。埃利希在食品價格上也被證明是錯誤的，在上個世紀，食品價格在工資中所占的比例越來越小。

政治觀點

如果西蒙有一個政治理念，那必是為了支持開放的社會（他衷心地贊同移民）和經濟自由。儘管所有形式的集體化和政府對農業的控制都失敗了，但他指出：「為農民提供糧食和勞力的自由市場、賦予土地財產權保障，以及確保政治制度未來會保護這些自由的任何國家很快就會食物滿盈，並且生產食物所需的勞力比例將日益減少。」當他在一九九〇年代寫作時，美國直接從事農業工作的人口，從一八九〇年代總人口的五〇%，降至三%。如今，即使自一九九六年以來，全國人口增加了五千萬，該數字仍已下降到二%以下。

總評

在西蒙去世前一年，他接受了《連線》（*Wired*）雜誌的專文訪問（〈末日殺手〉〔The Doomslayer〕，一九九七年二月，埃德．里吉斯〔Ed Regis〕），西蒙說：「資源來自人們的思想，而非僅是來自地下或空中。從經濟上而言，頭腦與手或嘴同樣重要，甚至更重要得多。」由於人類的思維無限寬廣，因此資源也取之不竭。對於那些靠黑暗面謀生的人來說，這是一個難以面對的事實。「這就是差異所在，」西蒙說，「對**必須**發生的事情進行猜測性分析與對漫長歷史中已然發生的事情進行實證分析之間的不同。」他預測物質條件和生活水準將持續上升，並且「在一、兩個世紀之內，所有國家和大多數人類將達到或超過當今的西方生活水準」。但是，他推測「許多人將繼續**覺得並且說**生活條件正在**惡化**」。

朱利安・西蒙

西蒙於一九三二年出生於新澤西州的紐瓦克（Newark）。他在哈佛大學攻讀學士，主修實驗心理學，然後在美國海軍工作了三年。他獲得了芝加哥大學的商業管理碩士（一九五九）以及商業經濟學的博士學位（一九六一），並於一九六三年至一九六九年在伊利諾大學厄巴納分校（Urbana）教授行銷學和廣告學，之後被任命為經濟學和商業管理學教授。他的著作廣泛，包含人口經濟學、移民政策和航空經濟學等方面，並因向航空公司提出在超額預訂時給予願意不搭乘飛機的乘客金錢或飛行里程補貼的建議而廣為人知，此做法已成為慣例。西蒙從一九八三年開始，一直到一九九八年去世，都是馬里蘭大學的企業管理學教授。他還是自由市場卡托研究所（Cato Institute）的高級研究員。

其他著作包括《資源豐富的地球》（*The Resourceful Earth*，一九八四）、《人口與經濟成長理論》

（*Theory of Population and Economic Growth*，一九八六）、《貧困國家的人口與發展》（*Population and Development in Poor Countries*，一九九二）、《人類的狀態》（*The State of Humanity*，一九九五）和《違反常理的人生：非傳統經濟學家的自傳》（*Life Against The Grain: The Autobiography of an Unconventional Economist*，二〇〇二）。

1776

國富論

The Wealth of Nations

「我們期望晚餐不是來自屠夫、釀酒師或麵包師的仁慈，而是出於他們對自身利益的考量。我們並非將自己託付於他們的人性，而是訴諸於他們的自利，此外永遠別跟他們談論我們自己的需求，而是談他們的利益。除了乞丐，沒有人選擇主要仰賴同胞的仁慈過活。」

「禁止偉大的人民……製造一切他們自己所能生產產品的每個部分，或不讓他們以認為對自己最有利的方式運用自己的資本和勞力，這是對人類最神聖權利的明顯侵犯。」

總結一句

國家的財富是該國人民的財富，而不是該國政府的財富，並且財富是透過勞動分工以及技能的日益專業化而達成。未來所有繁榮的基礎在於當前的儲蓄。

同場加映

米爾頓·傅利曼《資本主義與自由》(11章)
艾茵·蘭德《資本主義：未知的理想》(35章)
大衛·李嘉圖《政治經濟學及賦稅原理》(36章)
馬克斯·韋伯《新教倫理與資本主義精神》(50章)

45

亞當・史密斯

Adam Smith

在十八世紀，人們還沒有發明「資本主義」和「經濟學」這兩個詞。經濟議題被視為其政治和社會情境的一部分，因此，當時使用的術語是「政治經濟」。

亞當・史密斯（Adam Smith）無論怎樣都算不上是第一位政治經濟學家——例如，他受到法國「重農學派」的啟發，此學派關注經濟問題的早期思想家包括杜爾哥（Turgot）、孔多塞（Condorcet）和魁奈（Quesnay）等——但藉由將經濟學本身確認為一門研究領域，獨立於政治、哲學、法律和倫理學之外，《國富論》創建一門新的學科。這是第一本真正引起公眾注意的經濟學書籍，與其他偉大的文學著作一樣重要。史密斯輕鬆的風格，以及他無畏地批評統治者的愚蠢和既得利益的腐敗影響，使他成為了一個受歡迎的人物。

《國富論》用了整整十年的時間寫成，一直到史密斯五十多歲時才出版，分成兩卷，分量達到三十八萬字。史密斯詳細闡述了目前僅具有學術意義的細節，例如十三世紀英格蘭的小麥、麥芽和大麥的生產，領主和國王在農業土地上徵收的租金類型，在西班牙征服南美洲之後白銀的價格如何下跌，以及政府如何得以對鹽、皮革、肥皂和蠟燭公平課稅。

但是，這本書超越了歷史細節，出乎意料之外地令人著迷並且切中要點。

自利的影響

《國富論》作為當時新工業資本主義時代的手冊，導致人們認為史密斯是貪婪和自利的使徒。然而在十七年前，他曾發表了另一篇相當不同的著作《道德情操論》（*Theory of Moral Sentiments*，一七五九），該書指出社會受到道德力量的束縛，例如良心和對他人的同情，以及自我利益。

史密斯在《國富論》中指出，人們的主要動機是否出於個人利益，實際上並不重要，因為總體的效果良好。自由市場的「無形之手」確保了個人盡力追求自己的最大利益，最終將提升整體水準。這不是貪婪或不公正行為的藉口。這僅意味著一個人為自己或家人的生活提升而誠實勞動，將導致對資源的充分利用。一個允許採取這種行動的社會，將無可避免地充分利用其已有的資源，並且隨著時間的推移而變得繁榮。他對於屠夫、釀酒師和麵包師的著名評論（見前所列）不僅是對人性的深刻理解，更突顯了他的自立哲學：當我們滿足自己的需求時，我們更有可能幫助他人，並有能力幫助他人。

專精致富

史密斯的書以勞動為主題開頭絕非偶然。他認為，一個國家的富裕程度首先取決於「技能、熟練度和判斷力，而該國勞工經常性地運用這些能力」。它還取決於從事有效工作的人口比例。

他指出，在富裕國家之中，即使許多人沒有工作，但整個社會充裕地滿足了大多數人的需求。這是因為富裕國家「勞動分工」的特徵比貧困國家要明顯得多。依據最能執行任務人員的能力來劃分任務，這種做法的效率很高，並且因為不必從一項任務轉換到另一項任務而可以節省時間。

但是，分工原則不僅適用於物質的生產上。他寫道，在先進社會中，哲學或新思想的創造成為一整群人的「職業」，與更為平凡的工作並存。透過這樣的專業化，「每個人在自己的特殊領域變得更加專業，更多的工作仰賴全體完成，且科學的數量因此而大幅地增加了。」在一個治理良好的社會中，勞動分工導致「普遍富裕」(universal opulence)，讓即使是最底層的工人的需求，也能得到滿足。

史密斯提到了他那個時代的蘇格蘭高地人，由於遠離城鎮，他們不得不成為自己的「屠夫、麵包師和釀酒師」。相較之下，在先進社群中，每個人都可以有效地成為商人，因為他們的工作專長使得他們沒有時間去製作自己需要的所有東西。取而代之的是，他們必須出售他們所生產的多餘產品（製鞋商一年可能只需要為他的家庭購買六雙鞋，但生產超過百雙），並用這筆錢購買他們需要和想要的東西。城市越大，勞力就越專業，財貨和勞務的交易也就越大。各大城市之所以富裕，恰恰是因為它們在精神和體力勞動方面的分工增加。

什麼決定價值

史密斯認為，正是有多少勞力投入某物的生產，才使購買者不必經歷同樣的勞動，就可以確定一件物品的價值。人們透過提供效用極高的某物而變得富有，從而節省了其他人必須自己製造的勞動。創造某種事物所涉及的艱辛程度和獨創性成為決定其價值的重要因素。

但史密斯指出：「在這種情況下，勞動的全部產出並不總是屬於勞動者。在大多數情況下，他必須與僱用他的資本所有者分享。」當然，這是馬克思針對資本主義的問題，一個不投入勞動的人，甚至往往沒有在產品創造中提供重要指導的人，卻會得到勞動產出的大部分收入。但是在史密斯看來，這是公平的，因為如果沒有最初提供的資本或資金，就無法支付工人的薪水。

各國如何致富

史密斯提供了一個簡單的方法來說明國家如何致富，而此方法始於讓該國公民成為良好的儲蓄者。他寫道：「節約而非勤奮工作，是資本增加的直接原因。」揮霍的人是「全民公敵」，而社會上每個節儉的人都變成「大眾恩人」。其次，這些儲蓄資金被投資於生產目的，這自然增加了有效的就業人數。

如今，這種儲蓄—投資—就業的財富方程式對我們來說似乎很明顯，但是在史密斯的年代，這根本不是各國如何致富的主流觀點。相反地，重商主義者的觀點認為，一個國家的經濟目標要不是透過貿易就是透過戰爭，來建立其黃金、白銀和其他貴金屬的儲備。相比之下，史密斯的方式似乎相當中產階級且謙沖溫和。它基於新教徒節儉、勤勞和少管閒事的道德觀。

史密斯說，今天我們所說的一個國家的「國內生產毛額」，即該國生產所有東西的年價值，由三部分組成：從土地獲得的租金、從勞力獲得的工資以及從資本所獲得的利潤（用於生產的東西）。在複雜的經濟中，這其中任何一種的收益水準都會相互影響。也就是說，如果工資增加，那麼土地租金也會增加，或者如果利潤下降，工資和租金也可能下降。

通往繁榮的貿易之路

國家可以致富的另一個途徑是貿易。史密斯觀察，過去最成功的文化全都是商人的文化，通常是海運商人。進行貿易的國家將永遠比不進行貿易的國家富裕，因為貿易國家能夠購買自己沒有的原物料，並將其轉變為製成品。這些產品比原物料商品具有更高的價值，並能以很高的利潤出售給其他國家。

史密斯有部分洞見借自法國重農學派，他認為交易總是使交易雙方受益。重商主義者的觀點覺得，貿易是一種戰爭形式，試圖以犧牲他人為代價來獲取利益。關於國家財富的重點是，它在商品和貨幣流通及交換時增長。中世紀歐洲的諸多城市（例如佛羅倫斯）就對此有所了解，這些城市不僅透過與周圍的鄉村做生意，還與「全球最偏遠的角落」開展業務，來積累巨額財富。兩相對照之下，那些短視地停留在自己境內的城市和國家注定要沒落。

不該做的事：搶劫、戰爭和奢侈品

如果一個人把錢花在奢侈品上而不是積累資本，財務核算的那天即將到來。同樣地，史密斯寫道，一名君主花費鉅資在宮殿、庭院的盛宴和不必要的戰爭上，也正是在自找麻煩。

與此一樣糟糕的是，一個相信自己會致富的國家，不是透過發展自己的土地或產業，而是藉由掠奪其他國家來致富。他指出，正由於「對黃金的神聖渴望」將西班牙人帶到了新世界，但其最終結果卻幾乎無法為西班牙的長期繁榮帶來好處。國家最好穩定發展自有資源，利用貿易來出售該國過剩之物，並帶來生產高價值產品所需的資源，而不是掠奪尋找到的驚人財富。

史密斯對壟斷的貿易公司（例如東印度公司）抱持懷疑的態度，因為這些公司利用政府的命令使其成員發達致富，而且他並不熱衷於帝國主義和殖民地開拓。《國富論》寫於美國仍然大部分是英國殖民地的時期，而史密斯主張英國撤出。他寫道，英國的統治者一直以為美國是金礦，但實際上，它一直以來就只是個「金礦計畫」。英國納稅人為此付出的代價超過了應得的價值；現在該是時候讓英國懷抱較為適當的企圖了。

史密斯通常在撰寫有關帝國主義的文章時，對被殖民者的困境深表同情，並且希望將來能夠調整成為平衡狀態，這樣一來，被殖民者經由與富裕國家的連繫，而能擁有更大的權力和財富。

自然自由

除了提出自利的觀點，史密斯在政治經濟學方面的另一個偉大想法是「自然自由（體系）」。他指出，各統治者可以阻礙抑或幫助他們的公民進步。在大多數情況下，他們經由不加干擾，並建立基本的安全和秩序來幫助他們，以使人們及他們的企業蓬勃發展。

在史密斯寫作之時，人們對於政府繁文縟節的挫折感正達到頂峰。官員們確保政府可以透過稅收、關稅、消費稅和任意規則來收取每一便士。他的書取得了巨大的成功，因為這本書認為人們應該在政府干預最少的情況下，自由地追尋他們的經濟利益。他堅持認為，政府只應該在三個領域發揮作用：

- 保護社會免受「其他獨立社會的暴力和入侵」。
- 保護公民「免受該國任何其他成員的不公平待遇或壓迫」，並建立相應的司法制度。
- 建設和維護公共工程和機構，由於這些項目過於昂貴，以至於無法由個人承擔，但對整體社會卻大有裨益。

所有這些事情都應該透過稅收來支付。但是，當某物僅使整個社會中的一部分而非整體受益時，則應由私人支付，或透過向使用者徵稅來支付，例如道路的通行費。儘管史密斯提倡創建一種基本的教育系統，以確保每個人都可以閱讀、寫作和學習基本的算術，但他認為那些從教育中受益最大的人，也應該願意支付費用。

總評

《國富論》出版的時候，歐洲正進入一個新的工業時代，巨大的社會變革即將到來。人們受夠了，想要自由追求他們的經濟前途。乍看之下，統治者們無疑認為這本書的標題是指國家的財富，而實際上，史密斯使用「國家」一詞來表示這些國家的人民。他認為，最聰明的政府並非自信能創造繁榮的政府，而是信任其公民聰明才智的政府。

史密斯描繪政府有限角色的簡潔和訴諸常識，在很大程度上經歷了時間的考驗。如今，各政府不可避免地變得龐大且臃腫，進入到並非它們真正業務所在的領域中，這最終不可避免地會使得公眾變得更加貧窮。史密斯警告說，儘管各政府經常相信自己有能力「挑選贏家」，透過補貼特定行業創造就業機會，但這種投資往往會破壞社會以最佳方式分配資源的自然趨勢。經過這二百多年，他的書依然為國家繁榮提供了可靠的方法。

亞當・史密斯

史密斯的父親是蘇格蘭柯科迪（Kirkcaldy）的海關監督，但在史密斯一七二三年出生前六個月去世。在史密斯十五歲時，他前往格拉斯哥大學（Glasgow University）學習道德哲學，然後前往牛津大學。一七四八年，他開始在愛丁堡公開演講，並於一七五一年被任命為格拉斯哥大學邏輯學（後來的道德哲學）主席。

他於一七六三年辭職，成為一位年輕的蘇格蘭貴族布克盧奇公爵（Duke of Buccleuch）的私人家庭教師。兩人環遊歐洲，結識了杜爾哥（Turgot）、愛爾維修（Helvetius）和魁奈（Quesnay）等知識分子。回到蘇格蘭後，史密斯在接下來的十年中大部分時間都在撰寫《國富論》。他跟隨父親的腳步，於一七七八年被任命為愛丁堡海關專員。

他在一七九〇年去世之後，將大部分財產捐給了慈善機構。他從未結婚。

2000

資本的祕密

The Mystery of Capital

「資本是提高勞動生產力並創造國家財富的力量。這是資本主義制度的命脈，是進步的基礎，也是世界上的窮國似乎無法自行產生的東西，無論他們的人民多麼熱心地從事著標誌資本主義經濟的所有其他活動。」

「向窮人開放資本主義不會像用推土機輾過垃圾那樣簡單。這更像是重新排列了巨大鷹巢的成千上萬樹枝和枝條——而沒激怒老鷹。」

「如果資本主義有思想，它可能會位於法律財產制度之中。」

總結一句

資產只有在其價值可以確定，並且對廣泛市場透明公開之後才能成為資本。為了真正地進步並發揮潛力，各國需要整合的財產系統。

同場加映

米爾頓．傅利曼《資本主義與自由》（11章）

托瑪．皮凱提《二十一世紀資本論》（32章）

46

赫南多・德・索托

Hernando de Soto

柏林圍牆倒塌後十年，並且在許多前共產主義國家轉向資本主義之後，發展經濟學家赫南多・德・索托表達出了當時的困惑：資本主義已經「勝利了」，美國股市正達到令人暈眩的高點，這顯示出資本主義模式創造財富的力量，但許多較貧窮的國家卻發現它是一劑苦藥。自由貿易、全球化和私有化沒有實現所承諾的穩定與繁榮。

富裕世界中的評論員暗示，這該歸咎於文化因素，例如缺乏企業家精神或曾是殖民地的心理壓力。然而，在祕魯繁華的市場中成長的德・索托知道，較貧窮國家的人比富裕國家的人更有創業精神。問題不是缺乏企業家精神或市場不健全，這些俯拾即是，而資本主義更根本的問題是資本的本身。索托寫道，貧窮國家能夠複製資本主義制度的所有特徵，所有技術「從夾紙迴紋針到核子反應爐」都可以，但是，如果這些國家無法創造資本，就難以使勞工產生生產力，也就不能創造財富。資本的「奧祕」在於，它不僅僅是儲蓄或金錢，而是法律和制度的產物。

資本的基礎觀念

德．索托說，世界上大多數窮人已經「擁有了從資本主義獲得成功所需的資產」。即使在最貧窮的國家，人們也可以儲蓄。實際上，發展中國家的私人儲蓄會使所有外國援助和外國投資相形見絀。例如，自兩個世紀前海地從法國獨立以來，該國人民擁有的資產就相當於該國所有外國投資價值的一百五十倍。

但是這些資產存在著問題。許多房屋的所有權缺乏在富裕國家視為理所當然的正式產權。農場有莊稼但沒有契據，商家沒有成立公司，產業缺乏融資管道。資產反而僅在小範圍的信任圈內進行交易，而且通常不能當作貸款的抵押品。

德．索托說，如果有適當的文件證明，資產「將在物質存在的同時引領著見不著的平行生活」。舉例來說，在美國，企業家的最大資金來源是自住房屋的抵押貸款。房屋等有據可查的資產顯示了信用紀錄，並將個人與更寬廣的經濟體連繫在一起。設定抵押或持有一間公司的正式股權，使人們成為擁有一切權利的**系統**其中的一部分。相反地，如果無法清楚地證明所有權，則資產就是「呆滯資本」，因為資產無法透過證券化或抵押產生更多的資本。資本主義的歷史，從股份公司到垃圾債券再到抵押證券，一直是在尋找新的方法來呈現資產的價值，從而釋放資產的潛能。德．索托說，正是這種「將無形轉化為有形」的能力將富國與窮國給區分開來。亞當．史密斯和大衛．李嘉圖指出，儲蓄是國家財富的基礎，但這個說法成立的前提是儲蓄能夠成為可以輕鬆交易的正式資產，且其價值對所有人透明公開。

金錢所在：法外經濟

當德．索托和他的團隊開始在南美研究正式的財產所有權系統時，他們被告知登記產權或成立企業相對容易。然而他們實際上的發現，讓他們感到十分震驚。

為了正式確定祕魯一間房屋的所有權，德．索托的團隊耗費六年又七個月的時間，採取了七百二十八個步驟，其中涉及數十個政府部門的許可。他們先前為了取得在農業土地上蓋房的許可，有過類似的經驗。他們得出結論，人們於是改為非法建屋，這又何足為怪呢？

在發展中國家，數以百萬計的人在未經註冊的小吃攤、商店、辦公室和工廠中工作，或者經營法外的公共汽車和計程車。實際上，法外是常規和合法性的例外情況。在海地，有六八％的城市人口和九七％的農村人口居住在沒有明確產權的房屋中。在埃及，此數字分別為九二％和八三％。德．索托寫道：「結果是，大多數人的資源在商業上和財務上都是無形的。」但加總起來，所有的鐵皮棚屋和法外房屋的價值卻使合法房屋存量的價值相形見絀。我們談論的不是次要經濟，而是**主要**經濟。

德．索托的團隊估計，在發展中國家和前共產主義國家中，有八五％的城市土地和大約一半的農村土地是「呆滯資本」。但加總來說，其價值等於諸多最富裕國家的主要證券交易所全部上市公司的價值，是第三世界外國直接投資的二十倍。在媒體上看到的發展中國家貧窮和絕望的畫面，隱蔽了其中充斥著多少錢的實際情況。富裕國家與其贈予、援助和貸款給發展中國家，不如利用自己的影響力來促進已經存在資產的正常化，反而會更加有用。

系統的價值

對亞當・史密斯來說，資本是勞動的數量，固定在某些資產中，可以在往後變現。資本不僅僅是金錢，還在於生產力的凝聚。馬克思也理解資本的這種非物質性本質，他指出一張桌子就是一張桌子，但是一旦製成了，它也就變成了具有價值的商品。因此，物理事物具有雙重生命：作為設計對象的事物；以及作為價值的**表徵**。但是史密斯和馬克思幾乎沒有觸及到至關重要的（如果是平凡的）事實，即這種價值只有從法律意義上正確記錄並且使所有人都能看見之後，才能獲得人們的承認。

為什麼富裕國家沒有向其他國家指出正式財產制度，正是他們財富最明顯的基礎？答案是，德・索托說，所有權的正式手續對於那些享受所有權的人來說是如此明顯，以至於它們被視為理所當然，因為它們存在於成千上萬的法律規範中。然而，美國花了一百年的時間建立了一個被所有州認可的正式且整合的國家財產制度。自十三世紀以來，德國就擁有財產登記處，但是直到一八九六年，才真正建立了全國的系統。瑞士付出了諸多努力，終於在二十世紀初實現了將瑞士各州的財產登記處整合的工作。

正式國家財產制度所做的事是結束老舊封閉的、家族的和群體的財產慣例，並建立一個更大的、標準化的財產市場，以便能夠進行更大的投資，因為潛在的收益是如此清晰明顯。人們的財產權現在受到法律的保護，而不必遵守習俗或在地的約定。

在一八〇〇年代初期的美國，占地為王的農民為他們所占據的土地爭取權利，而礦工們為索賠奮戰，因為所有權的法律因地而異。德．索托說，每個國家都會跨過一個時間點，也就是當「強盜」、「騙子」和「擅自占地者」不再被妖魔化而變成小企業家時，他們擁有與有錢人一樣的權利能夠提出財產索賠的主張。當度過這個時間點後，財富會變得更加平均分配，因為多數人（不僅是菁英人士）可以從自己的資產中產生資本。

只有鄰居可以確定你是否擁有自己所在土地的系統，與可以在一些國家紀錄中證明土地屬於你的系統之間，存在著巨大差異。這意味著你的勞動成果，可以在大得更多的全國性網絡和市場中得到認可、交易、出售或作為抵押。德．索托寫道，比起技術或任何其他生產要素，這點才真正促進了現代市場和資本主義制度的發展。

越過那座橋

德．索托說，所有權的概念從本質上而言是一種社會建構，建立在人們之間關於誰擁有什麼以及為何擁有的共識上。這種非正式的社會契約通常獨立於政府而發展，並且比起由上而下強加的政府法令，通常具有更多地方的正當性。然而，要使所有權主張成為正式資產，你需要一座橋梁，讓人們可以從現有未符合法律標準的安排，過渡到正式的約定。只有在另一端保留並且強化已經被社會認可的事物，人們才會跨越過去。

產權的正式化為建商、營造公司、銀行和保險公司創造了一個擴大的市場，並允許公用事業公司進行長期投資，因為他們可以為合法註冊而法律上得以償付帳單的地址供電。政府透過創建資料庫，以協助做出有關醫療保健和教育的決定，並收取稅款支應這些決定，為特定家庭提供更具針對性的服務。德．索托推翻了法外經濟是關於逃避稅收和政府的神話，他發現大多數人實際上想成為該體系的一部分，因為他們知道收益大於成本。正式財產所有權的分布廣泛使人們感覺到，他們是國家的「共同主人」。法律和秩序增加，因為正式的所有權使人們更加尊重他人的權利。這將社會的不穩定轉變成為了令人滿意的保守主義。這是所有富裕國家都曾走過的一條平凡老路。

總評

德．索托最初的問題是，為什麼資本主義在許多發展中國家和後共產主義國家中並沒有真正發揮作用。他的回答是：人們將資本主義看作是「一個私人俱樂部，一種歧視性制度，只對生活在貧窮國家玻璃鐘罩之內的西方人士和菁英階級有利」。如果建立了一個雙層社會，在此社會中，窮人生活在另一個世界，因為他們無法將資產出售到當下所在的社區之外，那麼將經濟體對外資和跨國企業開放也沒什麼用。

由於區塊鏈軟體，德．索托的主張現在有了新的刺激，該軟體有望創建可以獨立於政府之外運行的可靠產權清單。它也比獲得政府財產證明便宜。區塊鏈似乎證實了德．索托的觀點，即財產是一種自下而上的組成，它取決於社會共識，然後才受到法律或規章的約束。

德．索托的工作受到米爾頓．傅利曼和其他自由市場經濟學家的影響，被指控受到意識型態驅動，以犧牲真正的窮人為代價，促進富裕的法外財產所有人的福利，並破壞了集體和約定俗成的土地利用的常見成功方式。德．索托的回應是，根據數十年的實地考察，各地的人們都差不多；他們希望擁有更多正式資本，並將其視為開啟更光明未來的鑰匙。德．索托在二〇一六年《財星》雜誌的一篇文章中指出，這種在地化的慣例安排，即世界上對他們所擁有的東西沒有合法財產所有權的五十億人，正在嘗試有所突破。

赫南多·德·索托

德·索托於一九四一年出生於祕魯阿雷基帕（Arequipa）。他的父親是一名外交官，一九四八年發生軍事政變後，他的家人移居歐洲。在讀完日內瓦國際學校後，德·索托就讀其國際研究（International studies）研究所。

他在企業界很成功，但在一九七九年回到了祕魯。在管理幾家礦業公司時，德·索托成立了自由與民主研究所。他協助祕魯總統阿爾貝托·藤森（Alberto Fujimori）進行了土地改革，這項改革使可可豆種植者獲得了土地所有權，斷絕了現在已經不復存在的「光輝之路」恐怖運動的資源和支持。他還為埃及的胡斯尼·穆巴拉克（Hosni Mubarak）提供建議，並曾在海地、墨西哥、薩爾瓦多和南非工作。近年來，他覺得可以透過建立更強的財產權來打擊恐怖主義，並且認為阿拉伯之春是因其資本無法受到保障而感到沮喪的企業家支持的結果。他對法國經濟學家托瑪·皮凱提提出了嚴厲批評，他說皮凱提對不平等的研究，忽略了為大多數發展中國家提供動力的非正式經濟，並敦促弗朗西斯教皇將財產權置於其社會正義議程的核心。

德·索托還撰寫了《另一條路：第三世界的隱性革命》（*The Other Path: The Invisible Revolution in the Third World*，一九八六），現已出版為《另一條路：恐怖主義的經濟答案》（*The Other Path: The Economic Answer to Terrorism*）。

2016

失控的歐元

The Euro

「如果聯盟的不同成員對經濟學定律有不同的看法，那麼經濟聯盟就很難運作——而且即便在歐元創建的當時，歐元區國家之間對於經濟如何運作的觀念也存在著根本的差異，但這些情況在當時都被掩蓋住了。」

「在歐洲的許多人將為歐元之死感到難過。這不是世界末日：貨幣來來去去。歐元只是一個歷時十七年的實驗，設計和建構不良，無法正常工作。歐洲計畫遠不止於貨幣協定，還有歐洲一體化的願景……最好放棄歐元以挽救歐洲和歐洲計畫。」

總結一句

貨幣旨在創造獨立性並促進成長。對於許多歐洲國家而言，歐元卻造成了相反的效果。

同場加映

利亞卡特·艾哈邁德《金融之王》（01章）

尼爾·弗格森《貨幣崛起》（10章）

托瑪·皮凱提《二十一世紀資本論》（32章）

麥可·波特《國家競爭優勢》（34章）

丹尼·羅德里克《全球化矛盾》（37章）

47

約瑟夫・史迪格里茲

Joseph Stiglitz

從第二次世界大戰的灰燼中，建立歐洲成為一個單一政治實體的「歐洲」計畫審慎地展開了。一九五〇年，法國外交部長羅伯・舒曼（Robert Schuman）在法國外交官和政治經濟學家讓・莫內（Jean Monnet）的建議下，提議將法國和德國的所有煤炭和鋼鐵生產歸一國管轄。兩年後，歐洲礦業與鋼鐵聯盟成立，這是邁向大陸聯盟的第一個具體步驟，有鑑於如果法國和德國等老牌軍事對手持續對抗，那麼和平與繁榮就不可能實現。因此，從一開始，經濟整合就被拿來當作歐洲統合政治議程的推動方法。一九五七年，《羅馬條約》建立了包括法國、德國、義大利、比利時、荷蘭和盧森堡在內的歐洲經濟共同體，宣布決心「為歐洲人民之間日益緊密的聯盟奠定基礎」。英國僅在一九七五年舉行公民投票後才簽署，但其動機是從加入「共同市場」（今天的單一市場的前身）中獲得有利的貿易條件，而不是出於成為正在成形中超級大國一部分的熱情。

從表面上看，單一的歐洲貨幣似乎是朝著「更加緊密的聯盟」邁出的明智的另一步，提升經濟表現並且增強政治和社會凝聚力。

一九九二年的《馬斯垂克條約》（Maastricht Treaty）為推出單一貨幣「歐元」（Euro）開闢了道路，但直到二〇〇二年，實際的歐元紙幣和硬幣才開始流通。獲諾貝爾獎的經濟學家約瑟夫・史迪格里茲在《失控的歐元：從經濟整合的美夢到制度失靈的惡夢》（*The Euro: And its Threat to the Future of Europe*）中指出，與歐洲共同體初期那些較為謹慎的日子相比，轉向單一貨幣是一個錯誤：思考欠周，倉促行事，並且由意識型態所驅動。

史迪格里茲是自由放任全球化（《全球化的許諾與失落》〔*Globalization and its Discontents*〕，二〇〇二）和財富集中化（《大鴻溝》〔*The Great Divide*〕，二〇一五；《不公平的代價》〔*The Price of Inequality*〕，二〇一二）的著名批評家，因此，當他寫一本書挑戰左翼自由主義者所一致認為的共識，即歐元是個好東西，這是件極為引人注目的事。在他的導言中，史迪格里茲將自己比做法國人托克維爾（de Tocqueville），這名法國人對美國的著名研究之所以具有洞察力，恰恰因為身為局外人。

我們為什麼要關切歐元？歐洲擁有五・〇七億人口，其經濟規模與美國大致相同，因此在一個非常全球化的世界中，此區域的經濟成功對每個人都很重要。

誕生即有缺陷

歐元發行時，情況似乎進展頗為順利。正如預期，資本從較富裕的核心成員流向「周邊」成員（包括西班牙、希臘、葡萄牙和愛爾蘭），並且由於低利率的大量貸款而迅速成長。所吹噓的均衡效果正在發揮作用。不幸的是，它沒能持續下去。隨後，同樣這些國家會看到資本和信貸同等迅速地撤出，並陷入衰退。資本和人才轉移到富裕的成長中國家，而不是預期的融合，然後這些國家又有更多的資源進行投資以增加自身的優勢。周邊國家越來越落後，並進一步負債累累。歐元沒有實現政治整合和繁榮，反而導致整個歐洲的不合：富裕的北方和不負責任的南方。

那麼，為什麼歐洲會自願穿上歐元的緊身衣，而這種固定的貨幣將不可避免地至少使某些成員國的生活艱難？有觀點認為，統一的歐洲在世界舞臺上將更具影響力和實力，為此，它應該像美國一樣擁有單一貨幣。但是正如史迪格里茲所指出的，美國各州在財富、人口和產業方面可能差異很大，但至少它們有共同的語言和一套政治制度。歐洲的語言和文化障礙更大，而其政治體制也弱得多，且受公民所「認可」的部分也更少。一個來自南達科他州的人會先認為自己是美國人。法國人會先認為自己是「歐洲人」嗎？

還有一種觀點認為，包括單一貨幣在內更緊密的經濟整合會帶來生活水準的提高，因為生產者能夠達成規模經濟成長的效果（為更大的市場生產更多數量的產品會更便宜），並且可以獲得比較利益（國家專注於生產相對而言最擅長的東西）。但是歐洲已經透過歐盟實現了貨物、資本和勞力的自由流動。此外，在歐盟的「輔助性」政策將權力和責任儘可能下放給成員國，這意味著歐盟的預算僅占歐元區GDP的一%（相對於美國中央政府的GDP的二〇%），與以歐元為代表的經濟整合進程之間，存在著根本上的落差。

儘管歐元將所有國家都扔進鍋裡，就彷彿它們都一個樣，但巨大的差異確實存在。例如：支撐貨幣的低債務、低赤字模型反映了德國對金融正直的、特別是對通貨膨脹的恐懼態度，但是對於其他國家來說，想要優先考慮就業而不是通貨膨脹是完全合情合理的。但是，如果你只有一種貨幣和一個中央銀行，那麼你將如何設置利率：是不惜一切代價防止通貨膨脹，還是不惜一切代價防止失業？不同的國家可能還希望使用不同的匯率來控制其貿易平衡。一個進口多於出口的國家可能想要一種低價值的貨幣，以幫助其出口產業繁榮興盛。然而，透過歐洲中央銀行進行貨幣政策的集中化，意味著各國必須遵守嚴格的財政制度（稅收和支出）和貨幣政策，這幾乎使各國不可能設法擺脫衰退和金融危機。

這本書也是個機會，使史迪格里茲能極力推廣其想法，即認為自行決定的市場是有效率的。歐元區的經驗是對這種情況的完美個案研究，在這種情形下，市場變得更為極端，而不是在經濟下滑和衝擊之後趨向均衡。隨著金融自由化和單一貨幣的發展，在其成員國尚未能透過市場力量實現經濟融合時；他們已然分道揚鑣。這是因為在自由市場中可以看見，資金和資源會流向報酬最大且最安全的地方，除非採取積極的政策，否則較貧窮的國家幾乎沒有機會追趕。史迪格里茲說，歐元是建立在對完美市場的信念之上，而實際上市場本應以市場失靈、不完美和有待調整為基礎。

慘淡的十年

史迪格里茲說，考量歐元區表現的最簡單方法，是將其與不使用歐元的歐洲國家進行比較。二〇一五年，非歐元區自二〇〇七年以來成長了八．一％，而歐元區僅成長了〇．六％。而這還不包括非歐元區波蘭（二八％）和羅馬尼亞（二二％）的成長。在二〇〇七年至二〇一五年的同一時期，美國成長了一〇％。在歐元危機爆發之前，歐元區十一個國家的國內生產毛額仍未回到二〇〇七年的水平，而在諸如希臘等幾個國家，這場危機比大蕭條還嚴重。

德國一直是歐元區的「明星」，但自二〇〇七年以來，即使是德國其年平均成長率僅為〇．八％。與世界其他國家相比，這幾乎稱不上耀眼，而甚至連這極為少量的成長也未能平均分配。從一九九二年到二〇一〇年，德國收入最高一％人口其收入比例增加了二四％，而過去十年來大部分人口的收入卻一直停滯不前。

歐元已經使歐元區較弱的國家變得更弱，而較強的國家也變得更強。國家內部的不平等現象也在加劇。這樣的現象是如何產生的呢？高失業率產生了許多沒有人賺錢的家庭，而傷害了經濟最底層的那些人，至於那些有收入的人，則發現他們的收入由於薪資下降的壓力而減少。歐元對經濟成長的限制也導致了政府的緊縮方案，這對現存的貧困和中等收入族群造成的傷害最大。這種奇妙的單一貨幣旨在加速歐洲市場的發展，並增加財富和社會流動性，但與此相反，它助長了極右翼和仇外政黨的崛起。

保留組織、人力和社會資本的需要，為反週期經濟政策提供了令人信服的理由，該政策可以讓經濟保持活力，使人們保有工作和公司周轉自如。然而由於國際貨幣基金組織、歐洲中央銀行和歐洲委員會的「三駕馬車」迫使希臘採取撙節措施，實際發生的卻是摧毀這些資本。為了保留成為歐元區的一員，維持一定的債務或赤字水準變成比保存工作、公司和社區更為重要。史迪格里茲問，如果必須做出如此絕望的選擇，那麼歐元的真正意義是什麼？這種困境使人想起了一九二〇年代和一九三〇年代，各國得要在決定減少失業或是面對擺脫金本位制的恥辱之間做出選擇。

史迪格里茲說，沒有什麼比因為小幅改善被吹捧為復甦的跡象，更能傳達出歐洲經濟的極度衰弱。當西班牙的失業率在二〇一六年下降至二〇％時（從二〇一三年的二六％），是否真的值得慶祝，特別是考慮到這麼多的西班牙年輕人已經離開該國到其他地方找工作了？西班牙的GDP仍比二〇〇七年減少了五％以上，而且如果歐元不加改革而維持原樣，那麼較貧窮的國家就沒有太大快速成長的空間。歐洲失落的十年很可能會轉變為失落的四分之一世紀。

修正歐元……及其他選項

史迪格里茲說，歐元是一個錯誤，但「歐洲計畫太重要了，以至於不能被歐元給摧毀」。他提供了多種有趣的貨幣替代方案——包括對歐元區管理機構進行改革，或恢復到先前國家主權擁有貨幣和財政權力的情況。要不就是更傾向歐洲一些，或者是其影響更少些，但不是現在不上不下的情況。在現況之下，國家貌似具有主權，但在最重要的經濟領域中卻沒有。

史迪格里茲提出了一系列適度的結構性改革，例如全面的銀行聯盟、銀行存款安全計畫以及債務的共同化，這些改革可以帶來歐元承諾但未實現的經濟收斂，從而增加團結。但是有個隱藏的難處：這些作為大多數牽涉到國家權力和主權的削弱，因此在政治上可能困難重重。可能的前進方式：

- 漸進調適：「盡最大努力使歐元區保持團結，但不足以使其恢復繁榮。」
- 脫離：並非回到由十九種不同貨幣拼湊而成的景象，而是過渡到兩、三種或四種貨幣區——舉例而言，一個較小的歐元區，其中包括多個具有經濟和政治相似性的國家，或是有兩個歐元區，一北一南。
- 一種「靈活的歐元」，其中每個國家都有自己的歐元形式，同時考量到國家差異和優先事項。

史迪格里茲說，脫離實際上是一個不錯的選擇，能在不耗費高成本的情況下達成，甚至能獲得好處，且肯定比漸進調適的經濟成本來得低。對於希臘來說，情況要好得多，希臘受了到歐盟成員和德國的惡劣對待，藉此能完全恢復民主。希臘可以發行一種新的電子貨幣「希臘歐元」，其價格會低於歐元，以改正貿易失衡並使其經濟獲得改善。除了使它對遊客更具吸引力，希臘還可以成為「歐洲的太陽帶」，吸引以數位為基礎且可以位在任何地方的退休人員和企業。

另一個選擇就是讓德國（和其他一些富裕的北方國家）退出歐元區。隨之而來的歐元貶值將使許多國家的貿易失衡得到恢復，而不必訴諸衰退或抑制進口。同時，德國的貿易盈餘將被削減，並且將不得不使用其他措施來刺激經濟，例如增加工資和政府支出。

總評

歐元的故事為我們提供了一個永恆的教訓：在真正的政治整合之前尋求經濟整合始終是個錯誤。單一貨幣之所以成為可能，是根據一種假設，即僅因為可以更自由地跨境運輸財貨和勞務，因此所有涉及的國家都會自動受益。然而，由於這些國家的初始狀態非常不平等，因此缺乏一些貿易壁壘和國家保障事實上使它們比以前更加脆弱。

一位前歐盟理事會主席稱英國首相大衛・卡麥隆（David Cameron）決定脫歐的公投，是「數十年來最糟糕的政策決定」。在史迪格里茲的腦中，這樣的觀點僅確認歐盟菁英對民主的反感。過去的十五年中，歐洲選民在幾乎每個他們所擁有的機會中，都已拒絕了歐元、歐盟和歐洲憲法。對於史迪格里茲來說，脫歐投票是一個意識型態議題的結果，該議題將金融利益和貿易自由化置於公民和勞工的利益之前。受英國脫歐的啟發，維謝格拉德國家（捷克共和國、匈牙利、波蘭和斯洛伐克）可能仍會在歐盟內部形成一個分裂派別，並拒絕更緊密的聯盟以及堅持國家和文化認同的重要性。與此同時，德國、法國、義大利、瑞典（及其選民中的很大一部分）的菁英們則致力於一個自由歐洲的構想。如果最終，唯一將歐盟成員國統一在一起的東西只有貨幣，那將會是一場悲劇。

羅傑·布特爾（Roger Bootle）的《歐盟大麻煩》（*The Trouble With Europe*）與史迪格里茲的書有很多相同的論點，但只是從英國的角度來看這件事。如果你仍相信「歐洲計畫」，但質疑創建它的那些機構，那麼這兩本書你都得讀。

約瑟夫·史迪格里茲

史迪格里茲於一九四三年生於印第安納州的蓋瑞（Gary）。他就讀阿默斯特學院（Amherst College），並在麻省理工學院獲得經濟學博士學位。在劍橋大學擔任研究員四年後，他開始了教學和研究生涯，其中包括耶魯大學、普林斯頓大學、牛津大學和史丹佛大學的時期。自二〇〇一年以來，他一直是紐約哥倫比亞大學的教授，並且是羅斯福研究所（Roosevelt Institute）智庫的首席經濟學家。

史迪格里茲在一九九〇年代曾任克林頓總統經濟顧問委員會成員，後來成為世界銀行的首席經濟學家。他與喬治・阿克洛夫（George Akerlof）和麥克・史彭斯（Michael Spence）一起因在資訊不對稱市場上的研究，而獲得二〇〇一年的諾貝爾經濟學獎。他曾擔任多個歐洲中間派和中左翼政黨和政府的顧問。

著作包括《全球化的許諾與失落》（*Globalization and Its Discontents*，二〇〇二）、《世界的另一種可能：破解全球化難題的經濟預告》（*Making Globalization Work*，二〇〇六）、《三兆美元的戰爭》（*Three Trillion Dollar War*，二〇〇八，關於伊拉克）、《不公平的代價：破解階級對立的金權結構》（*The Price of Inequality*，二〇一二），以及《大鴻溝：從貿易協定到伊波拉病毒，撕裂的階級擴大衝擊全球社會公平》（*The Great Divide: Unequal Societies and What We Can Do About Them*，二〇一五）。

2015

不當行為：
行為經濟學之父教你更聰明地思考、理財、看世界

Misbehaving: The Making of Behavioral Economics

「然而，存在著一個問題：經濟理論所依據的前提是有缺陷的。首先，普通人所面臨的最適化問題對他們而言通常太過困難以至於無法解決，或甚至談不上要去解決。即使是一家規模較大的雜貨店，也可以為購物者提供數百萬種在家庭預算內的商品組合。各家庭真的選了最佳的組合嗎？而且，毫無疑問地，我們面臨許多比去一趟商店困難得多的問題，例如選擇職業、抵押貸款或配偶。考量到在所有這些領域中我們所觀察到的失敗率，要去捍衛認為所有這些都是最適選擇的觀點會很困難。」

總結一句

「經濟人」或「理性人」與普通人完全不同，普通人似乎常常做出貌似違背自己利益的決定。

同場加映

史帝文・李維特＆史帝芬・杜伯納《蘋果橘子經濟學》（22章）
麥可・路易士《大賣空》（23章）
湯瑪斯・謝林《微觀動機與宏觀行為》（41章）
羅伯・席勒《非理性繁榮》（43章）

48

理查・塞勒

Richard Thaler

當理查・塞勒是個年輕的經濟學教授時，他會以一般的方式舉行考試，滿分為一〇〇。平均成績可能落在七二％，這比學生過去的成績低一些，而他們強烈抱怨考試太難了。塞勒想保住工作並且平息抱怨，於是靈機一動：他決定之後的考試滿分不是一〇〇，而是一三七。為什麼是這個奇數？這意味著現在平均分數將落在九十幾分。這樣的改變產生了巨大的影響：抱怨不僅平息，而且大多數人都對他們的成績感到滿意，即使，在將此成績轉換為百分比時，他們的成績與以前完全一樣。

即使不改變A、B、C或D的等級，你也可以透過改變總得分來使聰明的人更加快樂，這樣的事實與正統經濟學所教關於理性人類的一切都背道而馳。塞勒說，這並不是說人們是愚蠢的，而是他們就只是**普通人**（human）。經濟學學科及其模型是建立在一種虛構的生物之上——**經濟人**（homo economicus），或是塞勒所稱的「理性經濟人」（econs）。理性經濟人總是採取理性的行動，而普通人卻「行為不當」，這種不當的或與模型相悖的行為則具有重大意義：經濟學家的預測可能會出錯。例如，不僅幾乎沒有任何經濟學家預見到二〇〇七年至二〇〇八年的金融危機，而且他們的模型告訴他們這**不可能**發生。不幸的是，在制定公共政策時，經濟學家享有極為特權的地位，人們對於他們的理論，比對其他社會科學從業人員的理論要認真得多。

經濟學家奧利・艾森菲特（Orley Ashenfelter）將塞勒的研究稱為「怪人經濟學」（wackonomics），因為這似乎是關乎一些瑣事的經濟學。然而，正如微小異常現象的出現最終可能會顛覆整個信仰典範一樣（請參閱《一次讀懂哲學經典》中的湯瑪斯・孔恩），塞勒對人類怪癖和非理性的觀察，暴露出經濟學僵化的「理論盲從」。《不當行為》一書，運用常常是很有趣的角色插圖，描繪行為經濟學形成過程中的關鍵人物，並闡述這些揭露僵化而盲從理論的故事。塞勒的關鍵時刻（Damascene moment）是在一九七〇年代，當時他發現兩位以色列心理學家丹尼爾・康納曼和阿摩司・特沃斯基（Amos Tversky）的一篇文章深入研究了人類理性的局限。在那個時候，經濟學和心理學界之間的交流並不多，但是塞勒竭盡全力與他們兩人成為朋友，並與他們合作。

在康納曼隨後成為「最偉大的生活心理學家」（請參閱《一次讀懂心理學經典》；特沃斯基於一九九六年去世）的同時，塞勒奠基於他們某些洞見而成的研究，使他成為行為經濟學的代表人物。他在這本書的開頭引用了一九〇六年義大利經濟學家維弗雷多・巴瑞圖（Vilfredo Pareto）的話：

「普遍而言，政治經濟學乃至所有社會科學的基礎顯然是心理學。也許會有一天，我們將能夠從心理學原理中推論出社會科學的定律。」

學術的世界仍是它本來的樣子，經濟學和心理學依舊是兩座孤島，有著它們各自的專注領域與遠景展望，但可以這麼說，經濟學從跨領域的灌溉中獲得了最大利益。

只是普通人

塞勒在職業生涯的早期，他開始列出了一張情境清單（從他自己的生活和他認識的人中汲取），在這些情況中，人們的行為與理性選擇理論的推論相互矛盾，例如：

- 有個男人喜歡一件喀什米爾羊絨毛衣，但沒下手，因為他無法說服自己以那樣的價格購買。但是，當聖誕節時，他的妻子送了同一件毛衣給他當禮物時，他卻感到很高興。他和他的妻子的財務共同集中管理，沒有任何分開的金錢來源。
- 為了購買四十五美元的時鐘收音機，我願意順著路往下再多開十分鐘的車程，以節省十美元，但是如果有機會在購買四百九十五美元的電視機時，去其他商店可以節省十美元，我卻懶得行動。當十美元等於十美元的時候，為什麼會這樣？

• 塞勒正在為一些年輕的經濟學家舉行晚宴，並且注意到他一開始放的一碗腰果很快就要被賓客們狼吞虎嚥地吃完了。由於擔心接下來要吃的食物會沒人吃，他迅速地拿走了那碗腰果。客人們感謝他。

傳統經濟學認為人們會喜歡儘可能多的選擇，那麼當塞勒取走那碗腰果時，客人為什麼感到高興？經濟學家不認為人類有意志力問題。因為我們很虛弱，所以我們會**故意地**限制我們的選擇。亞當・史密斯在《道德情操理論》（*The Theory of Moral Sentiments*）中預言了自我控制的問題：「我們對於此後十年我們所能享受的快樂，與我們今日所享受的快樂相比，興趣小了許多。」

經濟學家弗蘭科・莫迪利安尼（Franco Modigliani）提出了「生命週期假說」，根據該假說，人們可以計算出一生中可能賺到的錢，然後從中回算每個人生階段應該花多少錢。當塞勒向心理學家們解釋這一理論時，他們笑了出來。在現實生活中有多少人會這樣做？莫迪利安尼等經濟學家的模型假設人們很聰明，很自律，並且展望未來。像塞勒這樣的行為經濟學家則認為人們短視近利，當前的享樂比一些遞延的利益更為重要，並且他們對未來的幾十年沒想得太多。經濟學假設存在一個統一的自我，然而很長一段時間以來，心理學一直對我們內部存在著很多自我——或者至少是控制基因座，從弗洛伊德的本我和自我，到康納曼的「快」思和「慢」想，保持開放的態度，而且這些自我經常會相互衝突。

我們認定價值的怪異方式

塞勒說，他在閱讀康納曼和特沃斯基一九七四年於《科學》發表的論文〈不確定下的判斷：捷思和偏誤〉(Judgment Under Certainty: Heuristics and Biases）後，他的生活發生了改變。該論文的基本論點是，由於人們只具備有限的智力，因此他們使用簡單的經驗法則（「捷思」）來幫助他們做出判斷並且做出決定。例如，如果有人問美國人，杜魯夫（Dhruv）是否是個常見的名字，他們可能會說「不是」，因為他們不認識有誰叫杜魯夫。但是杜魯夫恰好是印度的一個常見名字，而且有鑑於印度人口眾多，世界上的杜魯夫可能比葛蘭姆（Grahams）或貝瑞（Barrys）多得多。由於人類的思維方式，我們犯了**可預期的錯誤**。對於塞勒來說，這是一個重大的想法，因為經濟學領域假設人們所犯的思維錯誤是他們所特有，但主要行為和市場的錯誤則是理性的。

塞勒寫道：「當經濟學家們做出極為明確的預測，而此預測卻顯然得要取決於每個人都屬經濟上的理智時，經濟學家們便陷入了麻煩之中。」例如，如果科學家們發現減少肥料使用會更好，那麼經濟學家會認為最好的政策是只讓這些信息和研究成果唾手可得，而農民便會——出於自己的利益——去遵循建議。但是，這並沒有考慮到一件事實，即許多農民會僅僅因為這就是他們一直做事的方式而繼續執行現有做法。另一個例子是：如果政府想讓人們對他們的養老金計畫進行更多的投資，那麼一切所要做的就是提供信息，說明現在儲蓄以備不時之需對他們有多大好處。但這實際上可能是不負責任的做法，因為人們有個眾所周知的偏誤，就是人們偏好於現在而不是將來，除非人們受到「助推」（例如，在開始一份新工作時將繳付較多的養老金款項作為預設選項）或被推往這個方向，他們將無法為自己的未來存夠錢。

康納曼和特沃斯基的另一項發現使塞勒感到震驚，對人們而言，重要的不是財富的絕對水準，而是財富的相對效用，或者更具體地說，是財富的**變化**。人們不理性之處在於，他們討厭損失多過於獲得收益。這種對於損失的厭惡有時會使我們做出錯誤的決定，例如不願賣出從未表現良好的股票，然而理智會建議我們減少損失，並且購買更有機會的東西。塞勒創造了「秉賦效果」（endowment effect）一詞來說明一個事實，那就是相較未來可能成為他們的資產，人們更為重視自己已經擁有的東西（他們的秉賦）。

心理會計

塞勒的研究逐漸地落在他稱為「心理會計」的領域，或者是那種我們對貨幣和財富的看法與理性的建議有所不同的方式。

當我們有未償還的信用卡帳單或貸款時，我們有理由將自己的積蓄投入債務中以償還貸款，因為借款的利率將比儲蓄的利率高得多。但是人們有著非常嚴格的心理類別，例如「租金」、「帳單」和「儲蓄」，而且似乎並不記得金錢是相互可替代的（意味著金錢就是金錢，可以用於任何用途）。我們的賭博習慣突顯了這種非理性。我們在二十一點賭桌上損失的錢是「我們的」錢，而我們所贏的錢是「莊家的錢」，因此價值較低。我們迫切希望收支平衡以保存我們的錢，但很樂意賭輸我們在當晚所取得的任何勝利。但是，在賭場贏來的錢不就與透過工作所賺來的錢一樣可以買相同的東西嗎？

根據經濟學家的說法，我們已經投入而無法收回的錢就是「沉沒成本」。我們是否從所付款項或投資中獲得收益無關緊要；這些現在已屬於過去的財務狀況。但這不是實際上人們的想法。塞勒舉了一個例子，「文斯」（Vince）支付了一千美元取得一個室內網球俱樂部一季的會員資格。加入會員幾個月後，他逐漸產生了網球肘，但**即使疼痛**，他仍繼續玩了三個月，因為他不想「浪費」他的會員資格。經濟學家稱之為「沉沒成本謬誤」的影響更為嚴重。有些人認為，美國繼續在越南進行戰爭，是因為它起初投入了太多的資金和人力，以至於若這一切全都「付諸流水」就太可怕了。好市多（Costco）和亞馬遜（Amazon）之類的公司透過讓我們加入成為會員，從而利用了我們在沉沒成本謬誤中的脆弱性。每年為「主要」會員（Prime membership）支付九十九美元的費用，可能會使我們更常使用亞馬遜，因為我們覺得我們「必須物有所值」。

塞勒還論述了他對消費者心理學的研究。他指出，「每天都低價」的超市策略往往會失敗，因為我們喜歡透過銷售價格或使用優惠券來獲得討價還價的感覺，而不是無趣地在我們購買的每件商品上節省幾美分的錢。本質上，這就是「交易效用」。當我們買了什麼使我們感到聰明或幸運時，我們需要感受得到回報。即使是採用日常低價策略的零售商，也要確保他們以其他方式提供大量的交易效用，例如提供折讓、低利率選項，或者當發現購買的商品在其他地方更便宜時予以退款。即使是有錢人都在沃爾瑪（Walmart）和好市多購物，這是有原因的：因為每個人都「從交易效用中獲得樂趣」，即使從理性的基礎上而言，這些利益可能有所誤導。

朝著最適的方向助推

經濟學建立在這樣一種觀念之上，也就是當人們不受政府干預時，他們可以為其生活和資源做出最佳選擇。但是舉例來說，人們是否**選擇**肥胖，抑或肥胖是受到我們周圍環境（包括每條街道上的快餐店）的影響？研究表明，人們傾向於使用預設選項，從手機設置到雇主退休計畫皆如此。慣性的力量很大，但有一個缺點：決策者可以利用慣性為個人和社會帶來積極的影響。

歷史充滿了變動，政府希望「為自己的利益」而操控其他人的選擇——這有著可怕的後果。塞勒對此類指控很敏感，並解釋他的思想為「自由家長主義」。政府已然為實現某些政策目標而向人們提供了激勵措施，但是激勵措施並非總是有效。將激勵措施與似乎無關緊要的「助推」相結合，例如將偏好的選項放在提供給新員工選項清單的第一位（提撥較大而不是較小的養老金款項），可以減輕我們自然認知偏見的負面影響，例如高估今日的享樂卻以老年時的幸福為代價。塞勒提出了一種方法，而該方法認為，同一個人如果擁有更多信息，他們可能會做出另外不同的選擇。

塞勒的想法引起了英國政策專家的注意，二〇一〇年，在大衛·卡麥隆（David Cameron）的政府下成立了一個行為洞察小組，該小組立即被稱為「助推小組」（Nudge Unit）。該小組必須透過幫助部門採取措施來節省政府費用以證明其存在的理由，而這些措施將使政府節省十倍於該部門成本的金額。它的第一個實驗是關於告訴欠稅的人「絕大多數」其他人按時繳納了稅款，而「您是極少數沒按時繳納稅款的人之一」。這使得在一定期間內支付的人數增加了五%，達到九百萬英鎊。以一封信中的一行字來說，效果還算不錯。在其他的案例中，發送簡訊給欠法院罰款的人使付款大幅度增加，而駕駛執照表格的新預設選項使得挽救生命的移植器官供應增加。

英國的助推小組在證明了其成功之後被私有化，而現在則將其服務出售給英國的公共機構。新南威爾斯州政府內部設有一個與之等同的助推小組，而白宮則設有一個社會與行為科學團隊。如今，有超過一百三十個國家將某種形式的行為科學應用於公共政策上。

總評

塞勒在書中用了兩章的篇幅，專門討論行為經濟學對金融的影響（關於此領域的更多資訊，請閱讀其同事羅伯．席勒《非理性繁榮》一書中的評論），內容廣泛。幾年來，他在《經濟展望雜誌》（*The Journal of Economic Perspectives*）上撰寫一季「異常現象」（Anomalies）專欄，指出研究所呈現的結果，舉例來說，股市的「日曆」效果（股票通常在星期五上漲而在星期一下跌、在例假日前的幾天上漲以及在一月份上漲）。該專欄比起大多數學術文章更受讀者青睞，且使得塞勒享有盛譽。但是在十四期之後，該專欄便不再繼續，因為新任編輯覺得讀者對反常現象已經讀得夠多了。

不過，作為湯瑪斯．孔恩《科學革命的結構》的入迷讀者，泰勒（Thaler）受到啟發，不斷指出異常現象。他作夢也沒想到將心理學方法帶入經濟學會造成一場孔恩式的革命，但最終卻真的發生了。行為經濟學不再是「怪人經濟學」，而是該學科的一個重要次領域，這迫使純粹的理性模型得採取防禦措施。塞勒指出，當時至今日，所有經濟學家都可以將行為的面向納入其工作時，「行為經濟學」便不復作為一個領域而存在，因為「所有經濟學都將依其所需而納入行為的面向」。

理查·塞勒

塞勒出生於一九四五年。他在獲得凱斯西儲大學的學士學位後，於一九七四年在羅徹斯特大學（University of Rochester）獲得經濟學博士學位。他目前是芝加哥大學布斯商學院（Booth School of Business）行為科學與經濟學教授。

他也是《贏家的詛咒：不理性的行為，如何影響決策？》（*The Winner's Curse: Paradoxes and Anomalies of Everyday Life*，一九九二）、《進階行為財務學》（*Advances in Behavioral Finance*，第一、二卷，一九九三和二〇〇五）的作者，並與凱斯·桑思坦（Cass Sunstein）合著《推出你的影響力：每個人都可以影響別人、改善決策，做人生的選擇設計師》（*Nudge: Improving Decisions About Health, Wealth, and Happiness*，二〇〇八）。

塞勒在二〇一五年的電影《大賣空》中客串扮演自己，影片中他在賭場的賭桌上闡述了「熱手謬論」（相信連續的勝利是可能的，超出隨機性的預測）。

1899

有閒階級論

The Theory of the Leisure Class

「放棄勞動是財富的傳統證明，也是社會地位的傳統標誌；這種對財富功績的強調導致一種對於休閒更為殷切的堅持。」

「在一個社會分層的社會中，宗教的存在、作用和實踐是一種對個人所處社區成員以及在成員間的抽象炫耀性消費形式，亦是對證明了他或她的社會階級存在那種價值體系的奉獻形式。因此，參加教堂禮拜，參與宗教儀式和支付什一稅的費用都是一種炫耀性的休閒形式。」

總結一句

社會全然由模仿和對地位的需求所驅動。我們所擁有的消費資源越多，我們受到的社會尊崇就越高。

同場加映

迪爾德麗・麥克洛斯基《布爾喬亞的平等》(24章)
理查・塞勒《不當行為》(48章)
馬克斯・韋伯《新教倫理與資本主義精神》(50章)

49

托斯丹・范伯倫

Thorstein Veblen

為什麼我們要工作更長的時間，尋找更好的工作並且建立企業？美國經濟社會學家托斯丹・范伯倫認為，這是因為社會抱負與單純的生存幾乎沒有什麼關係。相較於他的同胞認為他們的文化代表著崇高的個人主義，范伯倫則認為現代美國社會基本上屬於「野蠻型」。他在《有閒階級論》中寫道，野蠻人有著「發展成熟的掠奪性生活計畫以及……一種鮮活的地位感」。

范伯倫將消費主義的美國與他的挪威農業背景那種謹慎、節儉的本質進行了對比，並想了解這種過剩的推力起源於何處。他得出的結論是，現代的美國與過往的諸多文明，在大眾會自然而然地試圖模仿不工作的階級這點上，沒有什麼不同。起初，這種「休閒階級」的好勝、炫耀和世俗追求的本能始終是該階層所特有，但其唯物主義者、企求地位的觀念變成為整個社會的特徵。如今，我們熟知的消費文化源於成千上萬的人模仿他們所認為的富人風格和習慣。范伯倫為我們提供了「炫耀性消費」一詞，他將其描述為一種「較高或精神上的需求」，與食物和住所同樣難以令人滿足。

可以理解，這樣的化約論冒犯了美國讀者，但《有閒階級論》很受歡迎。范伯倫認為他的書是運用了社會學觀察方法的經濟學著作，並且他大膽將資本主義看作大多是由驕傲和嫉妒所驅動，這點與支撐古典經濟學的理性相互矛盾。

這本書的風格冗長絮叨而不著邊際，完全沒有數字和事實，卻是一本引人入勝的書。

看，我沒在工作：炫耀性休閒

自古以來，范伯倫指出，體力勞動被視為與高等思想相對，而有閒生活則是「在所有文明人眼中都是美麗而令人羨慕」。「有閒」並非意味著懶惰，而僅僅是「非生產性的時間消耗」。一個有閒的人可能很忙，但是他的活動並非以維持生計為目的。他的成就很可能是非物質性的，例如對藝術、歷史或音樂的了解，或者在狩獵、戰爭或體育方面的其他極端技能。賦予在位者能以壓倒性力量或暴力奪取不論是動物或人類生命的那些地位，在人類社會中最受崇敬。過去，上層階級參與戰爭並從戰爭勝利中奪取了戰利品，這種獲得收益的方式，比起具有生產性的工業和工作的成果更為重要。同樣的原則適用於顯示出技巧和英勇的狩獵行為，與為生存而生產糧食的畜牧業勤苦工作相反。

范伯倫說，禮節對於有閒階級是如此重要，因為禮節顯示出已投入學習禮儀的多年養成，而若是個沒空閒的人，這些時間則得花在賺錢謀生之上。他寫道：「良好的養成需要時間、心力和費用，而對良好養成的持久考驗，則是需要浪費大量且專屬的時間。」

我就是我所能買到的東西：炫耀性消費

范伯倫觀察，就食物、飲料、衣服、住所、交通等方面而言，消費「最好的事物」是一種財富的標誌，因此是一種榮耀。熟知「最好的事物」意味著，當其他人不得不去工作時，他們花費時間來培養良好的品味。昂貴的送禮和娛樂活動是「炫耀性消費」的另一個關鍵面向，表明贈予者可以負擔得起這些瑣事上過分鋪張的金錢和精力。娛樂絕不是自發的行為，而是成為某一階級成員義務的一部分，並且是展示禮節技巧的機會，而禮節技巧則是財富的簡寫。經濟上依賴人口的數量也是財富和地位的重要標誌。地位的關鍵指標是有個不必工作的妻子。的確，丈夫可能會努力工作，以達到一種明顯區別的程度，讓妻子得以將她的時間致力於從事富人流行的慈善事業、與藝術機構和子女的私立學校打交道。這種裝飾性的妻子成為「他所提供商品的儀式性消費者」，而她打造的漂亮房屋，其規模和陳設遠遠超出了家庭的實際需求，將成為范伯倫所謂的「白費力氣法則」(the law of wasted effort）的證據：不必要的資源使用量越大，地位就越高。

范伯倫指出，在社會的早期階段，炫耀性休閒是擁有財富的最好標誌，而在後期階段，則是商品的炫耀性消費。這是因為，在現代的經濟時代，個人接觸許多不認識他或不認識他家人的人，因此，判斷其聲譽的最簡單方法，便是藉由注意他所展示非必要商品和資源的程度。透過我們的衣服、汽車、休假、娛樂和房屋，我們無時無刻不在說話的情況下與他人溝通。范伯倫將城市家庭與農村家庭進行了比較。儘管他們可能擁有相似的財富，但城市家庭不得不花更多的錢在衣服上以表明自己的社會地位，並為了「避免失去階級的痛苦」而這麼做。農村家庭的聲譽可能取決於諸如他們的居家舒適度和在銀行中的積蓄等，而這些在一個較小的社區中，是眾所周知的事情。在這個社區中，就社交方面而言，儲蓄帶來「更多的效益」，而在城市中，沒人知道你的真實財務狀況，但他們可以看見你衣冠楚楚，並且在不錯的餐廳吃飯。

人們花錢較少出於他們的需求，而較多是為了彰顯出他們認為自己在生活中應有的地位。我們更願意少生一些孩子以維持較高的生活水準，而不想多養小孩但無法依照我們認為自己所屬階級的標準過活。范伯倫最引人注目的觀察之一是，從事「學術追求」階層的人們（學術界、新聞工作者、神職人員等）認為自己的地位較高，但相較於他們往來的其他人而言，他們的收入通常不高。因此，他們必須將收入的很大一部分用於炫耀性消費（私立學校學費、海外假期），以顯示他們處於社會其他階層之上，即使維持這樣的表象得花費一番功夫。

商品和時尚的意涵

范伯倫觀察到，比起手工製造的產品，機器製造的產品通常從形式到功能上來得更好——它們必須得如此，方能生產數百萬份。但是，即便使用起來效率較差並且有明顯的瑕疵，我們還是喜歡手工製作的東西，因為我們覺得它使我們與眾不同。約翰．羅斯金（John Ruskin）和威廉．莫里斯（William Morris）所倡導的「支持手工藝」，實際上是支持那些負擔得起手工製品低效率的人，以及支持那些有錢到對一般人負擔得起的東西嗤之以鼻的人。什麼叫做「浪費」，亦即，表示財富的方式，會隨著時間而變化。在甚至連奢侈品都大量生產而且如此便宜的時代，真正的富人必須擁有經由最好的設計師和工匠所訂製的東西。重要的不是物品的效用，而是其獨特性。

范伯倫寫道：「為了要有效地達到目的，我們的衣服不僅要昂貴，而且還應向所有觀察者表明，穿著者沒有從事任何生產勞動。」奢侈的衣服、高頂禮帽和擦得極亮的鞋子，在在都顯示無須透過製造或生產東西來謀生。對於女性來說，笨拙的長裙會限制活動，這表明這位女士不適合任何工作，而不必要長髮的作用也是如此。時尚的社會目的是顯示出，即使舊衣服仍然完美無暇，我們也負擔得起拋棄去年的樣子，並且買副新外觀。如果你無法想像一個沒有時尚的世界，那麼你就開始了解，追求地位的消費如何是種驅動社會的**需求**。

制定標準：教育和宗教的經濟社會學

在有關教育的一章中，范伯倫觀察到傳統的學習領域比純功能性的學科更具聲望。例如，對於經典的知識呈現出人們有能力研究沒有實際功用或金錢利益的事物。由於現在沒有人說拉丁語或古希臘語，因此能立即引用拉丁語的能力就顯示你的地位高人一等。范伯倫指出，捐助講座教授和大學仍是新富階層最喜歡的一種獲得尊敬的方式，因為它將捐贈者與人類中最優秀人才連繫在一起。即使在實際學習方面可能有更好的選擇，我們也希望我們的孩子會因為有閒階級的隱藏意涵，而去就讀常春藤盟校、牛津或劍橋大學。人們認為，就讀這些學校不僅可以接受教育，而且還可以得到社交世界的鑰匙。

使讀者感到震驚的是范伯倫認為宗教僅僅是「一種抽象的炫耀性消費形式」的說法，也就是說某人宗教活動的形式是用以確認自己的階級。出席教堂和奉獻什一稅是一種炫耀性休閒的形式。他進一步主張，「儀式用具的消費……在諸如神社、廟宇、教堂、服裝、獻祭、聖禮、節日服裝等方面」，因為這種消費沒有任何實質性目的，所以它是「炫耀性浪費」的顯著例證。修建教堂的資金捐贈者不僅可以感覺到他正在為社區做些事情，而且其慷慨大方證明了他的家族正處於社交山頭的頂峰。

總評

儘管在范伯倫看來，有閒階級值得研究是因此階層為社會其他人設定了標準，但他也承認，那些在我們之上數個階層或在社會階層裡遠低於我們的人對我們的影響，低於那些地位稍微高我們一些的人。過去三十年的心理學研究證實了這一點，這些研究表明，就幸福而言，相較於我們與朋友、鄰居或同事相比有多富裕，我們的絕對財富並非那麼重要。如果我們不僅能與我們的鄰居或朋友比肩，而且比他們更好，我們會感覺良好。這種對地位的渴望似乎內建於我們體內。在農場長大的范伯倫指出，對評估地位的方式在土地之上和在城市之中截然不同。人們可以從效率和生產力的層面為大面積的土地加以辯護，然而實際上這樣的土地卻被賦予了很高的社會地位，因為每個人都知道，在任何時候，其擁有者都可以將土地出售變現，並過著奢侈的生活。

在這個憂心環境和關切資源使用的時代，浮誇地展示財富有時不受歡迎，但人類對地位的渴望萬古長新，將會繼續成為經濟的推手與形塑者。

托斯丹・范伯倫

范伯倫出生於一八五七年，在威斯康辛州的一個農場長大，家中有他的挪威移民父母和十一個兄弟姊妹。這家人生活富裕，而足以把范伯倫送到明尼蘇達州的卡爾頓學院（Carleton College）就讀。一八八〇年畢業後，他在約翰・霍普金斯大學（Johns Hopkins University）跟隨查爾斯・桑德斯・皮爾斯（Charles Sanders Peirce）學習哲學，然後在耶魯大學獲得哲學博士學位。

耶魯大學畢業後，范伯倫找不到學術職位（在教堂和大學之間有緊密連繫的當時，他被宣告為不可知論者），於是回到家族農場生活了幾年。一八九一年，他成為康乃爾大學經濟學的研究生，隨後成為芝加哥大學兼任教學工作的研究生。《有閒階級論》的成功使他成為史丹佛大學的助理教授，但是由於他的爭議性觀點和與女性的緋聞使他不受歡迎，因此他不得不辭職。在密蘇里大學（University of Missouri）教授經濟學幾年後，范伯倫開始在華盛頓特區工作，從事第一次世界大戰後的和平解決計畫。

一九一九年，范伯倫與其他學者一起建立了前衛的社會研究新學院，並一直密切參與直到一九二六年。他於一九二九年在加州去世。他的其他著作包括《企業理論》（*The Theory of Business Enterprise*，一九〇四）、《工藝的本能與產業技術的狀態》（*The Instincts of Workmanship and the State of the Industrial Arts*，一九一四）以及《德意志帝國與產業革命》（*Imperial Germany and the Industrial Revolution*，一九一五）。

1904

新教倫理與資本主義精神

The Protestant Ethic and the Spirit of Capitalism

「對收益的無限貪婪與資本主義沒有絲毫相同之處，且仍缺乏其精神……然而，資本主義則與對利潤的追求全然一致，且仰賴堅持的、理性的、資本主義式的企業，以永遠持續獲利。」

「他避免炫耀和不必要的支出，並迴避有意識地享受他的權力，且因獲得社會認可的外在跡象而感到尷尬……除了那種已將自己工作做好的非理性感覺，對他而言，他從自己的財富中一無所獲。」

總結一句

資本主義的精神不是貪婪和消費，而是秩序的創造和資源的最佳運用。對於那些具有「使命感」的人來說，調和生活中精神和經濟的面向不是問題。

同場加映

彼得．杜拉克《創新與創業精神》（09章）

亞當．史密斯《國富論》（45章）

托斯丹．范伯倫《有閒階級論》（49章）

50

馬克斯・韋伯

Max Weber

社會學家馬克斯・韋伯著迷於思想和信仰對歷史的影響，尤其是為什麼宗教似乎是決定財富水準的重要因素。

韋伯注意到，在他那個時代的德國，商業領袖和資本的擁有者都是新教徒，更不用說大多數技術較高的勞工和管理者。新教徒的教育成就也比天主教徒高。傳統的解釋是，在十六世紀和十七世紀時，德國的某些特定城鎮和地區放棄了天主教會的統治，並且在突然擺脫了控制其生活各個層面的壓迫政權後，他們得以追求他們的經濟利益而變得繁榮。

韋伯指出，實際上，正是教會在道德和社會規則方面的鬆弛，使得貪圖享受的中產階級反對了它。這些中產階級市民實際上**歡迎**新教的專制控制，這麼做能嚴格約束他們的態度和行為。韋伯的問題是，**為什麼**德國、荷蘭、日內瓦和蘇格蘭的富裕階層，以及後來成為美國清教徒的那批人想要朝此方向邁進？想當然爾，自由和繁榮不是應該伴隨著更少、而非更多的宗教控制？

資本主義精神

在這本著名卻簡短的書中，韋伯一開始便承認，討論資本主義的「精神」似乎顯得虛偽做作。畢竟，資本主義的形式存在於中國、印度、巴比倫和古典世界中，除了貿易和交換，沒有任何特殊的精神驅使它們。

他認為，只有隨著現代資本主義的出現，某種道德才得以發展起來，將道德正義與賺錢連繫在一起。不僅是新教徒比天主教徒更加有目的地追尋財富，而且新教徒表現出「發展經濟理性主義的一種特殊傾向」，換言之，創造財富的一種特殊方法，其關注點不在於獲得舒適感，而是在於**追求利潤本身**。獨特的滿足感不是來自提取金錢去購買東西（過去一直是賺錢的驅力），而是來自基於提高生產力和更好地利用資源的「財富創造」。在所有需求獲得滿足許久之後，資本家根本就沒有休息過，永遠為自己的利益和作為更深刻目的的象徵，尋求更大的利潤。

韋伯研究了非基督宗教及它們與經濟學之間的關係。舉例而言，他指出，印度教的種姓制度將永遠是阻礙資本主義發展的一大障礙，因為人們沒有從事職業或社會流動的自由。印度教的精神倫理是為了**超越**這個世界，這樣的觀點無異於天主教創建男女修道院以使聖人擺脫外界的罪惡和誘惑。相比之下，新教徒的道德規範涉及雙眼注視著上帝過活，但卻是完全地生活**在**這個世界上。

透過工作和商業表達精神能量顯然為其信徒帶來了巨大的經濟利益。與其被告知與神聖的生活相比，生意是次等的追求，不如**透過**工作來成為神聖的人。資本主義企業從單純的經濟組織體系，轉變為注入上帝的生活領域。

新教徒的差異

韋伯非常小心不去說新教神學在本質上有什麼較為卓越之處。而是說，早期新教教派（喀爾文派、衛理公會派、虔信派、浸信會派、貴格會派）對生活和工作的整體看法源自他們的信仰，這使他們對現代資本主義適應地特別好。他們帶來了：

- 進取精神。
- 為了自己的好處而對工作的熱愛。
- 有秩序、守時和誠實。
- 厭惡社交、閒聊、睡眠、性愛或享受等浪費時間的事物（感性的說法為「失去的每個小時都是對於為了榮耀上帝而勞動的浪費」）。
- 對自我（情緒和身體）的絕對控制以及對自發性享受的厭惡。
- 關注資源最具生產力的使用方式，而以利潤的方式呈現。（「你可以為上帝而勤奮致富，但不是為了肉欲與罪惡。」喀爾文主義者理察・巴克斯特如是說）。

- 相信使命的召喚，或「以世俗活動證明自己的信心」。

許多喀爾文主義作家對財富的鄙視與天主教的禁欲主義者一樣，但是當你更仔細地觀察他們的著作時，韋伯指出，他們鄙視的對象實際上是隨財富而來的享受和身體上的誘惑。持續的活動可能會驅散這種誘惑，因此工作可以變得神聖。如果你可以在此表現精神能量，那麼工作就可以成為你的救贖。

早期新教資本家的特殊本性於是浮現：以專注於他們的生意而揚名立萬，並因此取得了巨大的成功——然而竭盡全力不享受其成果。天主教一直對從商和賺錢有一定程度的罪惡感，但是未受清教徒教派那種在做生意時被公認為可靠、值得信賴並且渴望取悅的有害良心束縛。正如韋伯的描述：「強烈的虔敬心與商業敏銳度」的結合，成為了許多偉大財富的基石。

使命與資本主義

韋伯主張，「使命」的想法僅在新教改革中才出現。馬丁・路德（Martin Luther）曾討論過它，但到了清教徒派才使它成為他們生活方式的中心。使命與新教神學家喀爾文（Calvin）「預定論」（predestination）的想法有關，也就是你在世時並不知道自己是否為上帝所「揀選的人」之一，換言之，你不知道自己是否將獲得永生抑或是受到永恆的詛咒。因此，你必須**看起來**像是所揀選的人之一，而這意味著過著一塵不染、井井有條的極自制生活。如果你成功做到了，那就表明你是被選中的人之一。

這種有關使命的非理性、靈性觀念，卻具有諷刺意味地產生了經濟活動那種極度理性的印記。其兩個顯著影響是對消費的自我限制和「克己的強迫儲蓄」。正如韋伯所說：「人只是透過神的恩典來到他面前財物的受託人。他必須，如同寓言中的僕人一樣，清楚說明託付給他的每一分錢，而且將其中任何一分錢用於不符合榮耀上帝的目的，而只服務於一個人的享受，這麼做不論怎麼說都是危險的。」結果是，資本被釋出到系統投資之中，從而使富人變得更加富裕。

總評

如今，我們批評自己身處消費主義社會，進行購買和耗費資源而非儲蓄和創造。韋伯之所以值得一讀，是因他提醒了我們，資本主義實際上並不是瘋狂花錢和消費的狂熱，而是關於透過善加利用資源以創造財富。

然而，韋伯也指出，現代資本主義制度正在失去其宗教驅力。如果你具有使命感，那麼這將是一個有意義的系統，可以釋放你的所有潛能。如果你沒有，它似乎毫無生氣且甚至令人壓抑。在只要工作帶來錢財並賦予他們一定的社會地位，就很少關心他們所做工作的性質那種人，與那些必須感到自己的工作在本質上具有意義的人之間，總是存在著鴻溝。韋伯告訴我們，具有使命，則將生活的精神與經濟方面擺平不成問題。

《新教倫理》表明，受宗教強烈影響的性格特徵如何在創造財富中發揮巨大作用。然而，如上所述，這些特徵並不一定取決於某種宗教的盛行，並且在世界各地經濟起飛之處看得見。在過去的三十年中，亞洲的諸經濟體取得如此驚人的增長，而新教徒人口卻很少——但是，這些地區勤勞、認真的公民與十七世紀德國盡責且自我克制的中產階級市民，有著許多的共同點。

馬克斯・韋伯

韋伯於一八六四年出生於艾福特（當時的普魯士），是七個孩子中年齡最大的一個。他的父親是位自由派政治家和官僚，其家庭因亞麻編織而富有。他的母親是虔誠的喀爾文主義者。

一八八二年，他進入海德堡大學（University of Heidelberg）攻讀法律，隨後服了一段義務兵役。接著他轉入柏林大學，以羅馬農業歷史的論文獲得了法學博士學位。他對史學、經濟學和哲學的廣泛興趣，加上願意對德國政治發表評論，使他成為了知識分子中的意見領袖。但是，他的父親於一八九六年去世，而《新教倫理與資本主義精神》是他從長期抑鬱中破繭而出的第一批著作之一，最初在一本社會科學雜誌上以文章形式發表。這本書在一九三〇年被翻譯成英文。

在第一次世界大戰後，韋伯協助起草了德國的新憲法，並在德國民主黨的成立過程中扮演了重要的角色。他於一九二〇年去世，而在一九二六年，他的妻子女權主義者暨社會學家瑪麗安・韋伯（Marianne Weber）發表了她丈夫的著名傳記。韋伯的著作包括《社會和經濟組織的理論》（*The Theory of Social and Economic Organization*）、《中國的宗教：儒家與道教》（*The Religion of China: Confucianism and Taoism*）、《合法統治的三種類型》（*The Three Types of Legitimate Rule*）、《論魅力與制度建立》（*On Charisma and Institution Building*）、《經濟和社會》（*Economy and Society*），以及《以政治為志業》（Politics as a Vocation）。

謝辭

我很幸運能做自己現在做的事情，並且從來不認為擁有閱讀和撰寫對世界產生影響的偉大人物、思想和書籍的特權，是一件理所當然的事。然而，如果沒有一支出色的團隊來協助寫作方向、稿件編輯、銷售、宣傳和各語言的版權，我的寫作將一事無成。

《一次讀懂經濟學經典》最初是由布萊里（Nicholas Brealey）委託撰寫，而本書的寬廣概念是經過愉快討論的結果。

在樺榭集團（Hachette Group）以約翰．默里公司（John Murray Press）的名義收購布萊里出版社之後，尼克．戴維斯（Nick Davies）渴望繼續出版一次讀懂經典系列叢書，並將一次讀懂經典系列叢書作為這間公司再出發的關鍵要素。

在樺榭集團倫敦分公司，我要感謝委任編輯荷莉．本尼恩（Holly Bennion）和出版總監伊恩．坎貝爾（Iain Campbell），他們從一開始就對此系列充滿熱情，並熱衷於推出新作品。此外：班．史萊特（Ben Slight），路易絲．理查森（Louise Richardson）和納迪亞．馬努內利（Nadia Manuelli），他們在銷售、市場行銷、編輯和宣傳方面為此系列多所饒益；版權小組包括喬安娜．卡利斯維斯卡（Joanna

Kaliszewska）和安娜・亞歷山大（Anna Alexander）；以及霍德（Hodder）公司的設計師們，他們提出了出色的封面。我感謝在波士頓布萊里出版社的艾莉森・漢基（Alison Hankey）和梅利莎・卡爾（Melissa Carl），她們持續在美國和加拿大推廣一次讀懂經典系列並獲得廣泛的發行，也感謝在雪梨的樺樹團隊在澳洲推廣我作品的努力。

我很感謝在早期階段就對《一次讀懂經濟學經典》的清單和概念提供回饋的人們，尤其是經濟學學生卡查尼克・索科利（Kacanik Sokoli）和納坦・米薩克（Natan Misak），他們讓我了解今日大學裡教的是什麼（以及什麼沒教）。感謝卡查尼克在擔任實習生時對於研究及閱讀各篇章草稿方面的幫助。也感謝皇家墨爾本理工大學（RMIT University）的史蒂夫・凱特（Steve Kates），他對經典著作清單的早期草稿提出了看法。無庸置疑，我對本書最終定稿負有全部責任。

我要感謝所有在《一次讀懂經濟學經典》中亮相的在世作者對政治經濟學的貢獻，特別是那些同意重新檢視探討其作品的章節並回答問題的作者。

最後，我非常感謝牛津的博德利圖書館（Bodleian Library），該圖書館藏有大量的經濟文獻，對本書的研究有很大的幫助。

48. **理查德・亨利・托尼**（R. H. Tawney）《宗教與資本主義的興起》（*Religion and the Rise of Capitalism,* 1926）
   經濟史學家對該主題的權威性著作，包括對韋伯的「新教倫理」論點的扎實評論。
49. **尼可拉斯・瓦普夏**（Nicholas Wapshott）《凱因斯對戰海耶克：決定現代經濟學樣貌的世紀衝突》（*Keynes Hayek: The Clash That Defined Modern Economics,* 2011）
   這本暢銷書嘗試了解那些相互競爭的經濟觀念的提出者，他們的看法形塑了20世紀的世界。全球金融危機使我們想起了他們各別所提出的選項。
50. **瑪麗蓮・瓦林**（Marilyn Waring）《如果算上女性：一種新的女性主義經濟學》（*If Women Counted: A New Feminist Economics,* 1990）
   前紐西蘭政治人物瓦林憑藉這本書開創了女性主義經濟學的新領域。她認為，在計算國民會計帳時，婦女的家務、照料孩子、病人和老人被故意地排除，因而減少了婦女對經濟的貢獻。此外，自然資源也僅在「被利用」時才計算在內。

37. **羅伯・萊克**（Robert B. Reich）《拯救資本主義》（*Saving Capitalism*, 2015）
這位柯林頓時代的前勞工部長認為，在當今的先進經濟體中，選民犬儒主義的現象比比皆是，這是因為工作與報酬之間的連繫已分崩離析，而政治則受到操控以支持特定利益團體。最大的問題並非政府或自由市場與社會主義之間何者多寡的關係，而是政府是否能夠在社會中為所有人發聲。

38. **卡門・萊茵哈特＆肯尼斯・羅格夫**（Carmen Reinhard & Kenneth Rogoff）《這次不一樣：800年金融危機史》（*This Time Is Different: Eight Centuries of Financial Folly*, 2009）
這份關於恐慌、崩潰、違約和金融危機的詳盡歷史調查，將2008至2009年的經濟衰退情況盡收眼底，並且提供了一份精彩的人性研究；我們的記憶力很短暫，這使我們允許同樣的經濟錯誤在每一代一再發生。

39. **穆瑞・羅斯巴德**（Murray Rothbard）《人、經濟與國家》（*Man, Economy and State*, 1962）
羅斯巴德為當今的自由主義運動和「無政府資本主義」提供了知識骨幹；這本是他的代表作。

40. **喬安・羅賓遜**（Joan Robinson）《資本的累積》（*Accumulation of Capital*, 1956）
這位劍橋大學的經濟學家是1950年代和1960年代與美國同事就資本的定義進行辯論的關鍵人物。

41. **讓－巴蒂斯特・賽伊**（Jean-Baptiste Say）《政治經濟學論集》（*A Treatise on Political Economy*, 1803）
賽伊是自由貿易和自由經濟學的大力擁護者，他身處於此論點深受威脅的時期，於是給了我們「企業家」一詞。「賽伊法則」說，生產商品創造了他們自己的需求。

42. **安德烈・施萊費爾**（Andrei Schleifer）《低效率市場》（*Inefficient Markets*, 2000）
這位哈佛大學的經濟學家對行為財務學的介紹，突顯出有效市場假設中的諸多缺陷。

43. **羅伯特・史紀德斯基**（Robert Sidelsky）《在收銀台碰到凱因斯：看經濟大師解救你的荷包》（*Keynes: Return of the Master*, 2009）
這位凱因斯學者觀察到，在1951年至1973年凱因斯主義的布列頓森林體系時期，全球經濟的表現要好於取代它的貨幣主義學派自由市場之「華盛頓共識」。

44. **勞勃・梭羅**（Robert M. Solow）《經濟成長理論：一種解說》（*Growth Theory: An Exposition*, 1970）
梭羅是首先提供真正可行的經濟成長理論的人之一，強調技術進步所扮演的角色。

45. **安德魯・羅斯・索爾金**（Andrew Ross Sorkin）《大到不能倒》（*Too Big To Fail*, 2009）
娓娓道來雷曼兄弟倒閉所突然引發的各種事件，以及官員和銀行家為阻止金融世界解體而採取的諸多絕望措施。

46. **托馬斯・索維爾**（Thomas Sowell）《被掩蓋的經濟真相》（*Economic Facts and Fallacies*, 2007）
非裔美籍自由市場經濟學家破除迷思的暢銷書。

47. **喬治・斯蒂格勒**（George Stigler）《價格理論》（*Theory of Price*, 1947）
對於經濟如何透過不受限制的財貨與勞務定價來發展，本書也許是最佳的闡釋。

Hypothesis of Saving, 1966）
人們是理性的，他們在能工作的時期較為節儉，如此一來，當他們無法賺錢時，他們的收入就會差不多。

28. **恩里科・莫雷蒂**（Enrico Moretti）《新的就業地理》（*The New Geography of Jobs,* 2012）
加州大學洛杉磯分校（UCLA）的經濟學家對不斷變化的美國城市進行研究，而這些城市的持續蓬勃發展或正在消亡，取決於它們創建創新和創造樞紐的能力。然而，「腦力樞紐」不僅使受過教育的年輕人受益，而且創造了大量工作來為腦力勞動者提供服務。

29. **托馬斯・孟**（Thomas Mun）《論英國與東印度公司的貿易》（*A Discourse of Trade from England unto the East Indies,* 1621）
孟為重商主義提供了知識基礎，也相信政府的經濟政策必須集中在改善貿易平衡上。一個國家透過使其出口物品價值大於其進口東西的價值來變得富有和強大。

30. **貢納爾・默達爾**（Gunnar Myrdal）《經濟理論發展中的政治因素》（*The Political Element in the Development of Economic Theory,* 1990）
瑞典經濟學家及諾貝爾獎得主為現代福利國家提供了知識基礎。

31. **約翰・馮・諾伊曼**（John von Neumann）《賽局理論與經濟行為》（*Theory of Games and Economic Behaviour,* 1944）
數學家在賽局理論中的基礎研究以及一些其經濟上的意涵。

32. **道格拉斯・諾斯**（Douglass C. North）《制度、制度變遷與經濟績效》（*Institutions, Institutional Change and Economic Performance,* 1990）
早在艾塞默魯＆羅賓森的《國家為什麼會失敗》（請參閱《一次讀懂政治學經典》）之前，諾斯就已呈現政治和經濟機構如何創造出形塑國家經濟的誘因。

33. **維弗雷多・柏拉圖**（Vilfredo Pareto）《政治經濟學手冊》（*Manual of Political Economy,* 1927）
柏拉圖是第一個正確研究收入和財富分配的經濟學家，並在此過程中發現了一個似乎在每個國家都適用的模式：一小部分的人口能夠擁有達該國一半的財富，這種自我強化的狀況抗拒變革，因為富人有很大的政治影響力。他還以「柏拉圖最適性」的概念而聞名，他說，要想使一個人的生活更富裕而又不讓另一個人變得更糟，那是不可能的。

34. **比爾・菲利普斯**（Bill Phillips）《失業和貨幣工資變動率之間的關係》（*The Relationship Between Unemployment and the Rate of Change of Money Wages,* 1958）
這位紐西蘭經濟學家的「菲利普斯曲線」主張，高通膨與低失業率相關，反之亦然。1970年代的停滯性通貨膨脹顯示有可能同時出現高通貨膨脹和高失業率，這也使此理論受到質疑。

35. **阿瑟・塞西爾・庇古**（Arthur Cecil Pigou）《福利經濟學》（*The Economics of Welfare,* 1920）
這位劍橋經濟學家是現代公共財政之父，為政府參與經濟活動提供了合理化依據。

36. **法蘭索瓦・魁奈**（Francois Quesnay）《經濟表》（*Tableaux Economique,* 1758）
這位重要的重農學派經濟學家認為，國家財富來自生產，特別是農業，因而與重商主義的觀點相反，即國家財富來自統治者的財富或者透過貿易而積累的金塊。

週期運轉，從而導致漫長的擴張、停滯和衰退的浪潮。

19. **查爾斯．金德伯格**（Charles Kindleberger）**《蕭條中的世界，1929-1939》**（*The World in Depression*, 1929-1939, 1973）
被認為是談論大蕭條最好的書，尤其是它具備全球性與歷史性觀點，將這場災難的根源追溯至第一次世界大戰時期。

20. **法蘭克．奈特**（Frank Knight）**《風險、不確定性與利潤》**（*Risk, Uncertainty and Profit,* 1921）
風險可以加以量化，因此可以保險。不確定性無法量化，但是「利潤來自事物固有的、絕對的不可預測性。」法蘭克．奈特與傅利曼、斯蒂格勒和詹姆斯．布坎南（James Buchanan）同為芝加哥學派的早期成員。

21. **西蒙．庫茲涅茨**（Simon Kuznets）**《現代經濟增長：速率、結構和傳布》**（*Modern Economic Growth: Rate, Structure, Spread,* 1966）
庫茲涅茨的實證方法幫忙建立了對國民財富或GDP的第一批準確的計量值，使政府能夠做出更明智的決策。他在比較經濟學方面的工作發現，貧窮國家的成長導致收入不平等加劇，而富裕國家的成長則傾向於減少收入不平等。「庫茲涅茨週期」為期20至30年，在此期間，經濟根據會影響需求增加或減少的人口因素而成長或衰退。

22. **大衛．藍迪斯**（David Landes）**《新國富論：人類窮與富的命運》**（*The Wealth and Poverty of Nations,* 1999）
這位哈佛大學教授的觀點認為，國家繁榮取決於文化因素，這與賈德．戴蒙（Jared Diamond）《槍砲、病菌與鋼鐵》中的「地理上的偶然因素（accident of geography）」研究途徑背道而馳。

23. **安格斯．麥迪森**（Angus Maddison）**《世界經濟千年史》**（*The World Economy: A Millennial Perspective,* 1999）
這位備受尊敬的經濟歷史學家著眼於過去一千年的經濟成長、收入和人口，闡釋了在某種程度上繁榮是相對較新的現象。

24. **伯納德．曼德維爾**（Bernard Mandeville）**《蜜蜂的寓言》**（*The Fable of the Bees,* 1714）
工業革命前的「經濟學家」以其想法震驚了社會，也就是貪婪和奢侈等「私人惡習」導致了「公共利益」，因為它們涉及更多的消費。要保持經濟成長，支出比儲蓄來得好。

25. **卡爾．門格爾**（Carl Menger）**《經濟學原理》**（*Principles of Economics,* 1871）
亞當．史密斯和李嘉圖認為，特定商品的價值源於製造它們所付出的努力。門格爾的洞見則認為，價值在於感知者的眼中。經濟世界只是一個擁有多種思維和偏好的世界，因此雙方都可以感覺到他們已經從交易之中受益。沒有什麼客觀價值之類的東西。門格爾還為邊際效用理論做出了貢獻。

26. **約翰．斯圖亞特．彌爾**（John Stuart Mill）**《政治經濟學原理》**（*Principles of Political Economy,* 1848）
這本書影響經濟政策一直到1930年代。彌爾認為經濟制度是一種政治結構，因此必須為政體服務，這與他的純政治著作立論一致。

27. **弗蘭科．莫迪利安尼**（Franco Modigliani）**《儲蓄的生命週期假說》**（*The Life-Cycle*

布朗大學的政治經濟學家追溯了緊縮原則的起源，使用凱因斯等人的方法證明了它從未奏效，並且繼續阻礙那些可能繁榮的經濟體。

9. **詹姆斯・布坎南＆戈登・圖洛克**（James Buchanan & Gordon Tullock）**《同意的計算》**（*The Calculus of Consent,* 1962）
   諾貝爾獎得主布坎南是公共選擇理論的創始人，該理論試圖從經濟角度審視政治。這項開創性的工作主張，如果所有人類都是理性的，並為自己謀求最佳結果，那麼政客自己必然也包含其中。民主政治中沒有建立「更大的好處」，只是各集團贏得了讓步。由於民主政體能夠變得腐敗和暴虐，因此政治進程必須由私有財產權來平衡，而私有財產權則帶來繁榮與穩定。
10. **理察・坎蒂隆**（Richard Cantillon）**《商業性質概論》**（*Essay on the Nature of Commerce,* 1755）
    在亞當・史密斯之前，這是最早解釋經濟運作方式的嘗試之一。
11. **保羅・克里爾**（Paul Collier）**《最底層的十億人》**（*The Bottom Billion,* 2008）
    牛津大學的經濟學家對世界上收入最低的人以及他們如何被拋在後面，進行了實際現況的查驗。
12. **泰勒・科文**（Tyler Cowen）**《大停滯：全球經濟陷入漸凍，如何擺脫困局？》**（*The Great Stagnation,* 2011）
    就技術方面而言，大多數「低垂的果實」都是在美國採摘，這是過去15年創新遲延和經濟停滯的原因。
13. **巴里・艾肯格林**（Barry Eichengreen）**《鏡廳：大蕭條與大衰退》**（*Hall of Mirrors: The Great Depression and the Great Recession,* 2015）
    在上個世紀的兩次重大金融事件之間，進行兩相對照。
14. **湯瑪斯・佛里曼**（Thomas Friedman）**《了解全球化》**（*The Lexus and the Olive Tree,* 1999）
    佛里曼的暢銷書試圖推翻全球化是關於美國霸權或世界迪斯尼化的想法。真相則更為複雜，涉及國際關係的新典範和個人相對於國家力量的崛起。
15. **大衛・格雷伯**（David Graeber）**《債的歷史：從文明的初始到全球負債時代》**（*Debt: The First 5,000 Years,* 2011）
    經濟人類學家認為，債務制度早於金錢和易物制度，對了解人類的關係和力量至關重要。本書清楚闡釋希臘的地位以及債務在當代政治經濟中所扮演的角色。
16. **亨利・赫茲利特**（Henry Hazlitt）**《一課經濟學》**（*Economics In One Lesson,* 1962）
    自由主義者觀點的關鍵作品，為反對總是產生負面影響的政府干預經濟行為，提出了令人信服的論點。本書受到米爾頓・傅利曼和艾茵・蘭德的好評，並對總統競選人榮・保羅（Ron Paul）產生了重要影響。
17. **約翰・希克斯**（John Hicks）**《價值與資本》**（*Value and Capital,* 1939）
    這位英國經濟學家是20世紀最有影響力的人之一。《價值與資本》仍然是個體經濟學中的關鍵作品，詳細論述了此均衡理論。
18. **尼古拉・康德拉季耶夫**（Nikolai Kondratiev）**《大經濟週期》**（*The Major Economic Cycles,* 1925）
    這位俄羅斯經濟學家認為，在創新和技術的推波助瀾下，經濟以40年至60年的

再加五十本經濟學經典

◎與經典作品的主要清單一樣，以下一系列著名的作品將新作與舊著、學術和流行結合在一起，可以作為進一步閱讀的踏腳石。

1. **肯尼斯・阿羅**（Kenneth Arrow）《社會選擇與個人價值》（*Social Choice and Individual Values,* 1951）
在社會選擇理論的開創性著作中，阿羅證明了經濟學可以解釋個人選擇，但不能解釋群體結果或涉及權力的結果。此「不可能定理」對政府的合法性、福利經濟學以及個人在社會中的地位提出了諸多問難。
2. **丹・艾瑞利**（Dan Ariely）《誰說人是理性的！》（*Predictably Irrational,* 2009）
麻省理工學院的行為經濟學家對我們大多數非理性的選擇進行了有趣的闡述，這與理性選擇的正統觀念背道而馳。
3. **沃爾特・白芝浩**（Walter Bagehot）《倫巴德街：貨幣市場的描述》（*Lombard Street: A Description of the Money Market,* 1873）
白芝浩是最早出現在金融、銀行和貨幣領域的作家之一，他的書是對奧弗倫・格尼（Overend, Gurney）銀行倒閉的回應。它為中央銀行（即英格蘭銀行）的存在提供了理論基礎，也就是主張中央銀行必須是信貸緊縮中的最後貸款人。
4. **阿比吉特・班納吉 & 艾絲特・杜芙若**（Abhijit Bannerjee & Esther Duflo）《窮人的經濟學》（*Poor Economics,* 2011）
本書的副標題為「對抗全球貧困方式的徹底重新思考」，它對極端貧困者如何生活以及使他們擺脫貧困的最有效激勵措施進行了微觀分析，這使此書突破了發展經濟學的典範模式。
5. **愛德華・巴提斯特**（Edward E. Baptiste）《被掩蓋的原罪：奴隸制與美國資本主義的崛起》（*The Half Has Never Been Told: Slavery and the Making of American Capitalism,* 2014）
奴隸制並非前現代制度的衰微（通常認為），而是在獨立後起初的八十年，由於早期採用管理上的創新而有所擴展。此美國商業的「骯髒祕密」驅動了美國的現代化和繁榮。這是一本屢獲殊榮的作品，借鑑了各個領域的最新研究成果。
6. **班・柏南奇**（Ben Bernanke）《大蕭條》（*Essays on the Great Depression,* 2000）
當柏南奇在2008年金融危機爆發前就任美國聯準會主席時，這套學術論文成為他的知識範本。他展示了大蕭條（顯然是不良政策的結果）如何促使人們意識到總體經濟學的重要性。
7. **彼得・伯恩斯坦**（Peter L. Bernstein）《與天為敵：人類戰勝風險的傳奇故事》（*Against The Gods: The Remarkable Story of Risk,* 1996）
財務歷史相當於風險分析和機率的歷史。
8. **馬克・布萊斯**（Mark Blyth）《大緊縮：人類史上最危險的觀念》（*Austerity: The History of a Dangerous Idea,* 2013）

尼爾・弗格森《貨幣崛起》(2008)
利亞卡特・艾哈邁德《金融之王》(2009)
丹比薩・莫約《死亡援助》(2010)
威廉・鮑莫爾《創新力微觀經濟理論》(2010)
麥可・路易士《大賣空》(2011)
丹尼・羅德里克《全球化矛盾》(2011)
張夏準《資本主義沒告訴你的23件事》(2012)
艾瑞克・布林優夫森&安德魯・麥克費《第二次機器時代》(2014)
黛安・柯爾《GDP的多情簡史》(2014)
托瑪・皮凱提《二十一世紀資本論》(2014)
理查・塞勒《不當行為:行為經濟學之父教你更聰明地思考、理財、看世界》(2015)
羅伯・J・戈登《美國成長的興衰》(2016)
迪爾德麗・麥克洛斯基《布爾喬亞的平等》(2016)
約瑟夫・史迪格里茲《失控的歐元》(2016)

按照出版年代排序的書單

亞當・史密斯《國富論》(1778)
托馬斯・馬爾薩斯《人口論》(1798)
大衛・李嘉圖《政治經濟學及賦稅原理》(1817)
卡爾・馬克思《資本論》(1867)
亨利・喬治《進步與貧困》(1879)
阿爾弗雷德・馬歇爾《經濟學原理》(1890)
托斯丹・范伯倫《有閒階級論》(1899)
馬克斯・韋伯《新教倫理與資本主義精神》(1904)
約翰・梅納德・凱因斯《就業、利息與貨幣的一般理論》(1936)
路德維希・馮・米塞斯《人的行為》(1940)
約瑟夫・熊彼得《資本主義、社會主義與民主》(1942)
卡爾・波蘭尼《大轉型》(1944)
弗雷德里希・海耶克《知識在社會中的運用》(1945)
保羅・薩繆森&威廉・諾德豪斯《經濟學》(1948)
班傑明・葛拉漢《智慧型股票投資人》(1949)
約翰・高伯瑞《1929年大崩盤》(1954)
米爾頓・傅利曼《資本主義與自由》(1962)
蓋瑞・貝克《人力資本》(1964)
艾茵・蘭德《資本主義：未知的理想》(1966)
珍・雅各《與珍雅各邊走邊聊城市經濟學》(1968)
阿爾伯特・赫緒曼《叛離、抗議與忠誠》(1970)
E・F・修馬克《小即是美》(1973)
湯瑪斯・謝林《微觀動機與宏觀行為》(1978)
阿馬蒂亞・森《貧困與饑荒》(1981)
彼得・杜拉克《創新與創業精神》(1985)
海曼・明斯基《穩定不穩定的經濟》(1986)
羅納德・寇斯《廠商、市場與法律》(1988)
伊莉諾・歐斯壯《治理共有財》(1990)
麥可・波特《國家競爭優勢》(1990)
朱利安・西蒙《終極資源2》(1997)
羅伯・席勒《非理性繁榮》(2000)
赫南多・德・索托《資本的祕密》(2003)
史帝文・李維特&史帝芬・杜伯納《蘋果橘子經濟學》(2006)
保羅・克魯曼《下一個榮景：政治如何搭救經濟》(2007)
約翰・柏格《約翰柏格投資常識》(2007)
娜歐蜜・克萊恩《震撼主義：災難經濟的興起》(2007)

Belknap Press of Harvard University Press.（托瑪・皮凱提《二十一世紀資本論》）

Polanyi, K. (2001) *The Great Transformation: The Political and Economic Origins of Our Time*, Boston: Beacon Press.（卡爾・波蘭尼《大轉型》）

Porter, M.E. (1998) *The Competitive Advantage of Nations*, London: Macmillan.（麥可・波特《國家競爭優勢》）

Rand, A. (1967) *Capitalism: The Unknown Ideal*, London: Signet.（艾茵・蘭德《資本主義：未知的理想》）

Ricardo, D. (2016) *On the Principles of Political Economy*, and Taxation, Project Gutenberg. http://www.gutenberg.org/cache/epub/33310/pg33310.txt（大衛・李嘉圖《政治經濟學及賦稅原理》）

Rodrik, D. (2011) *The Globalization Paradox: Why Global Markets, States, and Democracy Can't Coexist*, Oxford: Oxford University Press.（丹尼・羅德里克《全球化矛盾》）

Samuelson, P.A. and Nordhaus, W.D. (2010) *Economics*, 19th ed., Boston: McGraw-Hill.（保羅・薩繆森＆威廉・諾德豪斯《經濟學》）

Schelling, T. (2006) *Micromotives and Macrobehavior*, New York and London.（湯瑪斯・謝林《微觀動機與宏觀行為》）

Schumacher, E.F. *Small Is Beautiful: A study of economics as if people mattered*, London: Blond & Briggs.（E・F・修馬克《小即是美》）

Schumpeter, J. (2003) *Capitalism, Socialism, and Democracy*, London and New York: Routledge.（約瑟夫・熊彼得《資本主義、社會主義與民主》）

Sen, A. (1981) *Poverty and Famines: An Essay on Entitlement and Deprivation*, Oxford: Clarendon Press.（阿馬蒂亞・森《貧困與饑荒》）

Shiller, R. (2015) *Irrational Exuberance*, Third edition, Princeton; New Jersey: Princeton University Press.（羅伯・席勒《非理性繁榮》）

Simon, J. (2016) *The Ultimate Resource 2: People, Materials, and Environment*, Princeton, New Jersey: Princeton University Press, 1996. http://www.juliansimon.com/writings/Ultimate_Resource/（朱利安・西蒙《終極資源2》）

Smith, A (1910) *An Inquiry Into the Nature and Causes of the Wealth of Nations*, Vol. I, London: JM Dent.（亞當・史密斯《國富論》）

de Soto, H. (2001) *The Mystery of Capital: Why capitalism triumphs in the West and fails everywhere else*, London: Black Swan.（赫南多・德・索托《資本的祕密》）

Stiglitz, J.E. (2016) *The Euro, and Its Threat to the Future of Europe*, London: Allen Lane/Penguin.（約瑟夫・史迪格里茲《失控的歐元》）

Thaler, R. (2015) *Misbehaving: How Economics Became Behavioural*, London: Allen Lane.（理查・塞勒《不當行為：行為經濟學之父教你更聰明地思考、理財、看世界》）

Veblen, T. (1899) *The Theory of the Leisure Class: An Economic Study of Institutions*, Project Gutenberg, 2008. http://www.gutenberg.org/cache/epub/833/pg833.txt（托斯丹・范伯倫《有閒階級論》）

Weber, M. (1992) *The Protestant Ethic and the Spirit of Capitalism*, London: Routledge.（馬克斯・韋伯《新教倫理與資本主義精神》）

長的興衰》)

Graham, B. (1965) *The Intelligent Investor: A Book of Practical Counsel*, Third Revised Edition, Harper & Row: New York.(班傑明・葛拉漢《智慧型股票投資人》)

Hayek, F. (2016) "The Use of Knowledge in Society." 1945. Library of Economics and Liberty. http://econlib.org/library/Essays/hykKnw1.html(弗雷德里希・海耶克《知識在社會中的運用》)

Hirschman, A.O. (1970) *Exit, Voice, and Loyalty*, Cambridge, Massachusetts: Harvard University Press.(阿爾伯特・赫緒曼《叛離、抗議與忠誠》)

Jacobs, J. (1970) *The Economy of Cities*, London: Cape.(珍・雅各《與珍雅各邊走邊聊城市經濟學》)

Keynes, J.M. (1964) *The General Theory of Employment, Interest, and Money*, London: Macmillan.(約翰・梅納德・凱因斯《就業、利息與貨幣的一般理論》)

Klein, N. (2007) *The Shock Doctrine: The Rise of Disaster Capitalism*, London: Penguin.(娜歐蜜・克萊恩《震撼主義》)

Krugman, P. (2009) *The Conscience of a Liberal*, London: Penguin.(保羅・克魯曼《下一個榮景:政治如何搭救經濟》)

Levitt, S.D. and Dubner, S.J. (2005) *Freakonomics: A Rogue Economist Explores the Hidden Side of Everything*, London: Penguin.(史帝文・李維特 & 史帝芬・杜伯納《蘋果橘子經濟學》)

Lewis, M. (2010) *The Big Short: Inside the Doomsday Machine*, London: Penguin.(麥可・路易士《大賣空》)

McCloskey, D.N. (2016) *Bourgeois Equality: How Ideas, Not Capital or Institutions, Enriched the World*, Chicago and London: University of Chicago Press.(迪爾德麗・麥克洛斯基《布爾喬亞的平等》)

Malthus, T. (2016) *An Essay on the Principle of Population*. 1798. Library of Economics and Liberty. http://www.econlib.org/library/Malthus/malPop.html(托馬斯・馬爾薩斯《人口論》)

Marshall, A. (2016) *Principles of Economics*. 1920. Library of Economics and Liberty. http://econlib.org/library/Marshall/marP.html(阿爾弗雷德・馬歇爾《經濟學原理》)

Marx, K. (2016) *Capital: A Critique of Political Economy*, Volume 1, First English edition, 1887. https://www.marxists.org/archive/marx/works/1867-c1/(卡爾・馬克思《資本論》)

Minsky, H.P. (1986) *Stabilizing an Unstable Economy*, New Haven: Yale University Press.(海曼・明斯基《穩定不穩定的經濟》)

Mises, L. (1998) *Human Action: a treatise on economics*, Auburn, Alabama: Ludwig Von Mises Institute.(路德維希・馮・米塞斯《人的行為》)

Moyo, D. (2010) *Dead Aid: Why Aid Makes Things Worse and How There is Another Way for Africa*, London: Penguin (Kindle edition).(丹比薩・莫約《死亡援助》)

Ostrom, E. (2015) *Governing the Commons: The Evolution of Institutions for Collective Action*, Cambridge: Cambridge University Press.(伊莉諾・歐斯壯《治理共有財》)

Piketty, T. (2014) *Capital in the Twenty-First Century*, Cambridge, Massachusetts and London:

英文參考書目

◎本書的研究使用到下列版本。現在，許多較早期的經濟學經典都已在公共領域公開提供，並且可以在網路上免費取得。

Ahamed, L. (2009) *Lords of Finance*, London: Windmill Books.（利亞卡特・艾哈邁德《金融之王》）

Baumol, W.J. (2010) *The Microtheory of Innovative Entrepreneurship*, Princeton, New Jersey & Woodstock, Oxfordshire: Princeton University Press.（威廉・鮑莫爾《創新力微觀經濟理論》）

Becker, Gary S (1993) *Human Capital: A Theoretical and Empirical Analysis with Special Reference to Education*, Third Edition, Chicago: University of Chicago Press.（蓋瑞・貝克《人力資本》）

Bogle, J. C. (2007) *The Little Book of Common Sense Investing*, Hoboken, NJ: John Wiley & Sons.（約翰・柏格《約翰柏格投資常識》）

Brynjolfsson, E. & McAfee, A. (2016) *The Second Machine Age: Work, Progress, and Prosperity in a Time of Brilliant Technologies*, New York: WW Norton. Paperback edition.（艾瑞克・布林優夫森&安德魯・麥克費《第二次機器時代》）

Chang, H. (2011) *23 Things They Don't Tell You About Capitalism*, London: Penguin.（張夏準《資本主義沒告訴你的23件事》）

Coase, R.H. (1988) *The Firm, the Market and the Law*, Chicago and London: University of Chicago Press.（羅納德・寇斯《廠商、市場與法律》）

Coyle, D (2015) *GDP: A Brief But Affectionate History*, Princeton, New Jersey and Woodstock, Oxfordshire: Princeton University Press.（黛安・柯爾《GDP的多情簡史》）

Drucker, P.F. (1985) *Innovation and Entrepreneurship: Practice and Principles*, New York: Harper & Row.（彼得・杜拉克《創新與創業精神》）

Ferguson, N. (2008) *The Ascent of Money: A Financial History of the World*, London: Allen Lane/Penguin.（尼爾・弗格森《貨幣崛起》）

Friedman, M. (1962) *Capitalism and Freedom*, Chicago: The University of Chicago Press.（米爾頓・傅利曼《資本主義與自由》）

Galbraith, J.K. (2009) *The Great Crash 1929*, London: Penguin.（約翰・高伯瑞《1929年大崩盤》）

George, H. (2016) *Progress and Poverty: An Inquiry into the Cause of Industrial Depressions and of Increase of Want with Increase of Wealth: The Remedy.* 1920. Library of Economics and Liberty. http://www.econlib.org/library/YPDBooks/George/grgPPCover.html（亨利・喬治《進步與貧困》）

Gordon, R.J. (2016) *The Rise and Fall of American Growth: The US Standard of Living Since the Civil War*, Princeton and Oxford: Princeton University Press.（羅伯・J・戈登《美國成

一次讀懂經濟學經典 / 湯姆・巴特勒—鮑登（Tom Butler-Bowdon）著；張嘉文譯.
-- 一版. -- 臺北市：時報文化，2020.1；560面；14.8×21公分. --
譯自：50 ECONOMICS CLASSICS
ISBN 978-957-13-8045-2（平裝） 1.經濟學 2.專科目錄 3.經濟分析
016.55 108019994

一次讀懂經濟學經典
50 ECONOMICS CLASSICS

作者 湯姆・巴特勒—鮑登（Tom Butler-Bowdon）｜**譯者** 張嘉文
主編 湯宗勳｜**特約編輯** 文雅｜**責任編輯** 廖婉婷｜**責任企劃** 王聖惠｜**美術設計** 兒日｜
電腦排版 宸遠彩藝
董事長 趙政岷｜**出版者** 時報文化出版企業股份有限公司 10803臺北市和平西路三段240號1-7樓
發行專線（02）2306-6824｜**讀者服務專線** 0800-231-705・（02）2304-7103｜**讀者服務傳真**（02）2304-6858
郵撥 1934-4724時報文化出版公司｜**信箱** 10899臺北華江橋郵局第99號信箱
時報悅讀網 http://www.readingtimes.com.tw｜**電子郵箱** new@readingtimes.com.tw
法律顧問 理律法律事務所 陳長文律師、李念祖律師
印刷 勁達印刷有限公司｜**一版一刷** 2020年1月17日｜**定價** 新臺幣650元

時報文化出版公司成立於一九七五年，並於一九九九年股票上櫃公開發行，
於二〇〇八年脫離中時集團非屬旺中，以「尊重智慧與創意的文化事業」為信念。